ARCHE

Die *Spray* in australischen Gewässern

Geoffrey Wolff

# Joshua SLOCUM

## Nur Reisen ist Leben

Eine Biografie

Aus dem Amerikanischen
von Michael Kellner

ARCHE

Deutsche Erstausgabe
1. Auflage 2011

Die Originalausgabe erschien 2010 unter dem Titel
*The Hard Way Around. The Passages of Joshua Slocum*
bei Alfred A. Knopf, New York


Aus dem Amerikanischen von Michael Kellner
Lektorat: Heiko Arntz, Wedel
Redaktion: Olaf Kanter, Hamburg
Umschlag: Andrea Schneider, b3K, Hamburg
Satz: Greiner & Reichel, Köln
Druck und Bindung: Bercker Graphischer Betrieb, Kevelaer
Printed in Germany 2011
ISBN 978-3-7160-2655-7

www.arche-verlag.com

Ja, die Welt ist wie ein Schiff, das auf große Fahrt geht.

HERMAN MELVILLE, *Moby Dick*

Für Toby – Bruder,
Geschichten-Ermöglicher,
Fakten-Prüfer (»In Steifleinen?«)

# Inhalt

JOSHUA SLOCUM

Die *Washington* am Cook Inlet

Teil 1

# *In die Welt segeln*

Wrack der *Ambassador* an der Tierra del Fuego

# Prolog

## Was hätte er nicht alles erzählen können

Joshua Slocums Buch *Sailing Alone Around the World,*[1] der Bericht seiner verwegenen Pioniertat – der ersten Weltumrundung als Einhandsegler –, ist eine Glanzleistung beschreibender und erzählender Prosa. Die beiden Schilderungen früherer Reisen, *The Voyage of the »Liberdade«* (1890) und *The Voyage of the »Destroyer«* (1893), sind nicht minder lesenswert, doch stehen sie seit jeher im Schatten dieses einen Meisterwerks. Man versteht Slocums Leistung nur dann richtig, wenn man sich vor Augen hält, dass Charles Lindbergh (oder »Lucky Lindy«, wie er damals genannt wurde) erst nach seinem Transatlantikflug von der National Geographic Society in jenen kleinen Pantheon aufgenommen wurde, zu dem solch namhafte Pioniere wie Dr. David Livingstone, Sir Galahad und eben Joshua Slocum gehörten. Wer Slocum liest, begreift schnell, warum der Schriftsteller George Plimpton ihn zu den Männern und Frauen der Weltgeschichte zählt, die er gerne wieder zum Leben erwecken würde, um einmal mit ihnen unter vier Augen plaudern zu können. Dabei wusste Plimpton nur sehr wenig über ihn, kannte längst nicht alle jene Geschichten, die aufzuschreiben Slocum leider nie die Zeit gefunden hat.

Aus seiner Hochzeitsreise als Kapitän der *Washington* hätte Slocum eine großartige Abenteuergeschichte machen können. Nachdem er in Sydney die Tochter eines ausgewanderten amerikanischen Goldsuchers geheiratet hatte, segelte das Paar zum Cook Inlet in Alaska, das die USA erst wenige Jahre zuvor von den Russen gekauft hatten. An den Küsten von »Sewards Kühlschrank« (oder auch »Sewards Eselei«, wie Alaska damals in Anspielung auf den amerikanischen Außenminister William H. Seward genannt wurde) wollte man Lachse fangen, von denen es dort nur so wimmelte, und der Fang war gut, aber dann strandete die *Washington* und zerbrach während eines Sturms. Slocum gelang es, Mannschaft und Fang in Sicherheit zu bringen, indem er aus den Trümmern der *Washington* kleine Boote baute, in denen sie die schwierige Überfahrt nach Kodiak Island wagten. Von dort aus ging es auf anderen Schiffen weiter nach Seattle und San Francisco, wo sie die Beute zu einem guten Preis verkauften.

Auch sein Abenteuer mit der *Pato,* einem kleinen Paketschiff, hätte eine hinreißende Geschichte vor exotischer Kulisse abgegeben. Slocum und Familie hatte es für ein Jahr an die Subic Bay auf den Philippinen verschlagen. Es wimmelte von Krokodilen, von den Bäumen hingen bedrohliche Riesenschlangen, und morgens musste man die Tausendfüßler und Skorpione aus den Stiefeln schütteln. Slocum war beauftragt worden, dort an der Bay den Korpus eines Dampfschiffs zu bauen. Doch anstelle des vereinbarten Lohns bekam er die *Pato* übereignet, nackt und bloß, ohne Deck und Kajüte. Slocum beschwerte sich nicht, sondern baute selbst, was noch fehlte, um mit seiner Familie in See stechen zu können. Tatsächlich segelten sie mit dem Schoner schon bald von Manila via Hongkong in Richtung Ochotskisches Meer, wo sie Kabeljau fischen wollten. Vier Tage bevor zum ersten Mal die Leinen ausgeworfen wurden, gebar Slocums Frau Virginia Zwillinge, zwei Mädchen, stand aber kurz darauf wieder mit ihrem kaum drei Jahre alten Sohn Victor an der Reling, um die riesigen Fische an Deck zu ziehen. Es war ein gewaltiger Fang, und als die *Pato* so viel geladen hatte, dass sie kaum noch schwimmfähig war, setzte Slocum Segel in Richtung Portland, wo er den Fisch von Haus zu Haus verkaufte. Die Zwillinge starben an Land. Anschließend segelte Slocum nach Honolulu, wo er mit seinem schnittigen Boot in einem improvisierten Rennen gegen das schnellste Postschiff in hawaiianischen Gewässern antrat – und gewann. Daraufhin verkaufte Slocum die *Pato* für ein kleines Vermögen in Goldstücken.

Und man wünscht sich, Slocum hätte seine Reisen auf der *Northern Light* zu Papier gebracht, die den Höhepunkt seiner Karriere als Handelsschiffer bildeten. Im Alter von siebenunddreißig Jahren wurde er 1881 in Hongkong zu einem Drittel Miteigner und Kapitän dieses Halbklippers. »Ein großartiges Schiff, mein bestes Kommando«, schwelgt er ganz uncharakteristisch. Die *Northern Light* war acht Jahre zuvor gebaut worden, als die große Zeit der schnellen Klipper bereits vorbei war, sie war gut siebzig Meter lang, dreizehneinhalb Meter breit und hatte drei Decks. Sie war damit nicht nur ein sehr großes Schiff mit jeder Menge Segelfläche, sondern auch gebaut worden, um etwas herzumachen: »Ich hatte allen Grund, auf sie stolz zu sein«, schrieb Slocum, »denn zur damaligen Zeit war sie das schönste Segelschiff Amerikas.«

Liebhaber dramatischer Geschichten ahnen bereits das kommende Unheil, hören in solchen Worten den sprichwörtlichen Hochmut, dem die negativen Schlagzeilen auf dem Fuße folgen. Doch zunächst war Slocum sehr zu Recht stolz auf das Schiff. Die *Northern Light* segelte via Manila und Liverpool nach New York, und nur die Brooklyn Bridge über dem East River stellte sich ihr als Hindernis in den Weg. Die obersten Segmente der Masten, die Bramstengen, mussten niedergeholt werden, damit das Schiff die Brücke passieren konnte, die einen so wichtigen Knotenpunkt darstellte im Netz der neuen Handelsrouten zu Wasser und zu Land, der Dampfschiffe und Eisenbahnen, die Slocum und seinem Gewerbe schon bald ein Ende bereiten sollten.

Von New York aus, wo das Schiff überholt wurde, machte sich Slocum auf den Weg zum Pazifik. Die Mannschaft war ein – milde gesagt – bunt zusammengewürfelter Haufen. Sie waren auf der Höhe von New London, Connecticut, als das Schiff erste Mängel zeigte: Das Ruder der *Northern Light* funktionierte nicht mehr. Die Crew meuterte, und die Küstenwache musste eingreifen. Sie konnte allerdings nicht verhindern, dass der Erste Offizier von einem der Meuterer erstochen wurde.

Über diese Ereignisse findet sich kein Wort bei Slocum. Auch nicht darüber, wie er mit denselben wilden Gesellen weitersegelte, wie sie den großen Septemberkometen von 1882 sahen und im Mai 1883 den Krakatau nach seiner ersten Eruption passierten; es war noch vor der verheerenden großen Explosion im August des gleichen Jahres, aber schon jetzt fuhren sie durch ein Meer von brodelndem Bimsstein. Slocum schrieb allerdings einen Bericht darüber, wie sie ein paar Eingeborene von Gilbert Island aus Seenot retteten. Die Männer hatten über vierzig Tage in einem offenen Boot ausgeharrt; Slocum brachte die glücklich Geretteten nach Yokohama, wo er erfolglos versuchte, sich einiger aufsässiger Crewmitglieder zu entledigen. Auf dem weiteren Weg zum Kap der Guten Hoffnung drehte der Ruderkopf ab – der bereits vor New London für Probleme gesorgt hatte. Das Schiff war hilflos der stürmischen See ausgeliefert, und nur wildes Pumpen hielt es über Wasser. Irgendwann merkten sie, dass die Leistung der Pumpen nachließ. Tatsächlich förderten sie eine zähflüssige, braune Masse zutage. Es war Zucker – ein Teil der Schiffsladung –, der sich mit dem Meerwasser in einen klebrigen Sirup verwandelt hatte.

In Zeitungsinterviews und in späteren Aussagen vor Gericht schilderte Slocum, was ihm anschließend widerfuhr. Man erreichte glücklich Port Elizabeth, wo die *Northern Light* repariert wurde. Dort heuerte Slocum als Dritten Offizier den vormaligen Sträfling Henry Slater an, der gefälschte Arbeitszeugnisse vorlegte. Auf dem Weg nach New York meuterte die Mannschaft erneut und Slater wurde dreiundfünfzig Tage lang bei Wasser und Brot in Eisen gelegt. Nach der Ankunft kam Slater frei und Slocum wurde verhaftet und unter Anklage gestellt – wegen überzogener und ungerechtfertigter Bestrafung eines Gefangenen. Der Prozess erregte Aufsehen; die Zeugen machten widersprüchliche Aussagen, und bis zum Schluss war der Ausgang ungewiss. Die *New York Times* nannte in einem Leitartikel und in krasser Verkennung der Tatsachen Slocum einen Barbaren, der unfähig sei, ein Schiff zu kommandieren. Slocum wurde schließlich verurteilt und verlor die *Northern Light,* die vollständig zu reparieren sich aber ohnehin nicht mehr gelohnt hätte. Das Schiff wurde entmastet und als Kohlenlastkahn verkauft. Fortan zog es ein Dampfschlepper von Hafen zu Hafen, schwarz wie die Aschewolken über dem Krakatau. Kein Wunder, dass Slocum diese traurige Geschichte nicht erzählen wollte, so erzählenswert sie ist.

Slocum hat genug andere Geschichten erzählt, die seinen Rang als großer Schriftsteller, Seefahrer und Abenteurer begründet haben. Er ist Amerikas Sindbad. Oder wie es der Historiker Bruce Catton ausdrückte, der über Slocum sagte, es sei durchaus angemessen, ihn »im gleichen Atemzug mit Columbus zu nennen, denn alle wahren Entdeckungsreisen zur See ähneln sich im Grunde«. Und was macht eine »wahre« Entdeckungsreise aus? Laut Catton vor allen Dingen dies: »Die tiefe Überzeugung, dass man nur lange genug suchen muss, um am Ende von der Welt etwas zu erhalten, was niemand zuvor besessen hat.«[2]

Die Stiefelwerkstatt auf Brier Island

## Kapitel 1

# Keine Angst vor einer Mütze Wind

In der schönen Küstenregion Neuschottlands gibt es einen Bergrücken namens North Mountain. Von der einen Seite schaut man auf die Bay of Fundy, und von der anderen über das fruchtbare Tal von Annapolis. An den nördlichen Hängen dieses Höhenzuges wächst die widerstandsfähige Fichte, die sich für den Schiffsbau eignet. Aus diesem Holz sind schon viele Boote aller Größen gebaut worden. Die Menschen dieser Küste sind wetterfest, robust, stark und recht gut dafür geeignet, im weltweiten Handel ihren Mann zu stehen. Und es hat noch keinem Kapitän eines Handelsschiffs geschadet, wenn in seinem Patent als Geburtsort Neuschottland genannt ist. Ich wurde in einem kalten Flecken der kältesten Ecke von North Mountain an einem kalten 20. Februar geboren. Inzwischen bin ich ein Bürger der Vereinigten Staaten – ein naturalisierter Yankee – wozu man sagen muss, dass die Einwohner Neuschottlands im Grunde Yankees im eigentlichen Sinne des Wortes sind. Sowohl mütterlicher- wie auch väterlicherseits finden sich in meiner Familie Seeleute; und wenn irgendein Slocum mal nicht zur See gefahren ist, dann hatte er zumindest einen Hang zu geschnitzten Modellschiffen und liebäugelte mit langen Seereisen. Mein Vater war so ein Mann, der sich nach einem Schiffbruch auf einer einsamen Insel auch dann noch nach Hause durchgeschlagen hätte, wenn er nur ein Klappmesser bei sich gehabt und einen Baum gefunden hätte. Er hatte ein gutes Auge für Boote, aber die alte Farm mit ihren Lehmböden, die er aufgrund irgendwelcher ungünstiger Umstände hatte übernehmen müssen, war für ihn zum Anker geworden. Eine Mütze voll Wind hatte ihm noch nie Angst gemacht, und bei einem religiösen Gruppentreffen oder einer guten, altmodischen Erweckungsversammlung setzte er sich bestimmt nicht in die letzte Reihe.

JOSHUA SLOCUM

So beginnt Joshua Slocums Hauptwerk, *Erdumseglung ganz allein,*[1] und der kurze Abschnitt enthält auf engstem Raum alles Wesentliche über die Herkunft seines Verfassers. Slocums Prosa ist lakonisch und zugleich von großer Musikalität, auch dann, wenn sie scheinbar alles Emotionale ausklammert. Es herrscht in ihr eine gesunde Mischung aus Freimütigkeit und Verschwiegenheit, und es ist kein Zufall, dass einige der bedeutenderen Lebenserinnerungen – sagen wir: *Die Erziehung des Henry Adams* oder Nabokovs *Erinnerung, sprich* – von ebendiesem Spannungsverhältnis leben. Slocums gleichermaßen zurückhaltende wie überschwängliche Ausführungen (von der subtilen Prahlerei mit dem »Geburtsort Neuschottland« zum anschließenden schlichten Aussagesatz »Ich wurde in einem kalten Flecken … geboren«) kommen stets stilsicher und wie mit leichter Hand geschrieben daher. Slocum vertraute vor allem der wirklichkeitsstiftenden Kraft der sicht- und messbaren Fakten, wie Zeit, Längen- und Breitengraden, Windgeschwindigkeit, Wellenhöhe und den Konstellationen der Himmelskörper. Dieses Vertrauen verlor er nie, wenn es auch immer wieder auf die Probe gestellt wurde durch das Nicht-Sichtbare – durch unterseeische Gefahren, Strömungen, Kabbelseen – sowie die latente Kraft des Unausgesprochenen.

Liest man Slocums knappe Darstellung seiner frühen Lebensjahre, so fällt auf, wie wenig von seiner Mutter die Rede ist, die er innig liebte und die starb, als er sechzehn war; ihr Tod war der Auslöser dafür, dass er auf See flüchtete und dort sein Leben lang blieb. Feine Gesichtszüge, wache Augen, eine Aura von Zärtlichkeit und

Wohlwollen soll sie umgeben haben – viel mehr wissen wir nicht von Sarah Jane Southern, die mit achtzehn Jahren John Slocombe heiratete (so der Familienname, bevor Joshua die Schreibweise änderte). Ein Familienmitglied beschrieb sie als zart und schwächlich, und für ihre zarte Konstitution gebar sie viel zu viele Kinder. Joshua war das vierte von elf Kindern, die sie zwischen 1834 und 1860 zur Welt brachte. Ihr Vater war Leuchtturmwärter auf Brier Island, südwestlich von Westport, und nach Westport zog die Familie auch, als John Slocombe endlich seine fruchtlosen Bemühungen einstellte, dem windumtosten, viel zu lehmigen Boden seiner Farm einen Lebensunterhalt abringen zu wollen.

Es war keine Schande. Schließlich scheiterte auch Joshua später als Farmer auf Martha's Vineyard, obwohl er wusste, wie man eine Farm bewirtschaftet. Sein Vater hatte ihn schon im Alter von sechs Jahren hinter eine Egge gestellt, die von einem grauen Pferd gezogen wurde, das auf einem Auge blind war. Joshua war, wie es sein Sohn Victor später formulieren sollte, schon als Kind »von außerordentlicher Nützlichkeit«. Er war in der Lage, ein Pferd zu beschlagen, bevor er lesen konnte. Aber er wollte nun einmal kein Pferd beschlagen, und mit sechzig noch weniger als mit sechs. Er hatte durchaus glückliche Erinnerungen an die North Mountain Farm, auch wenn er selten darüber sprach. Slocum erinnerte sich voller Wehmut daran, dass er an klaren Tagen von dem Bergrücken, auf dem die Farm lag, bis nach New Brunswick sehen konnte, an der Bay of Fundy gelegen, die von hier einen prächtigen Anblick bot. David T. Hugo, ein unternehmungslustiger Reporter, reiste in den Sechzigerjahren des 20. Jahrhunderts von Martha's Vineyard zur Farm von Joshuas Kindheit, auf der Suche nach Zeitzeugen, die den legendären Seefahrer noch gekannt hatten. Er wurde an den damals dreiundneunzigjährigen Charles Barteaux verwiesen. Gemeinsam mit Barteaux bewunderte er die schöne Aussicht. »Ja, aber die kann man nicht essen«, erwiderte der alte Mann. Diese

Worte hörte der damalige Besitzer der Farm, der die Äcker selber bestellte, und sagte, er würde die Aussicht liebend gern gegen bessere Erträge eintauschen.[2]

Unter diesen Gegebenheiten war es nicht gerade leicht, Nostalgie zu empfinden. In einem seltenen Moment der Schwärmerei beschwor Slocum 1902 das Bild vom trauten Heim, das sich im Grunde nicht von den kargen Hütten der ersten Siedler unterschied. Er berichtete dem Interviewer einer Zeitschrift von dem großen offenen Kamin, der den Wohnraum beheizte. »Und was für wunderbare Sachen konnte man da backen – oh! dieses Gerstenbrot und diese Buchweizenpfannkuchen – oh!« Diese Worte sind der einzige nennenswerte Tribut, den er seiner Mutter gezollt hat, und das zweiundvierzig Jahre nach ihrem Tod.

Sein Vater war ein harter, verbitterter, selbstgerechter Mann, von großer, kräftiger Gestalt. Er neigte zu Brutalität und war intolerant allen Andersdenkenden gegenüber. John Slocombe war Diakon der Methodistenkirche von Brier Island, und sein religiöser Eifer trug viel dazu bei, dass Joshua zeitlebens eine tiefe Abneigung gegen Missionare und selbstgefällige Moralprediger verspürte.

Aber zunächst einmal hatte der Rückzug des Vaters nach Westport zur Folge, dass Slocums Schulbildung mit der dritten Klasse ein Ende fand. Die Zwergschule von Mount Hanley, die sich in unmittelbarer Nähe der Farm befand, ist heute ein Museum. Man kann sich kaum einen schöneren Ort zum Lernen vorstellen, und der Schulleiter war in der Gegend wegen seines modernen Unterrichts hoch angesehen. Aber jetzt musste der Zehnjährige unter der Fuchtel des Vaters ganztägig schuften. Eine Kindheit à la Dickens. Wie viele andere Farmer an der Küste auch fertigte John Slocombe in den Wintermonaten Stiefel an, eine monotone Akkordarbeit. Seine Stiefelwerkstatt, ein umgebauter Fischschuppen am Kai, war keine Fabrik für Schuhpolitur, wie jene, in die Dickens mit zwölf gesteckt worden war, um Etiketten zu schreiben und auf Flaschen zu kleben, aber die Arbeit war dafür nicht weniger zermürbend. In der primitiven Butze wurden die schweren Rindslederstiefel für die Fischer der Gegend hergestellt, und wie um Joshua zusätzlich zu quälen, hatte man von dort einen guten Blick auf den Hafen und die küstennah vorbeifahrenden Kohlenschlepper und Fischkutter. Slocum arbeitete zehn Stunden am Tag, sein einziger Lohn: Kost und Logis. Er tauchte stinkende Lederhäute in stinkende Bottiche. Das Leder wurde »gebeizt«, was bedeutete, die Häute in einer widerwärtigen Mixtur einzuweichen, die unter anderem Urin, Innereien, Hirn, Chrom sowie giftige Säuren enthielt. Dieses Gebräu machte das Leder geschmeidig, aber bevor es über den Leisten gezogen werden konnte, musste es noch gesäubert werden, wobei mit einer stumpfen Klinge alle Haar- und Fleischreste abgeschabt wurden. Dann gehörte es zu den Aufgaben des Jungen, die Stiefel zusammenzunähen, wobei jeder Stich mit einem gewachsten Faden einzeln geknotet wurde. Anschließend befestigte er die dicken Schuhsohlen mit handgeschnitzten Holzstiften – viel zu vielen kleinen Holzstiften –, die er mit dem Schusterhammer, immer vornübergebeugt und blinzelnd, in die kleinen Pfriemlöcher trieb.

Der junge Slocum entwickelte Geschick im Umgang mit der Ahle und dem Messer. Und wenn er später seinem Vater attestierte, dass dieser sich einzig mit einem Messer bewaffnet von jeder verlassenen Insel hätte retten können, so verbirgt sich dahinter doch ein nie eingestandenes Drama. Mit der Energie eines Schiffbrüchigen, der sich ans rettende Land kämpft, stahl sich der etwa Zwölfjährige immer wieder aus dem verhassten Schuppen und baute im Keller des nahen Elternhauses ein Schiffsmodell, einen kunstvoll ausgeführten Klipper unter voller Takelage. Dort wurde er von seinem Vater auf frischer Tat ertappt. Victor, das älteste der fünf Slocum-Kinder, die das Säuglingsalter überlebten, beschreibt in der 1950 erschienenen Biografie seines Vaters die fürchterliche Szene, wie dieser gerade »letzte Hand an das Modell legte, das ihn so viele verstohlene Augenblicke gekostet hatte«.[3] John Slocombe verprügelte den Knaben, weil er seine Zeit mit eitlen Grillen verschwendete und damit dem Laster frönte. »John war ein altmodischer Methodist, ein stimmgewaltiger Mahner, der die Menschen vor den Gefahren der Sünde bewahren wollte – als hätte es auf Brier Island auch nur irgendeine Versuchung gegeben, über die man sich hätte Sorgen machen müssen.«[4] Er schäumte vor Wut, riss dem Sohn das kostbare Schiff aus den Händen, schleuderte es zu Boden und zertrat es mit seinen schweren, handgearbeiteten Stiefeln.

Wenn man die Berichte von Slocums späteren Schiffbrüchen und Strandungen liest, den geborstenen Masten und sturmzerfetzten Segeln, mag man sich fragen, wie er diesen allerersten Schiffbruch aufgenommen haben mag, denn es ist ebenso erstaunlich wie bezeichnend, mit welchem Gleichmut er die späteren Katastrophen ertrug. Victor wunderte sich darüber, dass die Brutalität des Vaters bei Joshua niemals »größeren Widerstand hervorgerufen hatte … Er hielt das offenbar für eine angemessene Ausübung elterlicher Gewalt … Ich war dabei, als er die Geschichte später seinen Matrosen am Kajütentisch erzählte. Die empfanden die Bestrafung als recht hart.«

Aber hart war das Leben ohnehin dort oben in der »neuen Kargheit«, in »Nova Scarcity«, wie »Nova Scotia« auch spöttisch genannt wurde. Das Erdreich war steinig, das Wetter rau und die Tide in der Bay of Fundy gewaltig. Die Slocombes waren einst aus England emigriert und hatten sich zunächst in einer Siedlung in Massachusetts niedergelassen, wurden aber 1783 mit weiteren fünfhundert »Königstreuen« nach Digby Island verbannt, wo jeder Familie fünfhundert Morgen Land zugesprochen wurde. In Wirklichkeit waren die Slocombes Quäker und damit eher Pazifisten und Kriegsgegner als treue Untertanen von König George III. Als Quäker sagten sie Nein zu jeder weltlichen Macht, und sei sie noch so revolutionär. Sie waren zäh, und das mussten sie auch sein. Sie verließen sich nur auf sich selbst, waren ausdauernd und akzeptierten mit Stolz das Etikett »Puritaner«, das man den Slocombes anheftete. (Joshuas Großvater hatte den Beinamen »John-the-Exile« erhalten, nachdem er Massachusetts den Rücken gekehrt hatte, weil er weder zur kolonialen Armee noch zu König Georges Rotröcken eingezogen werden wollte.) Slocums Sympathie für diese Haltung belegt ein Brief, den er als Vierundfünfzigjähriger an seinen Cousin Joel schrieb; ein für ihn ganz uncharakteristischer emotionaler Ausbruch: »Armer Vater! Welche Bürde hatte er zu tragen, und wie musste er sich schinden, für uns alle, um der alten, unfruchtbaren Farm etwas Nahrung abzutrotzen. Und ich habe gesehen, wie er am ›Familienaltar‹ zusammenbrach, als er das alles aufgab ... und wie er rief: Vater, Vater!«

Slocum wurde in eine Kultur hineingeboren, die weltanschaulich dem Stoizismus verpflichtet war. Er hätte sich niemals über irgendetwas beschwert. Nach Walter Teller,[5] seinem ersten Biografen, bedeutet dies gleichzeitig, dass er »zu jenem Menschenschlag gehörte, der im ewigen Kampf liegt mit der Welt, so wie sie eingerichtet ist«. Diese Einschätzung bedarf einer gewissen Modifikation, denn Slocum akzeptierte sehr wohl den Kosmos und seine ehernen Naturgesetze. Er wuchs in Sichtweite der Bay of Fundy auf, wo der Tidenhub so groß ist wie nirgendwo sonst auf der Welt. Zwischen Ebbe und Flut liegen mächtige sechzehn Meter, und der Gezeitenstrom gurgelt und strudelt mit so großer Geschwindigkeit in die Bucht, dass sich stehende Wellen bilden. Ein Junge, der an dieser Küste aufwächst, lernt schnell, welche Wirkungen Mondphase und -stellung haben, spürt instinktiv, welchen Einfluss der Wind hat, der übers Wasser fegt, hört das ferne Dröhnen der Wellen, die sich am Strand brechen, deutet am Himmel die Anzeichen für einen Wetterumschwung, sieht den bedrohlichen Nebel, riecht das besondere Aroma des Seegrases bei Niedrigwasser, kennt die

Gefahren der Unterkühlung und Geschichten von Seeleuten, die für immer auf See blieben, weil sie die Zeichen nicht richtig zu deuten wussten – es sei denn, irgendetwas anderes hatte ihnen Unglück gebracht.

Das mit dem Unglück war so eine Sache. Einige Seeleute versuchten ihm durch abergläubische Rituale aus dem Weg zu gehen, während andere das Schicksal gleichmütig hinnahmen und allenfalls mit Spott reagierten. Der Polarforscher Vilhjámur Stefánsson hielt überhaupt nichts vom Achterbahnkurs des Schicksals und behauptete, dass »Abenteuer« auf See zu erleben allein das Resultat von Inkompetenz und schlechter Vorbereitung sei.

Lehrstunden in Sachen Schicksal waren an der Bay of Fundy etwas Alltägliches. Wie die meisten Küstenbewohner Neuschottlands lernte Slocum nicht Schwimmen. Man hielt das klägliche Anpaddeln gegen die eisige raue See für eine ausgemachte Torheit. Außerdem würde die Unfähigkeit zu schwimmen einen Seemann dazu anhalten, besser nicht über Bord zu fallen – wo ihn das schiere Gewicht von Ölzeug und Stiefeln ohnehin unerbittlich in die Tiefe ziehen würde – noch durch einen seemännischen Fehler ein Schiff zu versenken. Mit sechzehn lernte er daher, wie man mit beiden Füßen fest an Deck blieb und wie man herausbekam, wo auf der Welt man sich gerade befand. Er verließ für immer Neuschottland und seinen Vater und flüchtete hinaus aufs Meer. Doch anders als Orpheus bei seiner Flucht aus dem Hades brauchte er keine Warnung: Joshua Slocum würde nicht zurückschauen.

Liverpool zur Zeit JOSHUA SLOCUMS

San Francisco zur Zeit JOSHUA SLOCUMS

Kapitel 2

# Durch die Ankerklüse an Bord

Vom ersten Augenblick an hat mich das wunderbare Meer verzaubert. Schon im Alter von acht war ich mit den anderen Jungen auf der Bay herumgeschippert, mit den besten Aussichten zu ertrinken. Als junger Kerl füllte ich den wichtigen Posten eines Kochs auf einem Fischerschoner aus; aber ich blieb nicht lange in der Kombüse, denn die Mannschaft meuterte, als mein erster Mehlpudding auf den Tisch kam, und warf mich raus, bevor ich mich zu einem Kochkünstler entwickeln konnte. Der nächste Schritt zum Glück brachte mich vor den Mast auf ein Vollschiff, das auf große Fahrt ging. So kam ich von der Back aus über die Offiziersmesse schließlich zum Kommando eines Schiffes.

*Erdumseglung ganz allein*

Joshua Slocum baute sein erstes Segelboot, noch während er auf der Farm an der Windseite des North Mountain lebte – der kalten, kargen, schneereichen Seite; von dort aus hatte er einen eindrucksvollen Panoramablick auf die Bay of Fundy. Der Geruch des Meeres wurde durch die Gezeiten und Windböen zu ihm heraufgetragen, und manchmal hörte er die Wellen an die felsigen Landzungen schlagen. Im Alter von acht band er am Ufer eines kleinen Mühlteiches, der sich eineinhalb Kilometer entfernt am anderen Ende des Farmgrundstücks befand, drei kräftige Zaunlatten zu einem Floß zusammen und stattete es mit einem weiteren Zaunpfahl als Mast aus, an dem er zerlumpte Bettlaken befestigte. Und so unternahm er, den Wind im Rücken, seine erste Überfahrt zu neuen, weit entfernten Ufern. Das war seine erste Erfahrung im Schiffsbau, und außerdem lernte er, dass es flott ging und großen Spaß machte, »bergab« zu segeln, wie man so sagt, aber das Boot gegen den Wind zurückzubringen eine arge Schlepperei war.[1]

Später nutzte er jede der seltenen Unterbrechungen seiner Schusterarbeit in Westport, um an Bord der Fischkutter von Nachbarn nach Kabeljau und Makrelen zu fischen. Auch da kam es immer wieder zu Situationen, in denen er hätte ertrinken können. Was das Schwimmenlernen oder Nichtlernen anging, war Slocum zeit seines Lebens eigen. In *Erdumseglung ganz allein* berichtet er von einem Vorfall, der sich zutrug, als er schon vierzig Jahre Erfahrung als Seemann auf dem Buckel hatte. Die *Spray* war vor der Ostküste von Brasilien auf Grund gelaufen; beim Versuch, sie mittels eines Warpankers zu verholen, den er mit dem Beiboot seewärts gerudert und ausgebracht hatte, kenterte das Beiboot – ein durchaus alarmierender Umstand: »Ich griff nach dem Dollbord und hielt mich daran fest, als es jetzt kieloben trieb, denn mir war plötzlich eingefallen, dass ich ja nicht schwimmen konnte.«[2] In einer so geschäftigen Hafenstadt wie Westport zu leben hieß damals, vom Meer und von seinen Geschichten, seiner Sprache und seinen Verlockungen förmlich überschwemmt zu werden. Überall an der Küste von Neuschottland gab es Takler und Fassbinder, Schmiede und Fischmakler, Segelmacherwerkstätten und Kerzengießereien – das Leben wurde, wirtschaftlich wie kulturell, von Seeleuten dominiert. Es kann gar nicht genug betont werden, welche Bedeutung der Seehandel Mitte des 19. Jahrhunderts hatte. An diesem Küstenstrich bis hinauf nach Bangor am Penobscot River in Maine trafen im Jahr 1860 etwa dreitausend Schiffe ein, sechzig allein am Bastille Day, dem 14. Juli, bei einlaufender Flut innerhalb von zwei Stunden. Der größte Teil davon waren Bauholz transportierende Schoner, ähnlich jenem Frachter, auf dem Slocum in Kürze anheuern sollte. »Schiffe waren überall«, schrieb Peter H. Spectre in der Zeitschrift

*Maine Boats, Homes & Harbours.* »Frachtsegler, Passagier-Linienschiffe, Fischereiboote – manchmal so viele, dass das Wasser weiß vor Segeln war. Die Küste war wie ein großer Segler-Highway.« Der Leuchtturmwächter am Owls Head an der Penobscot Bay zählte im Jahr 1876 von seinem Aussichtspunkt aus mehr als sechzehntausend Schoner. »Nur Schoner. Andere Schiffstypen nicht mitgerechnet.« Spectre bezweifelt, dass diese Zählung zutreffend ist, und nimmt an, dass der Wächter jede Stunde rausgegangen ist und gezählt hat. Schoner, die in eine Flaute geraten waren oder mit den Gezeiten zu kämpfen hatten, dürfte er an schönen Tagen daher drei- und viermal gezählt haben. Also teilte Spectre die Zahl einfach durch vier. Was noch immer viertausend Schoner im Jahr bedeutete, mehr als zehn an jedem Tag, sommers wie winters.

Aber nicht nur die Allgegenwart von Segelschiffen sollte ihren Einfluss auf Joshua Slocum ausüben, mehr noch taten es die Freunde und Nachbarn und die Söhne der Nachbarn, die bereits zur See fuhren und von ihren Reisen berichteten. Es gab so viele Möglichkeiten – in der Fischerei, beim Walfang, im Küstenfrachtverkehr und im Fernhandel mit Indien, China, den Westindischen Inseln und Europa, ganz abgesehen von der Rekrutierung durch die Marine – ein Junge aus Westport musste schon einen guten Grund vorweisen können, um dem Ruf der See nicht folgen zu wollen. In seinem Buch *Live Yankees: The Sewalls and Their Ships* zitiert W.H. Bunting einen jungen Mann, der in der großen Zeit der Segelschifffahrt in Maine am Kennebec River aufwuchs: »Viele Jungen, die wir kannten, gingen auf ein Schiff und fuhren davon und kamen vielleicht ein oder zwei Jahre später für einen kurzen Aufenthalt zurück, prahlten ziemlich herum und erzählten … Geschichten von Gewürzländern und fremdartigen fernen Städten – Lima und Callao und ›Frisco‹ und der Südsee und Abenteuern in den ›Roaring Forties‹.« Und wie die Jugendlichen ein Jahrhundert später sich über die Vorzüge eines Chevy-Sechszylinder-Boxers gegenüber einem Ford V-8 ereiferten, so waren die Heranwachsenden damals fasziniert von Segelplänen von Barken oder Brigantinen und stritten sich über die Vorzüge von Eichenplanken gegenüber Planken aus Zedernholz.

Mit dreizehn Jahren hatte er es endgültig satt, Felle zu gerben – und sich das eigene Fell gerben zu lassen, nur weil er ein Schiffsmodell gebaut hatte. Er riss aus und heuerte als »Peggy«[3] auf einem Fischschoner an, weil er behauptet hatte, er könne kochen, was den Kapitän des Boots so oder so nicht interessierte. Im 19. Jahrhundert standen die Köche auf der untersten Stufe der Rangordnung auf einem Schiff; der Job wurde häufig an einen Matrosen vergeben, der bei einem Unfall eine Gliedmaße oder ein Auge eingebüßt hatte und somit für nichts anderes mehr zu gebrauchen war. Aber selbst an diesen niedrigen Standards gemessen, waren Slocums Leistungen am Küchenherd jenseits von Gut und Böse (er konnte – wie man damals spottete – »nicht mal Wasser für eine Rasur heiß machen«), und als das Schiff wieder in Westport eintraf, wurde er entlassen und kehrte zerknirscht zu seinen Eltern zurück – zurück zu den Gerbbottichen und der nächsten Tracht Prügel.

Für einen ehrgeizigen Jungen gab es nicht viele Möglichkeiten, wenn man auf dem Bergrücken einer Insel auf der ruhigeren Seite der Bay of Fundy festsaß. Joshua konnte es mit der Landwirtschaft versuchen, aber er war schon viel zu häufig hinter altersschwachen Ackergäulen hergelaufen. Die Arbeit in der Stiefelwerkstatt seines Vaters lehrte ihn täglich aufs Neue, wie unterentwickelt Neuschottland in wirtschaftlicher Hinsicht war. Natürlich konnte er Fischer werden – wenn er sich einen eigenen Kutter hätte leisten können. Als 1860 seine Mutter starb – vier Tage vor seinem sechzehnten Geburtstag –, unternahm er einen neuen Fluchtversuch, und dieses Mal mit Erfolg. Seine Zeit als »Peggy« hatte ihm gezeigt, dass die Seefahrt eine Schinderei sein kann. Doch weiß jeder, dass noch die größte Schinderei nicht als solche empfunden wird, wenn man sie freiwillig auf sich nimmt. Stiefelschusterei ist ganz bestimmt Schinderei. Und nichts anderes ist der Kampf gegen den Wind, der Ritt auf gefährlichen Gezeitenströmen. Dennoch träumen viele davon, jeden Dollar, den sie besitzen – und manchmal mehr –, dafür herzugeben, um diese Schinderei auf sich zu nehmen.

Zur See zu fahren bedeutete für die Jungen aus Neuschottland und Neuengland, eine gute Ausbildung zu erhalten. Sie trafen Freunde und Bekannte aus Seasport oder Bath, Halifax oder Digby Island in Saigon oder Manila, Yokohama oder Batavia, Archangelsk oder Kalkutta, auf den Fidschi-Inseln oder in Rio. Sie entgingen so dem Provinzialismus – den sie allerdings nur allzu leicht gegen eine selbstherrliche Kolonistenmentalität eintauschten, wie es immer wieder geschah, sobald Nordamerikaner auf heidnische Chinesen oder die niederen »Halbwilden« trafen, die an den gefährlichen Gewässern auf Feuerland hausten. Aber wenn junge Matrosen Augen und Ohren offen hielten, dann lernten sie viel über die Einzigartigkeit der verschiedenen Völker der Welt, sie aßen und kochten die Mahlzeiten fremder Länder, sie trugen die Kleidung der Menschen dort und spielten deren Spiele.

Slocum hat den Beginn seiner Karriere »vor dem Mast« in den oben zitierten Passagen in gedrängter Form geschildert, auch wenn »Vollschiff« etwas hoch gegriffen ist. Slocum und ein Freund von Brier Island gingen in Saint John in New Brunswick als einfache Matrosen an Bord eines »deal drogher«, eines kleinen Holzfrachters, mit Kurs auf Dublin. In Europa herrschte großer Holzbedarf, nachdem die dortigen Wälder rücksichtslos abgeholzt worden waren. Hunderttausende Festmeter wurden von Port Medway in Neuschottland jedes Frühjahr den Fluss hinabgeflößt oder über das Eis gezogen, um dann in den Häfen hundertfünfzig Kilometer im Umkreis von Westport an Bord von Rahseglern verladen zu werden, Tag für Tag.[4] »Deal« war roh behauenes Nutzholz, meist

Tanne oder Kiefer, und auf ein Standardformat von neun mal drei Zoll zugeschnitten; es wurde erst am Bestimmungsort auf die gewünschte Größe gesägt. Und mit »drogher« wurde verächtlich ein billig zusammengeschustertes, abgenutztes und leckes Schiff bezeichnet. Diese Boote wurden von den Matrosen nicht nur deshalb verspottet, weil es fast unmöglich war, mit ihnen nicht zu sinken (durch die schwimmfähige Ladung, die im Frachtraum verstaut und an Deck festgezurrt war), sondern auch, weil die Matrosen den größten Teil der Zeit an den Pumpen verbringen mussten, damit ihre Kojen nicht unter Wasser standen. In dieser Hinsicht war Slocums erstes Schiff besser als viele andere »drogher«, von denen einige nicht mehr als Flöße mit einem Baumstamm als Mast und ein paar Lumpen als Segeln waren. Manche der Kähne, die nur in Küstennähe fuhren und die langen Holzstämme den Penobscot River hinunter nach Bangor beförderten, waren so überladen, dass sie es kaum bis zum Hafen schafften, weil ihr Rumpf komplett überspült war und der Steuermann, der außerdem bis zu den Knien im Wasser stand, durch die an Deck aufragenden Holzstapel sein Ziel nicht mehr sehen konnte.

Doch für Slocum ging ein Traum in Erfüllung. Schließlich hatte er in seiner Kindheit nicht nur den Erzählungen der jungen Matrosen gelauscht, die auf Heimatbesuch in Westport waren, sondern auch den abenteuerlichen Geschichten von Klippern, die in immer neuen Rekordzeiten Kap Horn umrundeten, um Goldsucher zu den neuen Schürfgründen in Kalifornien zu bringen.[5] Auch die warnenden Worte wird er gehört haben – dass die Kapitäne, um die Rekordzeiten zu erzielen, wahre »Höllenschiffe« befehligten und die Mannschaft bis zum Äußersten antrieben –, dann aber auch die Berichte von den sagenhaften Summen, die den Seemännern am Zahltag ausgehändigt wurden. Und Kapitän wollte er werden. Da gab es für ihn keinen Zweifel. Er würde Kapitän werden. Allerdings konnte Joshua Slocum im Jahr 1860 noch nicht wissen, dass die große Zeit der Flotten von schlanken Klippern – die an turmhohen Masten viel zu viel Segelfläche trugen und viel zu hart gesegelt wurden – bereits vorüber war.

Sein Sohn Victor schreibt in der Biografie seines Vaters aus der Sicht eines Handelsschiffers:

> Unsere stolze Klipperflotte war ein Anachronismus und schon seit den frühen Fünfzigerjahren des 19. Jahrhunderts überholt. Zwar konnten amerikanische Investoren sich immer noch sentimental für Skysegel, Leesegel und schnelle Passagen um Kap Horn begeistern, aber die einzige Bedeutung eines Klippers für uns Amerikaner war, dass diese den Kulminationspunkt unserer Verbundenheit mit der Seefahrt darstellte; aber das Menetekel zeichnete sich bereits ab. Es war natürlich eine glorreiche Zeit, als unsere Nation noch die Meere beherrschte. Aber der vergangene Ruhm ist alles, was uns noch bleibt. Es war eine unnütze Prahlerei, die größten Schiffe mit der größten Segelfläche auf die Weltmeere zu schicken.[6]

Die große Zeit der amerikanischen Schiffsbauindustrie (und damit der am Meer gelegenen Bundesstaaten) fällt in die Zeit von 1840 bis 1858 und endete somit, zwei Jahre bevor Slocum sich einschiffte. Gegenüber der Bay of Fundy, in Saint John, New Brunswick, wurden Holzfrachter im Dutzend produziert, unförmige »Saint-Johns-Fichtenkisten«. Aber in Europa wurde im Schiffsbau um 1860 herum das Holz vom Eisen verdrängt, und Dampfkraft ersetzte die Segel. Doch Joshua Slocum konnte der Welt der stählernen Dampfer nichts abringen, wo es nach Kohle stank, der Rauch in den Augen brannte und die Matrosen Stunde um Stunde im feucht-stickigen Loch des Frachtraums verbrachten und Rost von den Wänden kratzten. Nein, Slocums Fahrzeug hatte aus Holz zu sein und musste vom Wind angetrieben werden.

Joseph Conrad schrieb 1924 einen bewegenden Abgesang (enthalten in der Sammlung der *Last Essays*) auf die Art von Leben, zu dem Slocum sich berufen fühlte:

> Wenn man sich die unzähligen Zeitalter vor Augen hält, seitdem das erste Segel aus Leder oder roh geflochtener Binse in den Wind gestellt wurde, so währten die letzten Tage der Segelschiffe nur kurz. Großzügig gefasst dauerte diese Periode von 1850 bis 1910. Nur sechzig Jahre. Zwei Generationen. Einen Augenblick. Nicht genug Zeit, um Tränen der Vorahnung zu vergießen. Denn das Pathos dieser Ära liegt in dem Umstand begründet, dass Segelschiffe und die Kunst des Segelns ausgerechnet im Augenblick ihrer höchsten Vollendung dem Untergang preisgegeben waren. Es war ein schneller Untergang, und es ist tröstlich zu wissen, dass er ohne die üblichen Formen der Dekadenz vonstattenging.

Wenn man sich allerdings den Missbrauch ansieht, den die Kapitäne der »Höllenschiffe« mit ihren Matrosen trieben, dann muss man wohl bekennen, dass es ganz ohne Dekadenzerscheinungen nicht abging. Aber selbst wenn Slocum in der Lage gewesen wäre, den Untergang der Zunft vorauszusehen, der er sich anschließen wollte – hätte er sich anders entschieden? Ist nicht jedem von uns klar, dass jegliches Beginnen auch schon das Ende in sich trägt? Um die Spitze jenes wurmzerfressenen Mastes zu erreichen, der schon so bald an seiner Basis brechen sollte, musste Slocum jedoch erst einmal anfangen, ihn zu erklimmen. Im Unterschied zu den Seekadetten der Handelsschifffahrt – die dafür bezahlt hatten, »durch die Offiziersmesse« auf ein Schiff zu kommen, und sich dann einarbeiteten – waren Matrosen, die »durch die Ankerklüse« kamen (eine Anspielung auf das verdreckte Loch im Bug, durch das die Ankerkette läuft), raue Gesellen, die die Schweinearbeit verrichten mussten. Das macht Slocums schnellen Aufstieg so bemerkenswert. Nichts erfüllte ihn mehr mit Stolz, auch später in seiner Karriere, als die Beförderung zum Zweiten Offizier im Alter von siebzehn Jahren.

Slocum war einer der Ersten, die am Kai von Saint John an Bord gegangen waren, und konnte nun beobachten, wie die übrigen Matrosen betrunken von einem Schiffsagenten abgeliefert wurden, der sie wie Klafterholz auf einen Karren gestapelt hatte. Diese Vorschiff-Crew war mit allerlei miesen Tricks von einem Schlepper »schanghait« worden, wie es heißt; er hatte sie mit Schnaps oder mit Glücksspiel und Huren in Schulden gestürzt, und jetzt waren sie von ihm abhängig. Es war ein wilder Haufen. Aber so verkatert die Männer auch waren und wie sehr die Seekrankheit ihnen zusetzte, sie wussten trotz allem doch, wie man ein Schiff in Bewegung setzte.

In seinem Buch *Maritime History of Massachusetts* beschreibt Samuel Eliot Morison das gesellschaftlich Umfeld, das Slocum damit betreten hatte. Um 1860 gab es für die Küstenbewohner, wenn sie nur genug Mut und Ehrgeiz hatten – und vielleicht etwas beweglicher als Joshua Slocum waren –, durchaus attraktivere Möglichkeiten, als sich von den Weltmeeren durchschütteln zu lassen: Nach Westen hin wartete fruchtbares Land darauf, bestellt zu werden, und für die Habgierigen gab es die Goldminen in Kalifornien und Australien. Die Dampfkraft war dabei, die Windkraft abzulösen, und die Methoden, mit denen Matrosen rekrutiert wurden, wurden immer extremer: »Betreiber von Pensionen verlegten sich darauf, Matrosen auszuplündern und betrunken zu machen und sie dann anheuern zu lassen«, wobei sie eine Gebühr von drei Monatslöhnen in die eigene Tasche steckten. »Der Anteil der Ausländer wuchs. Männer aus allen Nationen waren an Bord der Klipper in ihrer eigenen Schlinge gefangen, verkommene und zum Teil kriminelle Subjekte. Ein überaus buntes Gemisch. Nur die angeborene Trunksucht schien ihnen allen zu eigen zu sein.«

Slocums Fähigkeiten und sein solider Charakter machten ihn im Jahr 1860 zu einer Ausnahmeerscheinung in der harten Truppe, mit der er Koje, Verpflegung und Schufterei teilte. Er hatte aus freien Stücken und offenen Auges angeheuert. In seinem *Journal of a Tour to the Hebrides* hatte einst Samuel Johnson geschrieben, dass »niemand Matrose wird, der nicht den festen Vorsatz hat, sich freiwillig ins Gefängnis zu begeben; denn ein Schiff ist ein Gefängnis, und außerdem kann man ertrinken … Im Gefängnis hat man mehr Platz, besseres Essen und im Allgemeinen besseren Umgang.« Damit scheint tatsächlich zu diesem Thema alles gesagt zu sein, und dennoch strömten nach wie vor die jungen Männer von Farmen und aus den Städten im Binnenland sowie den Siedlungen an der Küste in die Häfen. Trotz der berüchtigten Schlepperbanden und trotz aller Warnungen vor dem Elend und aller drastischen Schilderungen, wie etwa in dem Ausreißer-Bestseller *Zwei Jahre vorm Mast (Two Years Before the Mast)* von Richard Henry Dana, der erst zwei Jahrzehnte zuvor erschienen war. Um 1860 wurde noch viel Handel mit kleinen Küstenschonern betrieben, die nicht selten wie ein gemütliches Familienunternehmen geführt wurden, sodass das Anheuern auf einem »Holzfrachter« der freiwilligen Verpflichtung nahekam, in einer Strafkolonie zu arbeiten, mit allen zusätzlichen Risiken, die Johnson bereits im 18. Jahrhundert so überaus anschaulich beschrieben hatte – was einen an Slocums Geisteszustand zweifeln lassen könnte. Aber tatsächlich wurden die Schiffsoffiziere schon nach kurzer Zeit auf den intelligenten und zielstrebigen jungen Matrosen aufmerksam. Er wurde mit der Aufgabe betraut, das träge, gierende Schiff zu steuern, ein Zeichen von Vertrauen und Achtung, das außerdem den etatmäßigen Steuermann in die Lage versetzte, sich anderen Aufgaben zuzuwenden. Und als Poolbeg Light in Sichtweite kam, durfte er den schwerfälligen Frachter sogar in den Dubliner Hafen steuern.

Slocum war zu diesem Zeitpunkt fest entschlossen, die Welt

zu sehen, also musterte er in Dublin ab und kaufte eine Passage im Paketboot nach Liverpool, dem Nabel der Welt der damaligen Handelsschifffahrt, wo es von Schiffen und Seeleuten jeglicher Couleur nur so wimmelte. Er verbrachte zwei Wochen am Mersey River, machte sogar einen Abstecher ins ferne London und suchte nach einem Platz in der Crew eines Ostindienfahrers. Das waren die Schiffe, die den Handel zwischen England und Indien sowie England und China abwickelten, die über alle Ozeane fuhren, sofern es an deren Küsten Menschen gab, die Handel trieben; Schiffe, die auf ihren Touren regelmäßig Kap Horn und das Kap der Guten Hoffnung rundeten – Landspitzen, die nicht ohne Grund auch »Cape Stiff« (Kap der Leichen) und »Cape of Storms« genannt wurden.

Das klingt nicht nur romantisch, das war es auch. Aber es wimmelte auch von Gefahren, und zwar noch mehr an Land als auf See. Slocum war sehr jung, und sein Horizont war bis vor Kurzem nicht über die Meerenge der Bay of Fundy hinausgegangen. Trotzdem war er klug genug, die Bruderschaft der überall anzutreffenden »packet rats« zu meiden – so nannte man die Malocher der Meere, die auf den Atlantik-Linienschiffen ihren Dienst taten. Victor Slocum bezeichnete sie als »verwahrloste Seeleute … von denen es auf den Emigrantenschiffen und Klippern … nur so wimmelte«. Sie waren überall entlang des Mersey anzutreffen, in den Kaschemmen und Ballsälen, beim Eselsrennen, in den Bordellen, allzeit bereit, ihren Kumpeln den Lohn aus der Tasche zu ziehen und sie bis zum Weißbluten zu schröpfen.

Man ist geneigt, über die Verwahrlosung der Matrosen zu Slocums Zeiten die Nase zu rümpfen. Aber viele Jahre später, in seinem Buch *Erdumseglung ganz allein,* beschreibt Slocum sie durchaus wohlwollend, wenn er notiert, dass er auf dem Schiff »nicht unter Engeln lebte, aber unter Männern, die man begeistern konnte. Ich wollte aber eher die Offiziere meines Schiffs beeindrucken …

und so kam ich voran.« Jene »Männer, die man begeistern konnte«, wurden auch von dem australischen Kapitän Alan Villiers geradezu liebevoll porträtiert, um nicht zu sagen idealisiert. Villiers ging 1918 im Alter von fünfzehn zur See und schrieb (wie so viele) ein Buch darüber: *Auf blauen Tiefen (The Way of a Ship)*, in dem er seine Sympathien für jene, die mit ihrem niedrigen Status durchaus glücklich waren und auch unter sich bleiben wollten, klar zum Ausdruck brachte:

> Welches Unrecht ihnen im Leben auch widerfahren war und ungeachtet aller Formen von Ausbeutung, die diese Männer erlebt hatten: Sie waren von einem Schlag, den man heutzutage (1953) vergeblich sucht ... Sie verlangten wenig und waren bereit, sehr viel zu geben, sogar ihr Leben. Heutzutage ist es kaum zu glauben, wie hart sie arbeiteten und welche Entbehrungen sie auf den Handelsschiffen auf sich nahmen, die nur der Wind über die freien Meere dieser Welt trieb. Wenn sie einigermaßen vernünftig behandelt wurden, dann reagierten sie darauf wirklich fabelhaft, und es bedurfte schon eines ziemlich miesen Schiffes und ebensolcher Offiziere, dass sie nicht ihr Bestes gaben.

Einen sehr viel kritischeren Blick auf seine Schiffskameraden warf Jan de Hartog. Der niederländische Fischer und Matrose (und spätere Theologe) kommt in seinen Erinnerungen *A Sailor's Life* (1955) zu einer harschen Kritik des vermeintlich negativen Einflusses, den die Einführung der Dampfschifffahrt auf die Matrosen hatte:

> Das Hohelied der voll getakelten Schiffe ist von Dichtern gesungen worden, die Sonette über lange Törns am Ruderrad schrieben, oder bärtigen Künstlern, die im Pullover Shantys sangen und sich dabei selbst auf der akustischen Gitarre begleiteten. Mit dem

Dampf, heißt es, habe das Zeitalter des Rußes begonnen, der Gewerkschaften, der Feindschaft zwischen Brücke und Back. Der Dampf habe die ehemals eisenharten Männer der Holzschiffe korrumpiert und Funker in geblümten Morgenmänteln aus ihnen gemacht … Als Junge bin ich unter vollen Segeln gefahren, und meiner Erinnerung nach glichen jene standhaften alten Seebären eher schwachsinnigen Zweibeinern, die in den Ästen dieser künstlichen Bäume ständig in Lebensgefahr schwebten.

Aus den Beschreibungen von Villiers und de Hartog wird auch deutlich, dass den feinen Unterschieden menschlicher Charaktere und Erfahrungen mit Verallgemeinerungen nicht beizukommen ist. Slocum befasste sich sehr ernsthaft und ehrgeizig mit allen Aspekten der Seefahrt. Er war zwar kein Abstinenzler, hatte aber seine Laster gut im Griff, und mit moralischem Dünkel hätte er die zwei Wochen in Liverpool auch kaum überlebt. Man muss ihn sich eher als wachsamen Beobachter vorstellen, als einen guten Zuhörer, der schnell dazulernte.

Nachdem er sich im Jahr zuvor zum Zweiten Offizier hochgearbeitet hatte, wurde Slocum im Alter von neunzehn Jahren und nach nur drei Jahren auf See zum Ersten Offizier befördert. Darüber stand nur noch der Kapitän. Er hatte jetzt ein Recht darauf, von der Mannschaft mit »Sir« und »Mister« angeredet zu werden, und nahm seine Mahlzeiten – wie Richard Henry Dana es nannte – in »der Welt von Messern und Gabeln und Teetassen« ein. Seine Jugend war kein Hinderungsgrund für diesen Aufstieg (das britische Handelsministerium hatte das Mindestalter für die jeweilige Zulassung festgelegt: siebzehn Jahre für die Zulassung zum Zweiten Offizier, neunzehn für die zum Ersten und einundzwanzig für die zum Kapitän). Ihn geschafft zu haben verdiente größten Respekt, und er eröffnete alle Möglichkeiten, noch weiter nach oben zu kommen.

Weil viele Seemänner, die an Bord durchaus ihren Mann standen und gute »Vollmatrosen« waren, an Land zu Säufern und wüsten Raufbolden wurden, musste Slocum die ihm übertragene Autorität jederzeit und unmissverständlich unter Beweis stellen. Sein Sohn Victor beschreibt ihn nach einem (verloren gegangenen) Bild aus dem Familienfotoalbum jener Jahre wie folgt: »Ein stämmiger junger Mann, ausstaffiert mit einem karierten Flanellhemd und weißen Hosen, die er in die Rindslederstiefel gesteckt hatte – ebenjene Sorte Stiefel, wie sie an der Bay of Fundy noch heute getragen werden.«

Wenn man sich ansieht, was dieser im Grunde ungebildete Junge alles lernen musste, um die praktischen und theoretischen Prüfungen zum Zweiten und erst recht zum Ersten Offizier zu bestehen, dann kann man nur verwundert den Kopf schütteln. Wenn er, wie ein Großteil seiner Schiffskameraden vor dem Mast, nicht hätte lesen und schreiben können, wäre dieser Aufstieg ganz unmöglich gewesen. Er war zwar zeit seines Lebens ein eifriger Leser, aber auch das allein hätte nicht genügt. Als Erstes musste er das Grundvokabular lernen: Was waren denn Brassen? Was war eine Gording? Eine Warpleine? Wie verwendete man Reffbändsel und Reffkauschen? Was machte man mit einem Taljereep? Oder Webeleinen und Fußpferden? Außerdem gab es noch Schoten und Fallen und Festmacher, die so dick waren wie eine Python. Dazu Wanten und Stage und Toppnanten. Und das war erst der Anfang. Denn dieses Tauwerk musste nun auch noch durch Blöcke geschoren oder belegt oder beklemmt oder adäquat geknotet werden. Man musste Leinen spleißen, niederholen, schlagen, dichtholen oder in einer Flämischen Scheibe auf Deck auslegen. Außerdem sollte man natürlich wissen, was ein »Ende« ist und was man damit anfängt.

Die Takelage war ein wahres Spinnennetz, in dem jede kleine Verbindung ihre eigene Bezeichnung und besondere Bedeutung hatte: Besan, Topgallant, Royal und Bram wurden an Rahen und am Mast gesetzt, verkürzt oder beschlagen – und mit Intuition kam man da überhaupt nicht weiter. Um die Bezeichnung all dieser Dinge und ihre Verwendung zu wissen, war es für einen jungen Matrosen zu Slocums Zeiten von entscheidender Bedeutung, dass seine Entlassungspapiere über der Unterschrift des Kapitäns den Vermerk trugen: »knows the ropes« (versteht das Tauwerk, also: sein Handwerk) – oder eben nicht. Bei einem voll getakelten Schiff gab es zusätzlich zum »stehenden Gut« um die zweihundert Leinen des sogenannten laufenden Guts. Diese wurden von den Matrosen bedient, und die Matrosen mussten wissen, »was was war« – denn vieles schien sich aufs Haar zu gleichen – und ob die Taue eingeholt oder gefiert wurden.[7] Um das Großbramsegel, das Hauptsegel, eines Rahseglers zu setzen etwa, mussten elf Leinen absolut synchron bewegt werden.

Slocum lernte mithilfe von Büchern, aber vieles hatte er schon in seiner Kindheit auf Digby Island mitbekommen: Er lernte die Gebräuche kennen, kannte die Befehlsketten, lernte den Seemannsgang zu meistern und die Seekrankheit zu überwinden. Ein Matrose musste die hohen Masten eines rollenden und stampfenden Schiffs erklimmen, die flatternden nassen Segel zähmen, die nach ihm schlugen, und das bei jedem Wetter, auch in den heulenden und eisigen Stürmen um Kap Horn. Man stelle sich die Gefahr vor, in der ein Matrose wie auf dem Hochseil fünfzig Meter über dem Deck schwebt, während das Tau nur so schwankt und seine Verankerung schlingert und rollt. Ein Matrose musste die Befehle genau verstehen und sie dann ausführen. Von jedem Seemann wurde erwartet, diese Anforderungen zu erfüllen, aber wenn man auf der Karriereleiter nach oben wollte, war es nicht verkehrt, über eine kräftige Stimme und eine klare Aussprache zu verfügen, die am besten auch noch das Heulen des Windes hoch oben in der Takelage übertönte.

Verbindliche Regularien waren 1707 in einem Handbuch mit

dem Titel *The Seaman's Vade Mecum* zusammengefasst worden. Viele Besonderheiten der Seefahrt waren von Generation zu Generation weitergegeben worden, man konnte diesem Wissen vertrauen. Mit den *Sailing Directions* von Matthew Fontaine Maury (1851) kamen konkrete Informationen über die meistbefahrenen Handelsrouten hinzu – von West nach Ost um das Kap der Guten Hoffnung und Kap Horn (»running the easting down«,[8] wie die Angelsachsen sagen) – sowie geschichtliche Fakten und Abhandlungen zur Hydrografie.

Trotzdem war für Slocum die praktische Erfahrung unentbehrlich. Denn von einem Offizier wurde vor allem erwartet, dass er eine Antwort auf die kniffeligste aller Fragen überhaupt hatte: Wo genau befand sich sein Schiff gerade? Sehr zu Recht wird immer wieder darauf hingewiesen, dass niemand zu Slocums Zeiten ihm in der Kunst des Navigierens gleichkam. In seinen eigenen Texten gibt er sich lakonisch, ja manchmal geradezu scheu, wenn es darum geht, dass er wieder einmal wie selbstverständlich eine Passage zu diesem oder jenem Bestimmungsort gefunden hatte. Landratten mögen versucht sein, das glückliche Eintreffen am Zielhafen über Abertausende von Kilometern offenen Wassers hinweg einer Serie von glücklichen Zufällen zuzuschreiben – oder dem sogenannten »gegissten« oder »geschätzten Besteck« (der Ortsbestimmung durch Beobachtung von Geschwindigkeit und Kurs modifiziert durch Gezeiten, Strömung und Abtrift). Aber es waren weder Zufall noch bloße Schätzung, die dafür sorgten, dass Slocums Schiffe immer wieder sicher im Hafen landeten, sondern kluge Handhabung von Sextant und Azimut bei der Bestimmung von Sonnen- und Mondstand, ergänzt durch die Anwendungen komplexer mathematischer Berechnungen und nautischer Tabellen.

Um die Prüfungen zu bestehen, die das britische Handelsministerium zur Erlangung des Rangs eines Zweiten Offiziers festgelegt hatte, beschäftigte Slocum sich mit Aufgabenstellungen aus J. W.

Nories Buch *Epitome of Navigation.* Was bedeutete, dass dieser Teenager, der in der Schule nicht über die dritte Klasse hinausgekommen war, nicht nur die euklidische Geometrie, sondern auch die sphärische Geometrie gekrümmter Oberflächen beherrschen musste (schließlich hatte sich vor geraumer Zeit bestätigt, dass die Erde keine Scheibe ist). »Nach Gefühl und Wellenschlag« zu navigieren – wie das tastende Umherirren von den Matrosen auch genannt wurde – oder eine Situation auf See falsch einzuschätzen, war nicht dasselbe, wie bei einer Lateinprüfung durchzufallen; es bedeutete, Schiffbruch zu erleiden.

Slocums Spezialität war eine Navigationsmethode, der die Beobachtung des Mondes zugrunde liegt. Die Schiffsposition wurde bestimmt, indem man den Abstand und Winkel zwischen dem Mond und einem Planeten oder Fixstern ermittelte. Der große Vorteil der Mondnavigation ist ihre Genauigkeit, mit der man den Längengrad ermittelt (sie liegt bei etwa einem Viertelgrad, was einer Entfernung entspricht, aus der man einen Leuchtturm auf einer Klippe gut wahrnehmen kann). Weil man bei dieser Methode den Nachthimmel beobachten musste und überaus langwierige und vielfältige Berechnungen nötig waren, brauchte es meistens drei erfahrene Steuermänner, die gemeinsam die Positionsbestimmung durchführten. Aus diesem Grunde wurde, nachdem Schiffe mit Uhren ausgerüstet werden konnten, die die exakte Greenwich-Zeit anzeigten, die Längengradbestimmung nach dem Sonnenstand zur Mittagszeit zum Standard.[9]

Slocums Meisterschaft in lunarer Navigation hatte viel mit seinem Umgang mit der theoretischen Seite der Methode zu tun – er hatte sich schließlich alles zwischen den Wachen auf See selbst beigebracht – und der großen Genauigkeit seiner Berechnungen. Vor allem aber war er einfach überaus geschickt im Umgang mit Sextant und Quadrant, was es ihm ermöglichte, auch auf einem rollenden, stampfenden Deck die Bogenminuten abzulesen und zu verlässlichen Ergebnissen zu kommen. Das ist eine Kunst, die man gewiss erlernen und durch Erfahrung verfeinern kann. Aber Slocum besaß darüber hinaus eine Begabung, die ebenso selten ist, wie beim Pfeifen den richtigen Ton zu finden oder einen Fastball mit hundertfünfzig Sachen zu werfen oder so einen Ball zu treffen und aus dem Baseballstadion zu befördern.

Mit dem Einschiffen in Liverpool begann für Slocum eine zweijährige Lehrzeit auf See: Er lernte alles über Sitten und Gebräuche auf See, Astronomie, Biologie, Physik, Geografie und über die menschliche Psyche. Von den Matrosen, die aus aller Herren Länder kamen, schnappte er Redewendungen in den unterschiedlichsten Sprachen auf. Er lernte zu zimmern und zu nähen wie jeder Student auf der Handelsschule oder in einem Kurs für Hauswirtschaftslehre. Matrosen, die notwendigerweise den Geboten der See-Gesetzgebung unterworfen waren, entwickelten sich zu Anwälten in dieser Disziplin. Auch war Slocum ein eifriger Leser sowohl von Romanen als auch Sachbüchern zum Thema Meer. Herman Melvilles Ismael sprach davon, dass ein Walfänger sein Yale College und sein Harvard gewesen sei, und das galt sicher auch für Slocum auf seinem Schiff. Es braucht viel Lebenserfahrung, um ein Schiff auf Kurs zu halten, braucht Durchhaltevermögen während der monatelangen Reisen, gleichzeitig blitzartiges Reaktionsvermögen beim Bergen der Segel im Angesicht einer Wasserhose oder eines Taifuns, und schließlich ein hohes Maß an Geduld, um in einer Flaute mit schlaffen Segeln und Temperaturen über vierzig Grad nicht den Verstand zu verlieren.

Slocum heuerte 1861 auf der britischen *Tanjore* an, die über das Kap der Guten Hoffnung Richtung China unterwegs war. Sechsunddreißig Jahre später schilderte Slocum in einem Brief an den Lektor von *Erdumseglung ganz allein* seine Erinnerungen an den Kapitän der *Tanjore,* einen begnadeten Steuermann und strengen

Zuchtmeister, der stets größten Wert auf die Einhaltung der Befehlskette legte. Dieser Kapitän hatte einmal eine Mitteilung für den gerade neben ihm stehenden Slocum, einen Briefumschlag. Er übergab den Umschlag dem Ersten Offizier, der ihn an den Zweiten Offizier weiterreichte, welcher ihn an der Ankerwinde befestigte. Dort durfte ein Matrose wie Slocum ihn dann abholen.

Joseph Conrad beschreibt in seinem Roman *Spiel des Zufalls (Chance)* die geradezu göttliche Unnahbarkeit und Machtfülle eines Schiffskapitäns: »Der Kapitän eines Schiffs auf See ist ein unzugängliches, unnahbares Wesen, so wie der Prinz in einem Märchen, der Einzige seiner Art, von niemandem abhängig, unerreichbar, es sei denn von Mächten, die praktisch unsichtbar und so fern sind, dass sie nach allem, was die Mannschaft von ihnen weiß, ebenso als übernatürlich angesehen werden können …« Auch wenn Slocum sich nicht mehr an den Vornamen des Kapitäns der *Tanjore* erinnern konnte – wann hatte er schon Gelegenheit, mit ihm zu sprechen? –, so hatte er keineswegs vergessen, dass Kapitän Martin »näselte« und ein Sadist war, der seine Matrosen zwang, in der morgendlichen und abendlichen Kälte an der Eis-Ladung und später in Hongkong in der Takelung zu arbeiten »oder, noch schlimmer, an der Bordwand«, und das während der heißen Sommertage, so heiß, »dass einige aus der Mannschaft starben«. Und nachdem die *Tanjore* Hongkong mit Ziel Indonesien, damals »Niederländisch-Indien«, verlassen hatte, wurde Slocum schwer krank und, »keuchend vor Fieber«, wie er sich später erinnerte, an Land abgesetzt und in ein Krankenhaus in Batavia (dem heutigen Jakarta) geschickt, das ein einziges verseuchtes Loch war. Nachdem er von der Krankheit, wahrscheinlich Malaria (»Java-Fieber«), genesen war, verklagte er Kapitän Martin auf die Zahlung von drei Monaten Heuer, fünfzig Dollar pro Monat (ein für damalige Verhältnisse ungewöhnlich hoher Lohn, der nur Mannschaften gezahlt wurde, die in Liverpool anheuerten), und gewann das Verfahren; es war nur die erste von vielen kommenden gerichtlichen Auseinandersetzungen, bei denen Slocum entweder Kläger oder Beklagter war. Doch um in einem ausländischen Hafen Regressansprüche geltend machen zu können, bedurfte es des Urteils eines Konsulatsbeamten, in diesem Fall des britischen Konsuls, dem die Klage gegen den britischen Kapitän eines britischen Schiffes vorgetragen wurde. Es kam nur ganz selten vor, dass dem Wort eines Matrosen mehr Glauben geschenkt wurde als dem des Kapitäns, und so verdankt sich Slocums Sieg über Kapitän Martin wohl beweiskräftigen Zeugenaussagen.[10] Es war ein gewisser Kapitän Airy, der Slocum aus Batavia herausholte. Der britische Kapitän eines Dampfers hatte Mitleid mit dem Jungen und heuerte ihn als Vollmatrosen an, obwohl der noch immer mit Fieber die Koje hüten musste, also für die Mannschaft nicht zu gebrauchen war.

Nachdem er diesen Prozess erfolgreich bestritten und auch noch dafür belohnt worden war, muss die Beförderung zum Ersten Offizier für den noch immer sehr jungen Mann wie ein Rausch gewesen sein. Er konnte sich glücklich schätzen, überhaupt einundzwanzig Jahre alt geworden zu sein, und hatte zu diesem Zeitpunkt schon zweimal Kap Horn umschifft und die Welt umrundet. Die sogenannte Klipper-Route (der Weg, den die Wolle- und Getreide-Klipper nahmen) führte zum Beispiel von Liverpool aus in gehörigem Abstand von der Westküste Afrikas um das Kap der Guten Hoffnung herum und weiter Richtung Australien, wo die Ladung gelöscht und neue Güter für Liverpool geladen wurden. Dann ging es um die Spitze Südamerikas zurück. Sir Francis Chichester beschreibt diese Strecke in seinem Buch *Along the Clipper Way* (1967):

> Gleich einer breiten Straße wand sie sich durch den Nord- und dann den Südatlantik, passierte Kapstadt zwischen dreihundert und achthundert Seemeilen[11] südlich und fraß dann 6600 Meilen

lang Strecke gen Osten bis zum Bass Strait und hielt sich dabei immer in den »roaring forties« oder südlich davon … Nach Sydney ging es entweder zwischen den beiden Inseln Neuseelands hindurch oder um die südliche herum wieder nach Osten, wieder in den Vierzigern oder Fünfzigern. Der nächste Orientierungspunkt war Kap Horn, fünftausend Meilen von Neuseeland entfernt, und wenn sie das Kap erst mal passiert hatten, dann fühlten sich die Matrosen schon so gut wie zu Hause – hatten sie doch tatsächlich nur noch achttausend Meilen durch den Süd- und Nordatlantik vor sich.

Im Vergleich zu vielen anderen Kapitänen war Kapitän Martin ein milder Despot. Als Slocum in den Jahren nach 1860 zur See ging, waren die Tage so berühmter Segelschiffe wie der *Oriental* oder der *Cutty Sark* längst gezählt. Die schnellen und beweglichen Schiffe, die in einer ständigen Hetzjagd um Kap Horn 1849 erst die sogenannten Prospektoren in das vom Goldrausch erfasste Kalifornien[12] gebracht hatten und 1861 zu den Goldminen von Australien, wurden »Höllenschiffe«, »Mörderschiffe« oder »Blutschiffe« genannt, weil ihre Mannschaften von den berüchtigten »Schinder-Kapitänen« bis zum Umfallen zur Arbeit gezwungen wurden. Wahre Horrorgeschichten waren über sie im Umlauf.[13] Die Klipper waren inzwischen von überladenen und übertakelten Ungetümen abgelöst worden, die Kohle und Kaffee und Wolle und Bauholz transportierten. Die nicht zuletzt vom Gold finanzierten Goldenen Jahre der Segelschiffe hatten den Menschen etwas fürs Auge geboten, besonders am Strand von Boston oder San Francisco oder Sydney; dort jedenfalls standen und bestaunten Touristen und Müßiggänger diese Windhunde der Meere, die nur darauf warteten, Anker zu lichten, den Himmel mit ihren Segeln zu verdunkeln und ans andere Ende der Welt zu eilen, mit einer Geschwindigkeit, die einer Lokomotive angemessener schien als einem Schiff.

Denkt ein Städter an die See, stellt er sich unweigerlich etwas Gesundes, Erholsames vor: frische, salzhaltige Luft, reinigendes Wasser, das Spiel der Sonnenstrahlen auf dem sanft bewegten Wasser, ruhiges Rauschen der Brandung. Die Realität dagegen ist manchmal zu grausam, um sie ertragen zu können: zwanzig Meter hohe Wellen, die auf das Deck krachen und alles von Bord fegen, was nicht gesichert ist, inklusive Matrosen. Brecher werden zu Recht so genannt, denn genau das tun sie mit menschlichen Knochen und wichtigen Teilen der Ausrüstung. Einige Kapitäne binden ihre Steuermänner am Rad fest, damit sie nicht über Bord gehen, andere bringen Sichtblenden aus Segeltuch hinter ihrem Rücken an (wie große Scheuklappen), um zu verhindern, dass sie die Wasserberge sehen, die sich achtern aufbauen und gleich aufs Schiff schlagen werden, und deshalb vor Angst durchdrehen und in die Takelage springen (falls ihre Beine noch nicht gebrochen sind) und damit das Steuer verlassen.

In den Fünfzigerjahren des 19. Jahrhunderts, als der Transport von einem Dutzend Eier von Baltimore nach San Francisco etwa zehn Dollar einbrachte, wurden Klipper-Kapitäne außerordentlich gut bezahlt. Der Kapitän eines britischen Schiffs konnte für die Reise nach Indien oder China 10 000 englische Pfund verlangen – ein Vermögen. Der Kapitän eines Kap-Horn-Klippers erhielt während des Goldrauschs für die Strecke von New York nach San Francisco 3000 Dollar, und wenn er es in weniger als einhundert Tagen schaffte, erhöhte sich der Betrag auf 5000 – und das sind nach heutigem Kurs immerhin rund 100 000 Dollar. Fünfzig Jahre später konnte ein Kapitän sich glücklich schätzen, wenn er auch nur ein Zehntel dieser Summe erhielt. Es wurde Mode, knausrig zu sein, und das bekamen unmittelbar auch die Matrosen zu spüren. Nicht selten hielten die Kapitäne ihre Mannschaft so kurz, dass die Matrosen nach dem Einlaufen in einem Hafen das Schiff fluchtartig verließen und dabei auf den Rest ihrer Heuer verzichteten.

Aber menschliche Verhaltensweisen ändern sich langsamer als Märkte, und die Schinder-Kapitäne, die ihre Reisen um Kap Horn mit dem Fanatismus heutiger Hochsee-Regattasegler zu planen pflegten, bildeten die folgende Generation von Zuchtmeistern nur allzu gut aus. Einer davon war der berüchtigte »Bully« Forbes, den Robert Foulke als »den Inbegriff des arroganten Leuteschinders« bezeichnete. Von ihm wurde behauptet, er habe mit links und rechts je einem Revolver in Händen die Mannschaft der *Marco Polo* daran gehindert, »während eines heftigen Sturms den enormen Druck auf die Segel« zu mindern. Außerdem wird er mit folgenden Worten zitiert, die er zu Beginn einer Überfahrt an seine Passagiere richtete: »Meine Damen und Herren, bei der letzten Reise habe ich beim Segeln dieses Schiffs die Welt verblüfft. Auf dieser Reise beabsichtige ich, Gott, den Allmächtigen, in Erstaunen zu versetzen.«

Eines der schlimmsten Vergehen, die Kapitänen zur Last gelegt werden konnten, war ihre Angewohnheit, Matrosen wegen unbedeutender Ordnungswidrigkeiten bei schlechtem Wetter und ohne ersichtlichen Grund in die Takelage zu beordern. Man stelle sich vor, wie sie während eines Gewitters die Webeleinen zwischen den Wanten hinaufhasteten, von der Gischt durchnässt und taub vom heulenden Tosen, mit aufgesprungenen, eiskalten Händen und entzündeten Fingernägeln (Handschuhe taugten nicht für diesen Job: zu unförmig, zu steif) – um dort als Blitzableiter zu fungieren. Es kam nur selten vor, dass während einer schwierigen Reise nicht wenigstens ein Matrose zu Tode kam.

Im Jahr 1864 war Slocum Offizier auf der *Agra.* Er wog neunzig Kilo, war stark und behände und verzog keine Miene, wenn er mitten auf dem Atlantik den Mast hinauf zur oberen Toppsegelrahe geschickt wurde, um ein Segel zu bändigen.[14] Allein die Worte »obere Toppsegelrahe« lassen erkennen, dass es sich um eine gefährliche Höhe handelt. Ein Leichtmatrose jener Tage erinnerte sich, dass ihm ein Offizier »Guck bloß nich' nach unten, Kleiner!«

nachrief, nachdem er ihn in die Takelage gejagt hatte. In dem Roman *Redburn* beschreibt Herman Melvilles Erzähler dieses Gefühl wie folgt: »Ich hatte für nichts anderes Augen als dieses Schiff da unten, das wie eine lange, schmale Planke auf dem Wasser lag … Und obwohl die See ruhig war und nur ein leichter Wind ging, war die Bewegung des Schiffs in dieser Höhe außerordentlich; und wenn das Schiff zur einen Seite hinrollte, dann fühlte ich mich, wie sich wohl eine Fliege fühlt, die an der Zimmerdecke entlangspaziert …« An Bord der *Agra* ließ eine Bö das Segel bocken wie ein noch nicht angepflocktes Zirkuszelt, und Slocum wurde von der Rah gefegt. Alan Villiers zufolge gibt es Augenzeugenberichte solcher Ereignisse: »Männer, die vom Mast fielen, hatten eigentlich kaum eine Chance, egal ob sie aufs Deck oder ins Meer fielen. Ihre einzige Chance war, dass beim Fallen die Taue ihren Sturz bremsten …« In Melvilles Roman *White-Jacket* beschreibt der Erzähler, wie »ein Matrose von der Großroyalrah eines englischen Schiffs auf Kampflinie in unserer Nähe fiel; seine Knöchel gruben sich so ins Deck, dass die Löcher aussahen, als hätte sie der Schiffszimmermann hineingebohrt.« Slocum schlug während des Sturzes mit dem Kopf auf die Großrahe, was ihm zwar eine klaffende Wunde über dem linken Auge einbrachte, seinen Sturz aber abbremste. Diese unübersehbare Narbe war noch dem Reporter einer Bostoner Zeitung eine Erwähnung wert, als Joshua Slocum im Jahr 1895 von Gloucester aus in See stach, um allein die Erde zu umsegeln.

VIRGINIA ALBERTINA WALKER

## Kapitel 3

# Kapitän Slocum

Wenn die See am gewaltigsten ist, dann ist es sicher keine leichte Angelegenheit, den Elementen zu trotzen. Dann muss man die See kennen und wissen, dass man sie kennt, und sich immer vor Augen halten, dass sie geschaffen wurde, um auf ihr zu segeln.

*Erdumseglung ganz allein*

Mit bestandener Offiziersprüfung war er jetzt *Mister* Slocombe, und nachdem er 1865 San Francisco zu seinem Heimathafen gemacht hatte, wurde er amerikanischer Staatsbürger. In der folgenden Dekade sollten die meisten seiner Geschwister und Cousins aus dem Exil in Neuschottland nach Massachusetts zurückkehren. Slocums Entschluss, an der äußersten Ecke des Wilden Westens Anker zu werfen, zeigt deutlich, dass er Größeres vorhatte. Er wollte sein Glück machen.

Joshua war schon einige Male in San Francisco gewesen, mit Kohle aus Liverpool und Cardiff oder Wolle aus Australien, und war mit Getreide oder manchmal auch Gold nach Großbritannien zurückgesegelt.

Doch gerade simple Frachtgüter bargen große Gefahren, und besonders Kohle galt als riskant: Wenn sie zu fest gepackt war und feucht wurde, neigte sie zur Verpuffung und geriet in Brand – der Verlust ganzer Schiffe durch Brand auf See war gar nicht so selten. (Allein im November 1891 gingen auf diese Weise sechs Schiffe, die in Birkenhead, gegenüber von Liverpool, am Mersey, Kohle geladen hatten, verloren, weil sie auf dem Weg nach San Francisco in Brand gerieten.) Auch Getreide – eine von Slocums häufigsten Frachten – neigte immer wieder dazu, spontan in Brand zu geraten, und wurde deshalb häufig an Deck gelagert. Es erforderte höchste Wachsamkeit, diese Fracht trocken ans Ziel zu bringen. Manganerz aus Chile war eine berüchtigte Fracht, weil schwer und gefährlich. Eisenbahnschienen, die während des Baus der transkontinentalen Eisenbahn nach San Francisco verschifft wurden, neigten dazu, bei schwerer See im Frachtraum zu verrutschen und das Schiff aus dem Gleichgewicht zu bringen. Kurz gesagt, die Handelsschifffahrt – egal ob die Fracht nun aus Kohle, Eis, Schießpulver, Eisenbahnschienen, lebendem Vieh, Holz, Guano, Jute, Kopra oder Immigranten bestand – war ein gefährliches Geschäft.

Grundsätzlich hätte Slocum auch eine Karriere als Walfänger offengestanden; aber anders als einen Wechsel zur Dampfschifffahrt, den er ausdrücklich ausschloss, scheint er diese Möglichkeit nicht einmal ansatzweise in Erwägung gezogen zu haben. Dass er Walfang so kategorisch ablehnte, hatte nichts mit Skrupeln zu tun; er schlachtete ungerührt Tiere bis zu jenem Tag in seinen späten Jahren, als er beschloss, dass es jetzt genug sei mit dem Töten von Fisch und Federvieh, von Säugetieren gar nicht zu reden. Die einzige Ausnahme blieben Haie, gegen die er wie alle Seeleute eine tiefe Abneigung hegte.[1]

Einen Wal zu flensen war eine fürchterliche Metzelei. Die schlichten Gemüter, die auf Walfängern von New Bedford oder Nantucket oder San Francisco aus mit der Illusion aufbrachen, dass sie – durch ihren Anteil an Walrat, Öl und Fischbein – als reiche Männer nach Hause zurückkehren würden, waren alles andere als ehrgeizige Ahabs. Viele Walfänger kamen direkt von den Feldern aufs Schiff; sie hatten sich von den berüchtigten Angeboten verlocken lassen, die Anwerber im Auftrag habgieriger Schiffseigner machten. Die Naivität der jungen Leute illustriert eine Anekdote: Einem jungen Landei wurden 1/250 des Nettoprofits angeboten, den sein Schiff während einer Reise mit nicht absehbaren Gefahren und von unbestimmter Dauer erwirtschaften würde. (Drei Jahre galten eher als Spaziergang; üblich waren vier.) Als der Neuling sich ob dieses schäbigen Anteils enttäuscht zeigte, erhöhte der Agent auf 1/500. »Na also, das klingt schon besser!«, war die Reaktion.

Samuel Eliot Morison[2] beschreibt in seinem Geschichtswerk zur Seefahrt in Massachusetts, mit welch findigen Machenschaften amerikanische Walfänger zur Zeit Slocums von den Ausstattern übers Ohr gehauen wurden (die sich wiederum bei den Kapitänen dafür erkenntlich zeigten), spricht von den Wucherpreisen für Tabak und Pfeifen, aber auch Arbeits- und Ölzeug, die die Kapitäne aus ihren »Schlappkisten« verkauften. Er beschreibt Fälle, in denen Matrosen bei Rückkehr in den Hafen so tief bei ihren Kapitänen in der Kreide standen, dass sie sogar dafür bezahlen mussten, sich ausschiffen zu können. Da aber Morison ein Liebhaber schöner Schiffe ist, gilt seine eigentliche Verachtung den Schiffen selbst, die von der Gier ihrer Besitzer so lange auf See gehalten wurden, bis am Ende »der alte Kahn um Kap Horn kroch, mit einem meterlangen Bart aus Seegras am Rumpf und einer Mannschaft, die aus Schiffbrüchigen zu bestehen schien«.

Nein, der Walfang war nichts für Joshua Slocum. Und doch hatte alles, was Slocum im Laufe seiner wechselvollen Karriere in Angriff nahm, mit dem Meer zu tun. Darüber hinaus war er ein begeisterter Unternehmer. Zu verschiedenen Zeiten verkaufte Slocum Fisch, Seemuscheln, selbst verlegte Bücher, signierte Fotografien, Korallenstücke, Schiffe und Pelze; außerdem hielt er Vorträge. Er war nacheinander Händler, Stellnetz-Fischer, Schiffszimmermann, Holzhändler, Kapitän eines Frachters und Pelzjäger. Und San Francisco war in der Dekade nach dem Goldrausch keine schlechte Stadt, um sein Glück zu machen – besser war vielleicht nur Sydney in den Jahren nach dem australischen Goldrausch.

Aber so leicht man in einer boomenden Stadt zu einem Vermögen kommen kann, so leicht kann man es auch wieder verlieren. Bekam ein Eierlieferant im März 1852 noch zehn Dollar für ein Dutzend Eier, die er um Kap Horn lieferte, weil die Goldgräber verrückt nach Omelett waren, dann konnte er sich neun Monate später möglicherweise glücklich schätzen, wenn man ihm für dieselbe Menge einen Dollar gab. Vielleicht musste der hungrige Prospektor keinen Hunger mehr leiden, oder er war pleite, oder vielleicht hatte er selber angefangen, Hühner zu züchten. Passagiere von der Ostküste zahlten für die Reise um Kap Horn hundertfünfzig bis zweihundert Dollar, aber das wirklich große Geld war mit den unvorhersehbaren Sehnsüchten der plötzlich zu Reichtum gekommenen Goldsucher zu machen. Der Markt war launisch: Die Ladung der Bark *Suliot,* die 1849 von Belfast, Maine, nach San Francisco segelte, bestand aus so unterschiedlichen Waren, dass diese auf einer drei *Meter* langen Frachtschein-Rolle verzeichnet waren: Textilien, Fertighütten, Lebensmittel, Medikamente und – erst in letzter Minute als Lückenfüller im Stauraum geladen – ein Posten Schierlingstannen-Bohlen. Als das Schiff 117 Tage später am Golden Gate einlief, stellte sich heraus, dass nur die Bohlen wirklich profitabel waren: im Einkauf hatten zwei Festmeter Holz zehn Dollar gekostet, verkauft wurden sie für dreihundert Dollar. Aber ein Jahr später brach der Holzmarkt völlig zusammen. Joshua Slocum wusste um die Tücken und Gefahren, die der Seehandel mit seinen riesigen Entfernungen mit sich brachte, aber auch um die enormen Gewinne, die möglich waren – er hatte zu dieser Zeit bereits fünf Jahre auf Handelsschiffen mit so unterschiedlicher Ladung wie Wolle, Holz, Kaffee und Kohle hinter sich. In einer Hafenstadt wie San Francisco, dessen »Küste der Barbaren« genanntes Rotlichtviertel bekannt für seine kriminellen Exzesse war, auf dunkle Geschäfte – Sklavenhandel etwa – zu setzen, wäre bestimmt eine sichere Bank gewesen, aber dergleichen kam für ihn nie infrage.

Slocum benutzte San Francisco zunächst als Heimatstandort, bewegte sich aber nicht weit von der Küste weg. In jenen glorreichen Tagen des Getreidehandels, die auf den Bürgerkrieg folgten, wurde San Francisco das Zentrum der globalen Schifffahrt, übertraf sogar Liverpool, was die Zahl der ein- und auslaufenden Schiffe betraf. Hunderte prächtiger Schiffe hatten entlang der Kais und weitläufigen Ankerplätze angelegt. Kapitäne stellten hier stolz ihre Schiffe zur Schau und beäugten kritisch die Konkurrenz, vermerkten beifällig die extreme Sauberkeit und Ordnung eines Kapitäns und runzelten die Stirn über die wie ein Wäschesack zusammengeknüllten Segel eines anderen Schiffs. Auch kitschige Galionsfiguren zogen unweigerlich Kritik auf sich.

Aber noch war Slocum nicht vorgedrungen in diese erlauchten Kreise. Gleich nachdem er amerikanischer Staatsbürger geworden war, konstruierte und baute er mit einem Partner ein Stellnetz-Boot, mit dem sie weiter nördlich auf dem Columbia River auf Lachsfang gingen. Das Boot war ein Doppelender, knapp acht Meter lang und teilweise gedeckt. Es hatte ein schmales Sprietsegel, das an einem etwa fünf Meter hohen, stämmigen Mast befestigt war, der bei schlechtem Wetter auch als Zeltstange diente. Es war ein grobschlächtiges Boot, mit dem sie da auf dem Columbia River fuhren und den Lachsen zu Leibe rückten. Dabei hängten sie die befestigten Netze von der Wasseroberfläche bis fast auf den Grund des Flusses direkt in den Weg der Fische, die flussaufwärts zu ihren Laichplätzen schwammen. Ihren Fang verkauften sie an eine Konservenfabrik, die nach dem Ende der Fangsaison auch ihr Boot erwarb.[3] Die beiden Partner kehrten allerdings mit einem nur bescheidenen Profit nach San Francisco zurück und wählten bei ihrer nächsten Unternehmung eine weiter nördlich gelegene Region, die Küstenregion von Oregon und rund um Vancouver Island, um Robben und Seeotter zu jagen. Pelzhandel konnte ein sehr lukratives Geschäft sein: In Hongkong wurde für ein Seehundsfell zehn Dollar gezahlt, und bei Ottern reichte die Spanne von 50 bis zu 350 Dollar. Bei diesem sogenannten »Nor'west Coast and Chiny«-Handel wurde so manches Vermögen verdient. Die Felle wurden per Schiff aus dem nordwestlichen Pazifik nach Kanton gebracht (dessen Hafen aufgrund örtlicher Handelsrestriktionen für alle amerikanischen Waren außer Pelzen und Fellen gesperrt war) und dort gegen Stoffe aus Nanking, Tee, Seide und das edle Kanton-Porzellan eingetauscht, das in den Neuengland-Staaten so begehrt war.

Die Seeotter waren schon von den Russen, die als Erste Alaska besiedelt hatten, gnadenlos dezimiert worden und bettelten nicht gerade darum, in Mäntel oder Hüte verwandelt zu werden. Man hatte früher direkt in der Brandung auf sie Jagd gemacht, doch nun waren sie scheu geworden, wenn sie Menschen am Strand witterten. Slocum und sein Partner brauchten schon das Geschick von Scharfschützen, um sie aus der Distanz vom Ufer her zu töten.

Doch Slocum sollte, wie wir wissen, nicht für seine Schießkünste berühmt werden, sondern für seine herausragende Fähigkeit als Bootsbauer – vor allem für seine beiden Meisterwerke: die *Liberdade* und die *Spray* – sowie für sein schriftstellerisches Talent. Victor Slocum kannte das Tagebuch, in dem sein Vater die Erkundungsfahrten auf dem Columbia River, von Gray's Harbor (ein Mündungsgebiet südlich der Regenwälder am Mount Olympic), Puget Sound und British Columbia detailliert aufgezeichnet hat. Er erinnert sich an »humorvolle Beschreibungen« der Tücken des Lebens als Fischer und Pelzjäger, an Begegnungen mit Bären und Wildkatzen, aber eine Abschrift dieses ersten Berichts aus der Feder seines Vaters hat sich nicht erhalten. Trotzdem ist es bemerkenswert, dass Slocum, der über keine richtige Schulbildung verfügte, seit Jugendjahren den Drang verspürte, zu schreiben, Geschichten zu erzählen, um andere Menschen damit zu unterhalten.

Als Joshua Slocum 1869 sein erstes Kommando erhielt, war er fünfundzwanzig Jahre alt. Mit einem gut zwanzig Meter langen Küstenschoner pendelte er zwischen San Francisco und der nahe gelegenen Half Moon Bay und brachte von dort Kürbisse, Kartoffeln und Gerste in die Stadt. Die *Montana* zu segeln muss für Slocum ein Kinderspiel gewesen sein, aber durch seine Erfahrungen im Fisch- und Pelzhandel wurde er jetzt auch zum Händler, der für den Schiffseigner die Waren auswählte und die Kosten für ihren Transport festlegte. Es dauerte nicht lange, bis er sich für höhere Aufgaben empfohlen hatte: Er wurde Kapitän eines größeren Küstenschoners, der Weizen nach Seattle brachte und mit Kohle zurücksegelte. Die Stellung verdankte er seinen Erfahrungen beim Getreidetransport von San Francisco nach Cardiff und Liverpool. Es war ein ganz neuer Geschäftszweig, lokale Güter gegen Gebühr auf einem schnellen Küstenschoner von hier nach dort zu bringen, wobei die Tonne zwischen sechzig und hundert Dollar kostete.

Während der Sechzigerjahre des 19. Jahrhunderts hatte die weltweite Nachfrage nach kalifornischem Weizen einen viel nachhaltigeren Einfluss auf das kalifornische Wirtschaftswachstum als gut zehn Jahre zuvor der Goldrausch. William Hutchinson Rowe zufolge war kalifornischer Weizen »so hart und trocken, dass er eine mehr als 14 000 Meilen lange Reise um Kap Horn unbeschadet übersteht und in bestem Zustand in Europa ankommt«. Besonders bei irischen und englischen Müllern war kalifornischer Weizen stark gefragt, und die großen Rennen beim Weizentransport von San Francisco und Australien nach Liverpool wurden eifrig verfolgt, von Landratten wie von Seeleuten. Aber wie W. H. Bunting in seinem Buch *Live Yankees*[4] schreibt, war »das schnellste Schiff nicht unbedingt auch das profitabelste – an eine verdorbene Fracht erinnerte man sich lange, während die schnelle Überfahrt bald vergessen war«. In den sonnigen Tälern um Sacramento und San Joaquin – mit San Francisco durch ein Netz von Wasserstraßen verbunden – wurde so viel Getreide produziert, dass der Exportumsatz über das Golden Gate innerhalb eines einzigen Jahres von 1,7 Millionen Dollar auf 6,7 Millionen Dollar stieg. Diese Steigerung um vierhundert Prozent war wahrlich kein Pappenstiel. Aber der Transport von Getreide war heikel; giftige Dämpfe, die sich durch faulendes Korn entwickelten, hatten bei mehr als einer Crew zu Erblindung, ja sogar Todesfällen geführt. (Es war wohl einfach so, dass jeglicher Transport auf einem Stück Holz, das im Ozean treibt, seine Gefahren mit sich bringt – und das gilt ganz besonders für menschliche Wesen.)

Slocums zweites Kommando war die dreiunddreißig Meter lange Barkentine *Constitution*. Ann Spencer führt aus, dass die *Constitution* »Baumwollsamen, Holz, Maschinen und Schindeln« nach Guayamus in Mexiko brachte und von dort mit einer Fracht Salz nach Carmen Island im Golf von Kalifornien weiterfuhr.[5] Zurück in San Francisco wurde Slocum mit der *Constitution* auf die andere Seite der Welt geschickt, genauer gesagt, nach Sydney.

Es mag erstaunen, dass einem so jungen Menschen ein wertvolles Segelschiff samt Besatzung und Fracht mit dem Auftrag anvertraut wurde, damit zum anderen Ende der Welt zu reisen. Aber Slocums schneller Aufstieg vom Leichtmatrosen zum Kapitän war nicht so außergewöhnlich in einer schnelllebigen Zeit, in der so viele spekulierten und überall auf das schnelle Geld hofften. Ein jeder konnte Goldsucher werden, und jeder, der einen Beutel voller Goldstaub besaß, konnte versuchen, billig einzukaufen und teuer zu verkaufen. Aber es gab nur wenige, die dazu in der Lage waren, ein Segelschiff zu kommandieren. Viele versuchten es dennoch, doch ihr Unvermögen wurde schnell deutlich oder sie gingen mit der ersten Sturmbö unter.

Slocum stach Anfang November 1870 Richtung Sydney in See. Knapp drei Monate später, am 31. Januar 1871, heiratete er. Die Umstände hätten günstiger nicht sein können: Slocum traf in

Sydney ein, als die ebenso attraktive wie abenteuerlustige Virginia Albertina Walker stets anzutreffender Gast jener Tanzabende und Dinners war, zu denen vor allem junge, aufstrebende Kapitäne eingeladen wurden. Wie San Francisco war auch Sydney eine boomende Stadt, und Neuankömmlinge und Besucher waren durchaus willkommen. Wie hätte es auch anders sein können in einer Flüchtlingskolonie, die vor noch gar nicht so langer Zeit von abgeschobenen Kriminellen gegründet worden war?

Virginia Walker war zwanzig, als sie Slocum kennenlernte, und wie er hatte sie schon viel von der Welt gesehen. Sie wurde auf Staten Island, New York, geboren – auf dem Höhepunkt des Goldrausches in Kalifornien, dem ihr Vater verfallen war. Aber wie für viele andere endete auch bei ihm der Rausch in Ernüchterung, und so zog er 1852 mit seiner Familie weiter nach Australien in der Hoffnung, in New South Wales oder Victoria Gold zu finden. Nicht wenige australische Goldgräber wurden fündig, aber Walker kehrte nach Sydney und zu jenem Geschäft zurück, das er auch schon in New York geführt hatte: Er eröffnete eine Schreibwarenhandlung, die immerhin so erfolgreich war, dass er sich nebenher seiner großen Leidenschaft widmen konnte, dem Amateurtheater. (Victor Slocum erinnerte sich an seinen »genialen« Großvater Walker, der »jeden Monolog aus *Hamlet* parat hatte, man musste ihm nur ein Stichwort liefern«.) Er war außerdem bei der freiwilligen Feuerwehr; eine sehr angesehene Freizeitbeschäftigung, die nicht wenige liebenswerte Exzentriker anzuziehen schien (Victor berichtet von einem hauseigenen Kakadu, der bei Langeweile »Feuer, Feuer, Walker, Feuer!« kreischte). Virginias Schwester war eine erfolgreiche Opernsängerin, als Altistin; außerdem gab es noch einen jüngeren Bruder namens George.

Es war tpyisch für aufstrebende Städte wie San Francisco und Sydney, wo Geld und Gold auf der Straße lagen, demonstrativ Pomp und Eleganz zur Schau zu stellen, so wie man es von New

York oder London kannte. In Sydney dienten dazu nicht nur die Theater und Opernhäuser der Stadt, ihre Bewohner veranstalteten auch gern große Maskenbälle zu Ehren der Offiziere der Schiffe aus der zivilisierten Welt, die im Hafen vor Anker lagen. Bei einem dieser Bälle führte Victoria – kostümiert als Amerikas »Perle des Ozeans« Columbia – den Einzug der Ballgesellschaft an (was auch auf einer Fotografie festgehalten wurde), während William Walker beim »tuckout«, wie die Einheimischen es nannten (wenn schließlich »reingehauen« wurde), den Toastmaster gab. Fotografien von diesen Feiern, so berichtete später Victor, wurden von seiner Mutter in einem rotsamtenen Fotoalbum aufbewahrt, und wann immer es herausgeholt wurde, um Besuchern auf dem einen oder anderen von Slocums Schiffen zu imponieren (oder eher, sie zu erheitern), »dann setzte mein Vater einen besonders gelangweilten und desinteressierten Gesichtsausdruck auf«.[6]

In den Jahren nach dem Tod seiner Mutter hatte Slocum, ganz auf sich allein gestellt, in einer deutlich von Männern dominierten Welt zurechtkommen müssen – und ihr Tod scheint eine so tiefe Wunde geschlagen zu haben, dass er sich nie überwinden konnte, über sie zu schreiben oder seinen Kindern von ihr zu erzählen, geschweige denn die Pfannkuchen zu rühmen, die sie in der Küche auf dem North Mountain zubereitete. Wenn man seinen zunehmenden Hang zur Einsamkeit bedenkt (die Betonung im Titel seines Hauptwerkes liegt auf *allein*), dann ist es durchaus überraschend, wie ihn die Begegnung mit Virginia Walker so plötzlich und vollkommen vom bisherigen Kurs abbrachte. Als die jungen Leute heirateten, kannten sie sich nicht einmal zwei Wochen!

Zu diesem Zeitpunkt hatte Slocum bereits elf Jahre auf See zugebracht und kannte das Gefühl des »Einsam unter vielen«, das seinen Berufsstand auszeichnete. Das klischeehaft virile Gebaren seiner Mitmatrosen war nichts für ihn, das Saufen, Krakeelen und

Herumhuren in den Häfen mit anschließendem Kater und der sich möglicherweise anschließenden Schande, schanghait zu werden. Slocum war entweder auf Wache oder studierte seine Fachbücher oder schöne Literatur oder widmete sich aufmerksamen Auges seiner Umgebung. Er hatte sich konsequent hochgearbeitet, um sich vom Durchschnitt abzuheben. Und ein vielversprechender Schiffskapitän hatte nun einmal, wie Samuel Eliot Morison vermerkt, »die freie Auswahl unter den hübschen Mädchen seiner Heimatstadt. Einem unverheirateten Mädchen von Cape Cod konnte man kein größeres Lob aussprechen als: ›Für einen Ostindien-Käpt'n ist sie genau die Richtige.‹«

Monatelang ohne Unterbrechung auf See zu sein, das hieß, sich freiwillig in Gefangenschaft zu begeben – ohne die gelegentliche Ablenkung einer aufregenden Jagd, wie der Walfang sie bereithielt. Und als Kapitän auch ohne das Gemeinschaftserlebnis, das die Matrosen miteinander verband.

In *Two Years Before the Mast* beschreibt Richard Henry Dana die Konsequenzen dieser, wie Robert Foulke es beschreibt, »geistigen Armut«, das Ergebnis des »ständigen Aufeinanderhockens« während der langen Reise um Kap Horn:

> Jede Abwechselung war willkommen … um die Monotonie zu unterbrechen; sogar die zweistündige Ruderwache, mit der wir es umschichtig jede zweite Wache zu tun hatten, kam uns wie eine Erlösung vor. Der nie endende Vorrat an Seemannsgarn, mit dem wir uns durch manche Wache gekämpft hatten, schien uns irgendwann doch auszugehen; denn wir waren schon so lange zusammen, dass wir die Erzählungen jedes Einzelnen so oft gehört hatten, dass wir sie auswendig hersagen konnten. Jeder kannte die Geschichten aller anderen; wir hatten uns völlig und im wahrsten Sinne des Wortes ausgequatscht.

Während die britische Handelsmarine – deren Schiffe allgemein »lime-juicer«[7] genannt wurden – auf den Weltmeeren ein hohes Ansehen genoss, von Investoren und der Regierung besser unterstützt wurde, ihre Schiffe mit herausragenden Kapitänen bemannte, die auch besser bezahlt wurden, pflegten die Amerikaner einen lässigeren Umgang mit den sogenannten »hen frigates« – Schiffen, auf denen die Frau des Kapitäns mit an Bord war. Eine erstaunliche Nachsichtigkeit, denn noch immer herrschte der Aberglaube, dass eine Frau an Bord Unheil bringe – während man gleichzeitig natürlich davon überzeugt war, dass sich Neptun durch eine nackte Frau als Galionsfigur besänftigen lasse. Es gibt keinen Beleg dafür, dass Slocum diesen Vorzug im Hinterkopf hatte, als er amerikanischer Staatsbürger wurde – schließlich war er vorher auf den Schiffen Ihrer Majestät, Königin Victoria, um die Welt gesegelt –, aber aus welch anderem Grund hätte er sich sonst einer Flotte anschließen sollen, die berüchtigt war für ihre »Höllenschiffe«, auf denen brutale Offiziere unterbesetzte Mannschaften drangsalierten?

Für Virginia, so erzählte sie ihrem Sohn Victor, war in dem Moment, als sie Joshua zum ersten Mal sah, klar, dass er »genau die Sorte Mann war, die sie wollte, keiner von den üblichen Spießern der Gesellschaft Sydneys«. Vielleicht spielten gewisse Ängste eine Rolle, die eine Gesellschaft aus ehemaligen Sträflingen nährte, vor spießigen Engländern, die mit aller Macht versuchten, die wilden, ungehobelten Digger[8], Wanderarbeiter und Cowboys von »Down Under« zu domestizieren; Virginias Vorstellungen vom wahren Leben waren jedenfalls offensichtlich von großer Abenteuerlust geprägt. Einer ihrer Bewunderer beschrieb sie als eine »in ihrem Äußeren überaus vornehme Erscheinung, in ihrem Verhalten jedoch ganz ungezwungen«. Sie war eine hervorragende Reiterin und liebte Ausritte ins Hinterland der Blue Mountains, um dort zu campen und unter freiem Himmel zu nächtigen. Auch war sie stolz darauf, dass ihre Mutter zum Stamm der Lenni-Lenape (oder Delaware-Indianer) gehörte, die vormals im Gebiet zwischen New Jersey und dem südlichen New York siedelten.

Slocums Auftreten war ernst und bescheiden. Er neigte früh zur Glatze und wirkte älter, als er war, mit seinen eingefallenen Wangen und dem starren Blick, der ihm zu eigen war. Im Gegensatz dazu waren Virginias Züge sehr jugendlich und offen. Ihre Augenfarbe war außergewöhnlich: golden wie die eines Adlers – jedenfalls in der Erinnerung ihrer Kinder. Trotz der äußeren Unterschiede passten die beiden gut zusammen – ja, waren vielleicht füreinander »bestimmt«. Jeder, der sie zusammen erlebt hatte, berichtete, dass die beiden so augenfällig verliebt und einander zugetan waren, dass sie eine Aura um sich schufen, die alle anderen ausschloss. Eine jüngere Cousine beschrieb Joshua in Virginias Begleitung als »leidenschaftlichen Menschen«, der »seine Zuneigung offensichtlich deutlich zeigen wollte«. Die beiden lachten viel, was auf einem Schiff, das sich mitten auf dem Ozean befand, von nicht zu unterschätzender Bedeutung war. Eine Kapitänsgattin klagte, sie sei »auf See so vereinsamt, dass ich das Lachen fast verlernt hätte«.[9]

Die beiden müssen sich einig gewesen sein, auf Standesamt und den üblichen Budenzauber, der bei Hochzeiten in den besseren Kreisen üblich war, zu verzichten. Virginias Vater, der es gern anders gesehen hätte, gab lediglich während einer kirchlichen Zeremonie im kleinen Familienkreis vor einem baptistischen Geistlichen die Erklärung ab, dass die »unverheiratete Virginia Albertina Walker … noch keine 21 Jahre alt«, die Ehe schließt mit »Joshua Slocum, Kapitän zur See aus Massachusetts (!)«. Unmittelbar darauf sagte sie Vater, Mutter und Schwester Lebewohl, verstaute ihre Reitsachen – die Peitsche inklusive – und ging an Bord der *Constitution,* um mit ihrem Ehemann Kohle und Tomaten nach San Francisco zu befördern (eine Strecke von etwa siebentausend Seemeilen, wenn man die Abdrift mit einbezieht); mit an Bord war Virginias zwölfjähriger Bruder. Sie kamen am 4. Mai in San Francisco an, brachen aber zwei Tage später schon wieder auf, dieses Mal mit der *Washington,* einer Bark wie die *Constitution,* die ebenfalls Nicholas Bichard gehörte.

Die Fahrt zum Cook Inlet in der Nähe von Kodiak Island, wo sie Königslachs fischen wollten, sollte ihre Hochzeitsreise werden. Es war genau die Art von Abenteuer, die Virginia vorschwebte, unter extremen Bedingungen hinaus in die Wildnis. Für ihren Mann war es eine Fortführung seiner früheren Fischzüge, mit erhöhtem Einsatz: in den Hafenstädten des Nordpazifiks konnte man beim Verkauf von Lachs ein Vermögen verdienen.

Die Risiken lagen allerdings auf gleichem Niveau wie der zu erwartende Lohn. Victor Slocum behauptet in seiner Biografie, dass sein Vater »der erste Amerikaner war, der im Cook Inlet an Land ging, nachdem die Russen Alaska verkauft und kurz darauf geräumt hatten«.[10] Seit 1867 erst gehörte Alaska den USA, und obwohl die Gegend wahrlich nicht viel zu bieten hatte, kann diese Behauptung doch nicht stimmen. Walfänger aus New Bedford jagten hier Grönland- und Glattwal schon in der Dekade, bevor Zar Alexander II. den Ausverkauf an die USA betrieb. Richtig war allerdings, dass die Russen diese tückischen Gewässer, in denen die Gezeiten ähnlich wie in Slocums heimatlicher Bay of Fundy tobten, nur unzureichend erschlossen hatten. Im Cook Inlet, einer zweihundert Meilen langen Bucht, beträgt der Tidenhub nicht selten mehr als acht Meter, und die Gezeitenströme erreichen häufig sechs Knoten und mehr. Meterhohe Flutwellen toben mit bis zu fünfzehn Knoten durch den Gletscherfjord. Bei Niedrigwasser tritt an manchen Stellen der trübe, schlammige, faulige Meeresboden zutage, der ähnlich tückisch wie Treibsand ist; Winde sind frostig und der Nebel ebenso allgegenwärtig wie die felsigen Landzungen.

Als Victor Slocum später ohne seine Eltern in diese Gegend zurückkehrte, beschrieb er sie wie folgt: »Am Fjordeingang ist der Tidenhub fast so gewaltig wie in der Bay of Fundy. Während der Springtide beträgt er über zwölf Meter. Daraus entsteht ein Ebbstrom von fünf bis sechs Knoten, der riesige Eisblöcke, Baumstämme und anderen Unrat, den die Zuflüsse des Fjords mitbringen, anschwemmt.« Wobei das Eis den frisch Verheirateten immerhin erspart blieb, denn es war Sommer.

Der junge George Walker, der auf der *Washington* mitfuhr, bezeichnete die Reise später als das großartigste Erlebnis seines Lebens – genau das muss es gewesen sein. Herden von Bärenrobben – die man auch »Schläfer« nennt, weil sie die Angewohnheit haben, sich mit den Flossen über der Schnauze einfach auf dem Rücken treiben zu lassen – erfreuten sich der Gesellschaft von Weißwalen. Auf Kodiak Island streiften die gleichnamigen Bären herum; sie sind die größten Bären der Welt, weil sie keinen Winterschlaf halten und sich das ganze Jahr über von Lachs ernähren. Und während die *Washington* von San Francisco aus an der Küste entlang gen Norden segelte, bereitete sich die Crew auf den Zug der Lachse vor, die vom Cook Inlet den Kasilof River hinaufschwimmen: Die Männer bauten flache Stellnetz-Kähne, die Slocum entworfen hatte. Derweil richteten sich der Kapitän und seine Braut in ihrer engen Unterkunft ein, die besser als alles war, was er jemals als Leichtmatrose, Vollmatrose oder Erster Offizier gekannt hatte. Ihre Kajüte, die mit Atlasholz oder vielleicht auch Vogelaugenahorn getäfelt war, enthielt wahrscheinlich Waschtisch, Schreibtisch, Sofa und Bücherregale (gut gefüllt mit einer großen Auswahl an Romanen, Gedichtbänden, Fachbüchern zur Seefahrt und Naturkunde). Walter Teller vermutet, dass »Tageslicht in der Kajüte, wenn überhaupt, durch ein Oberlicht einfiel, durch das Virginia einen hervorragenden Blick auf die Beine des jeweiligen Steuermanns hatte, und dahinter vielleicht noch ein wenig Himmel, durch den sich die Schiffstakelage zog«. Die Schlafkoje der Slocums war möglicherweise »halbkardanisch aufgehängt«, wie es heißt, um die Rollbewegung des Schiffes auszugleichen, so auch der Schreibtisch. Die Mahlzeiten wurden mit den Offizieren eingenommen. Manche von ihnen waren ungehobelte Klötze, hatten von Körperhygiene noch nie etwas gehört und hielten mit ihrer Meinung, was Frauen an Bord betraf, nicht hinter dem Berg.

Der Begriff »hen frigate« (»Hennenfregatte«) war genauso abfällig gemeint, wie er sich anhört. Und auch ohne schreiende Neugeborene oder Kleinkinder, die unter und sogar auf dem Deck herumtollen und die Matrosen zur Weißglut treiben, waren Schiffe kein angenehmer Aufenthaltsort für Frauen, erst recht kleine Schiffe wie die *Washington*. Teller bemerkt, dass Nachsicht gezeigt wurde bei Frauen, die »Sportsgeist zeigten und sich nützlich machten«, indem sie die Kranken pflegten, Kleidung flickten und lernten, wie man navigiert. »Wenn eine Frau ihren Mann auf mehr als einer Reise begleitete, dann musste sie schon außergewöhnlich couragiert sein.« Von der Hochzeit bis zu ihrem Tod dreizehn Jahre später nahe Buenos Aires segelte Virginia, wohin auch immer Joshua segelte, lernte sie wie jeder Matrose das Seemannshandwerk, sie kannte »ihre Taue«, konnte die Kompasspunkte der Reihe nach aufzählen und war vertraut mit Meereskunde.

Trotz günstiger Winde und einer ruhigen See war der Fischzug zum Cook Inlet doch kein Zuckerschlecken. Ihre Ankunft fiel nicht nur mit der Wanderung des Königslachses zusammen, sondern auch mit der Zeit der Mitternachtssonne. Das hatte einen Vorteil: Die Mannschaft konnte Tag und Nacht arbeiten. Es hatte aber auch einen Nachteil: Es wurde tatsächlich Tag und Nacht gearbeitet. Sie ankerten die *Washington* knapp vier Kilometer vor der Küste an der Leeseite des Karlukriffs, das einen gewissen Schutz zu bieten schien; ihr Lager schlugen sie am Strand auf, da, wo der Kasilof mündet, und nicht weit vom Kenai River. Slocum und die Mannschaft knüpften schnell Kontakte zu den dort lebenden Ninilchik-Indianern und tauschten sich mit deren Fischern aus. Bei den Indianern lebte auch eine Reihe Mischlinge, Abkömmlinge russischer Gefangener, die unter Katharina der Großen zum Seeotterfang hierhergeschickt worden waren. Virginia zeigte sich von diesen ungehobelten und derben Nachbarn völlig ungerührt, aber die vielfältigen natürlichen Gefahren des Landes – Vulkane, Elche, Luchse, Wildkatzen und Bären gab es im Überfluss – beeindruckten sie durchaus. Sie brachte regelmäßig ihr .44-Henry-Gewehr zum Einsatz, und als Kind einer Zeit, die in dieser Hinsicht noch keine Rücksichtnahme kannte, sollte man ihr wohl verzeihen, dass sie damit auch einen Adler vom Himmel holte. (Der Bundesstaat Alaska zahlte noch bis 1962 Prämien für die Klauen des amerikanischen Wappentieres.) Der Familienlegende nach hätte sie eines Abends sogar fast ihren Mann erschossen, der früher als angekündigt bei Nacht und Nebel von einem Versorgungsgang in ihr Zelt zurückkehrte. Und Victor berichtet, wie sein Vater am Ufer des Kenai einmal auf einen übellaunigen Kodiakbären traf und diesen mit seiner großkalibrigen Büchse erschoss: »Er war damals in British Columbia von einem Bären angefallen worden und hatte dessen Klauen und Zähne zu spüren bekommen; er wusste, dass man ihnen keine Chance geben darf. Das Fell dieses speziellen Bären war eines der größten, die jemals vom Kenai mitgebracht wurden, und es schmückte noch viele Jahre später den Fußboden eines Bungalows in Sydney, sehr zum Erstaunen der Australier.«

Solche Geschichten, ob wahr oder erfunden, lohnen die Lektüre von Biografien, die Kinder über ihre Eltern schreiben. Man kann sich den jungen Victor gut vorstellen, wie er in Sydney die Großeltern besucht, mit dem riesigen Bärenfell – inklusive Klauen und vergilbter Zähne – auf dem Fußboden rangelt und von den haarsträubenden Eskapaden im Cook Inlet hört (oder zumindest glaubt, diese gehört zu haben). Sein Resümee des Cook-Inlet-

Abenteuers fällt dagegen deutlich weniger romantisch aus, und in seiner lakonischen Knappheit ähnelt es sehr der Diktion seines Vaters: »Der Fischzug war durchaus ein Erfolg, leider ging darüber das Schiff verloren.« Die *Washington* führte in Erwartung einer großen Zuladung Fisch nur wenig Ballast mit sich und wurde von den Williwaws – den in Fjorden durchaus häufigen und gewaltigen Fallwinden – so unbarmherzig gebeutelt, dass »während eines Sturms die Anker slippten und sie strandete«.[11] So geschehen am Tag der Sommersonnenwende, dem längsten Tag des Jahres, als die gesamte Mannschaft im Lager war. In der Biografie seines Vaters schrieb Victor Slocum 1950: »Die Überreste der *Washington*, die dort im Sand bleichen, dienen Seglern heute noch als Warnung.«[12] Auf das Unglück folgte eine abenteuerliche Rettungsaktion à la Shackleton (der 1915 auf überaus spektakuläre Weise seine Mannschaft aus der Antarktis retten sollte), wenn auch in etwas kleineren Dimensionen. Zunächst erklärte sich die Crew bereit, den Fischzug fortzusetzen, solange die Lachswanderung andauerte. Währenddessen baute Slocum mit Unterstützung des Schiffszimmermanns aus den Überresten der *Washington* ein gut zehn Meter langes Walfangboot; außerdem verfügten sie über die Stellnetz-Boote sowie zwei Rettungsboote. Damit, so der Plan, sollte nicht nur der etwa zweihundert Meilen entfernte sichere Hafen von Kodiak erreicht, sondern auch der Fang auf die Märkte von San Francisco gebracht werden. Und während der Zimmermann mit seinen beiden Gehilfen das Walboot baute, ging der Rest der Mannschaft weiterhin dem Fischfang nach.

Doch dann hatten sie Glück im Unglück: Als sie mit dem Fischfang gerade fertig waren, lief ein Zollkutter (Vorläufer der Küstenwache) Cook Inlet an und erbot sich, Slocum und die Mannschaft zu bergen – aber verständlicherweise nicht den Fisch. Slocum nahm dieses Angebot nur für seine Frau und deren Passage nach Kodiak in Anspruch, während er blieb und (den jungen George

Walker an seiner Seite) dafür sorgte, dass der reiche Fang auch verschifft werden konnte. Dann stellte er eine bewaffnete Wache auf, um (laut Victor) »Indianer und Bären fernzuhalten«, und brach mit seiner provisorischen Flotte auf, wobei er dank Ebbstrom zügig von Strand zu Strand vorankam. Anschließend setzten sie unter Ausnutzung günstiger Winde, die die behelfsmäßig zusammengeschusterten Segel der drei größeren Boote füllten, von der Mündung des Cook Inlet nach Kodiak Island über.

Dort stießen sie auf ein paar russische Robbenfänger mit leeren Laderäumen, die Slocum charterte, um den Lachs in Kasilof abzuholen. Dann wurde der Fang von seiner eigenen Crew auf die Bark *Zarewitsch* geladen, die für einen angemessenen Preis ihren bisherigen Auftrag (nämlich Eis zu laden und in wärmere Häfen zu bringen) stornierte und die glücklichen Überlebenden und ihren Schatz nach San Francisco brachte. Dort schlug der Besitzer der *Washington* den Verlust des Schiffes seinen anderen Kosten zu und machte mit dem Verkauf des Fangs trotzdem noch Profit. Slocums Ruf schien durch die Havarie der *Washington* nicht gelitten zu haben. Und obwohl Nicholas Bichard ihm kein neues Schiff anvertraute, lud er ihn und Virginia doch ein, so lange an Bord der *Constitution* (die an der Hathaway-Kaje in San Francisco lag und ebenfalls zu seiner Flotte gehörte) zu wohnen, bis er eine Stellung gefunden hatte. Am 10. Januar 1872 wurde Victor geboren, das älteste von sieben Slocum-Kindern, die allesamt auf einem Schiff zur Welt kamen, und die meisten von ihnen auf hoher See.

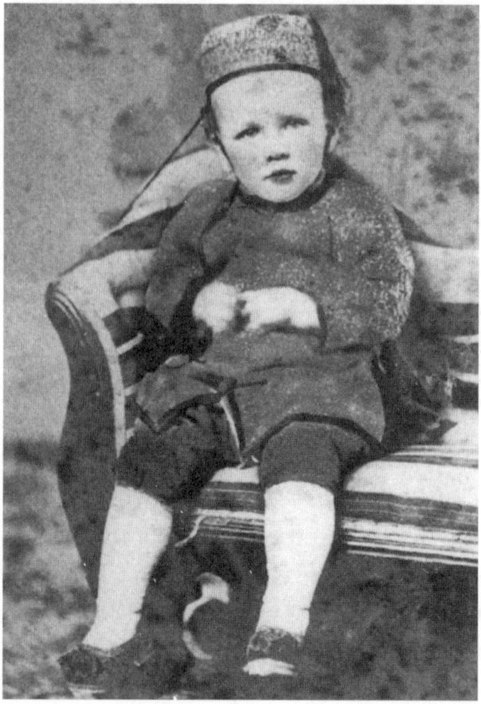

VICTOR SLOCUM in China

## Kapitel 4

# Liebesgeschichten

Zwei meiner Kinder wurden auf dieser Reise geboren (an Bord der *Pato* bei Petropawlowsk]: Sie waren zwei Monate alt, als wir in Oregon ankamen – vier Tage alt, als wir damit anfingen, den Fisch einzuholen ... Jawohl, wir hatten eine aufwühlende Reise und eine herrliche Zeit in den Fischgründen (des Ochotskischen Meers), denn jeder Kabeljau (von insgesamt etwa 23 000 Stück), der über die Reling reinkam, brachte einen Vierteldollar – ohne Zweifel ein großartiger Erfolg.

JOSHUA SLOCUM in einem Brief an JOHN W. EDMONDS vom 3. Mai 1890, in dem er den Tod der beiden Zwillinge nicht erwähnt, die noch im Säuglingsalter im September 1877 in Portland starben, kurz nachdem sie den Fang an Land verbracht hatten.

Meine Hände zittern so dass ich kaum schreiben kann. Liebe Mutter mein Liebes kleines Baby ist gestorben ... Jedes Mal wenn ein neuer Zahn kam brüllte es die ganze Nacht und als ich Schnitte ins Zahnfleisch machte wuchs es wieder zusammen. In der Nacht als sie starb hatte sie einen Krampf nach dem anderen ich badete sie heiß und gab ihr Medizin und sie war ruhig und als ich gerade dachte dass sie durchkommt da gab sie einen leisen Seufzer von sich und war tot. Mein lieber Josh hat sie mit Brandy einbalsamiert denn hier an diesem schrecklichen Ort wollen wir sie nicht lassen sie sah so hübsch aus nachdem sie tot war Liebste Mutter ich kann nicht weiter schreiben.

VIRGINIA WALKER SLOCUM in einem Brief vom 17. Juli 1879 aus Lagumanoc, Philippinen

Wenn man Briefe aus dem 19. Jahrhundert zitiert, ist man immer geneigt, Rechtschreibung und Interpunktion des Autors regelkonform zu korrigieren. Man sollte vielmehr akzeptieren, dass diesbezügliche Konventionen damals weniger streng gehandhabt wurden, und es gehört sich einfach nicht, mit dem Rotstift auf Briefe und Tagebücher loszugehen, die niemals zur Publikation vorgesehen waren. In Virginia Slocums Brief an ihre Mutter in Sydney mit seinen atemlosen Bandwurmsätzen und der sich abrupt von Panik über Hoffnung zu schrecklicher Resignation ändernden Tonlage ist die quälende Trauer jedenfalls überdeutlich spürbar.

Der heitere Brief ihres Ehemanns über die Monate, während deren jene namenlosen Zwillinge starben, deren Geschlecht nicht einmal genannt wird, zeigt nicht weniger deutlich Slocums emotionale Abschottung – Verzweiflung oder Kummer blieben gänzlich ausgesperrt. Er weigerte sich, über diese Reise und ihre Folgen anders als von einem »großartigen Erfolg« zu sprechen.

Es wäre für jeden, der in einer privilegierten Gesellschaft zur Welt kommt, in der die Verwendung von Penicillin und Impfstoffen gegen Masern, Mumps, Diphtherie, Keuchhusten, Scharlach und Pocken selbstverständlich ist, eine unerträgliche Vorstellung, drei von sieben Kindern im Säuglingsalter zu verlieren. Joshua empfand den Schmerz sicher nicht weniger tief als Virginia, aber diese Welt, in der über solche Verluste keine weiteren Worte gemacht wurden, unterschied sich beträchtlich von unserer heutigen. Samuel Eliot Morison berichtet von der *Phineas Pendleton,* die aus Peru in einen der Häfen Neuenglands zurückkehrte, bei der die unteren Masten schwarz gestrichen waren. An Bord war die Witwe des Kapitäns – ihr Mann und die drei Kinder waren an Diphtherie gestorben. Trauer ist etwas Zeitloses. Doch der Umgang mit ihr in der Öffentlichkeit hat sich sehr gewandelt. Die Slocums jedenfalls – die an Bord immerhin drei ihrer ersten fünf Kinder verloren hatten – kehrten der See nicht den Rücken. Und ebenso wenig hielt es sie davon ab, weiter Kinder in die Welt zu setzen.

Die Realität für einen Handelsschiffer wie Joshua Slocum sah so aus: Er konnte zwar nicht garantieren, eine Fracht nach Terminplan zu liefern, aber wenn er nicht bereit war, immer wieder für längere Zeiträume sein Zuhause zu verlassen, konnte er auch nicht damit rechnen, für den Transport von Waren bezahlt zu werden. Er musste nehmen, was ihm angeboten wurde, und das hieß häufig, Ladung in abgelegenen Häfen aufzunehmen und in nicht weniger abgelegenen abzuliefern. Obwohl Handelsschiffer nicht so lange Zeiträume auf See verbrachten wie Walfänger (eine Frau in Nantucket wusste, dass sie vielleicht fünf Jahre auf die Rückkehr ihres Mannes würde warten müssen), galten zwei Jahre Trennung als nicht ungewöhnlich. Die Slocums konnten sich zwar kein Haus in San Francisco oder Sydney leisten, aber das war bei der großen Zuneigung, die sie füreinander empfanden, auch nebensächlich. Ihr Zuhause war an Bord – an Bord des Schiffes, das die besten Geschäfte versprach, in welchem Heimathafen auch immer. Virginia hatte sich mit dieser Form zu leben nicht nur abgefunden, sie hatte sie bewusst gewählt; und obwohl es andere Kapitänsfrauen gab, die ihren Enthusiasmus teilten, konnte ihr darin keine das Wasser reichen.

Und dies trotz aller Unbequemlichkeiten und Gefahren. Für einen Kapitän war Heimweh wohl zu ertragen, doch schlimmer war die Angst, schlechte Nachrichten von der Familie zu erhalten, während man sich auf der anderen Seite der Welt befand, und diese Angst war immer mit an Bord. Es konnte ein Jahr oder mehr vergehen, bis ein Brief aus einem exotischen Hafen seinen Bestimmungsort San Francisco oder Boston oder Sydney erreichte. Da schien es also durchaus ratsam, die Familie bei sich an Bord zu haben. Joan Druett berichtet in ihrem Buch *Hen Frigates* von dem Fall eines Kapitäns, der die Nachricht erhielt, »eines seiner Kinder sei gestorben – aber der Berichterstatter hatte versäumt ihm mitzuteilen, welches«.

Kinder, die auf einer »Hennenfregatte« zur Welt kamen, gaben später ihren Geburtsort zuweilen in Längen- und Breitengraden an – der Ort war einfach das Meer. Man versetze sich in die Lage einer Frau, die eine ganze Schwangerschaft an Bord verbringt. Zur Schwangerschaftsübelkeit gesellte sich die Seekrankheit, die niemanden zu verschonen pflegt, weder Mann noch Frau, unerfahrene Landratten ebenso wenig wie gestandene Seebären. »Neptun opfern« lautet der Euphemismus für die grausame Kotzerei, und wer sich einmal in ihren Krämpfen gewunden hat, weiß, wie leicht man in einen Zustand schlimmster Verzweiflung geraten kann. Und wenn die Ladung stank – sagen wir: Fisch – oder die Kielräume schmutzig waren oder ein Unwetter einen unter Deck zwang – dann konnte man wahre Höllenqualen erleiden. Man wurde »unfähig, auch nur die kleinste körperliche Anstrengung zu unternehmen«. Man empfand nichts als »die allergrößte Gleichgültigkeit allem und jedem gegenüber«, wie eine Kapitänsfrau die erste Woche einer langen Reise im Jahr 1853 beschrieb, die in Boston ihren Anfang nahm. Gähnen ging in Schwindel über, Angstschweiß, Atemnot, übermäßiger Speichelfluss. In *Women of the Sea* (1962) zitiert Edward Rowe Snow aus dem Tagebuch seiner Mutter, das diese 1883 auf der Bark ihres Vaters begann. Die *Russel* stach von Liverpool aus Richtung Santos in Brasilien in See. Sie war zu diesem Zeitpunkt vierzehn Jahre alt und zunächst hellauf begeistert: »Ich bin so glücklich, ich möchte es herausschreien und jedem erzählen, dass ich mit Vater und Mutter auf eine lange Seereise gehe. Alle Jungen und Mädchen, die ich kenne, beneiden mich um mein Glück und möchten am liebsten mitkommen.« Bereits am nächsten Tag schlägt die junge Autorin andere Töne an: »Unser Schiff schlingert. Mutter und ich sind schrecklich seekrank. Ich kann nicht mehr schreiben, vielleicht nie wieder.« Aber sie kann und tut es auch: »Ich fühle mich so schrecklich krank! Ich will in mein Bett klettern, oder Koje, wie die Matrosen sagen, und da für immer bleiben. Ach herrje, ich habe heute schon dem Land Lebewohl gesagt, vielleicht muss ich mich jetzt von der Welt verabschieden.« Das Schiff kämpft sich bei schwerem Seegang nach Westen durch den Nordatlantik, und ein weiterer Tag zieht drohend herauf: »Wenn doch das Schiff nur eine Minute stillhalten würde, aber es wird geschüttelt und gerüttelt, knarrt und erzittert, uns allen geht es erbärmlich. Die Jungen und Mädchen, die nicht mitgekommen sind, haben großes Glück. Der Wind ist inzwischen zum Sturm geworden.« Natürlich überlebt sie es, und sie wird diese Geschichte an ihrem Herd in Winthorp in Massachusetts allen erzählen, die es hören wollen, und so manches wissende Nicken und erinnerungsträchtige Grinsen ernten.

Die Seekrankheit ähnelt in gewisser Hinsicht der Gicht – beide Krankheiten rufen bei denjenigen, die nicht darunter leiden, nur selten teilnahmsvolle Anteilnahme hervor. Aber die unmittelbaren Konsequenzen dieser Heimsuchung sind so massiv, dass Matrosen, die zum ersten Mal auf See waren, in den ersten Tagen sogar von den schlimmsten Schindern unter den Offizieren geschont wurden und zusammengerollt und stöhnend auf der Strohmatratze ihrer gierenden, stampfenden, schlingernden Hölle von Koje lagen. In seinem Bericht »My First Voyage« erinnert sich der altgediente Seemann und Kapitän J. G. Bisset schmerzlich genau daran, wie sich sein jüngeres Selbst am ersten Tag auf der Bark *County of Pembroke* fühlte, die von Liverpool aus um das Kap der Guten Hoffnung Richtung Melbourne in See gestochen war: »Ich warf mich vollständig bekleidet in meine Koje und schlief ein.« Nur Minuten später, so schien es ihm, wurde er rausgeworfen, um seine Wache anzutreten, »aber nach einem brutalen Anfall von Seekrankheit kletterte ich wieder zurück und betete, das Schiff möge so schnell wie möglich sinken und mich mit sich reißen«.[1] Es war zwar gefährlich für Schiff und Mannschaft, einen Jungen in diesem Zustand an Deck zu schicken, aber der Geduldsfaden eines Zweiten Offiziers war bekanntermaßen kurz, und dieser kurierte den inzwischen am Schlafittchen an Deck geschleppten Bisset mit einem Becher Meerwasser, das er aus dem überspülten Speigatt schöpfte: »Trink das, wird einen Matrosen aus dir machen.« Was es augenscheinlich tat.

Zumindest war das Wasser, das Bisset trinken musste, nicht verseucht. Nicht viele auf See hatten dieses Glück, denn das Trinkwasser in Fässern oder Tanks war häufig durch einsickerndes Bilgewasser oder Schlimmeres verschmutzt. In der tropischen Hitze gediehen kleine Organismen prächtig, und ein schwefeliger Geruch des Wassers war noch das geringste aller Übel. Schließlich wurde damals »Frischwasser« direkt aus dem giftigen und schlammigen Rio de la Plata (sinnigerweise: Silberfluss) an Bord gepumpt oder aus den von Alligatoren wimmelnden und stinkenden Kanälen Batavias. Eine Infektion mit Typhus, auch Sumpffieber genannt, gehörte zu den Risiken, wenn man – mit zum Himmel verdrehten Augen und zugehaltener Nase – derartiges Wasser trank.

Man stelle sich eine Schwangerschaft unter solchen Umständen vor. Für eine werdende Mutter, auf einem sturmgepeitschten Schiff in extremen Klimazonen, die sich nur unregelmäßig ernährte und – ein weiterer Stressfaktor – von der Mannschaft gemieden wurde, war die Gefahr einer Fehlgeburt besonders groß. Virginia Slocum hatte nur den Ehemann, der ihr als Geburtshelfer zur Seite stehen konnte. Er musste auch sonst als Schiffsarzt fungieren, Knochenbrüche richten, klaffende Wunden nähen und Tropenkrankheiten diagnostizieren. Über Slocums Erfolge als Diagnostiker und praktizierender Arzt ist nichts bekannt, aber zu den damals populären Anwendungen gehörte die Entschlackung durch Rizinusöl und/oder Einlauf und/oder Aderlass. Ein etwas drastischeres Heilverfahren war das Blasenziehen mittels Senf oder Pechsalbe, was in etwa dem Versuch gleichkommt, Kopfschmerzen zu kurieren, indem man sich mit einem Hammer auf den Daumen haut. In Anbetracht der im 19. Jahrhundert eher willkürlich gehandhabten maritimen Heilkunst war eine gesunde Dosis freundlicher Nichtbeachtung die wahrscheinlich sanfteste Behandlung für einen kränkelnden Matrosen oder eine schwangere Frau.

Doch angenommen, Mutter und Kind gediehen und die Mutter bekam ihr Kind. Es bestand nun jederzeit die Gefahr, dass die aufgewühlte See durch ein Oberlicht hereinstürzte und den Säugling im Kinderbett ertränkte. (Dergleichen geschah tatsächlich.) Konnte die Mutter nicht ausreichend Milch produzieren, starben die Neugeborenen, soweit sie nicht mit einer Mischung aus Reiswasser, Zucker und zerstoßenem Schiffszwieback am Leben erhalten werden konnten. Einige Kinder, darunter auch die Tochter, die Virginia auf den Philippinen verlor, starben an Infektionen, während sie zahnten. Doch selbst wenn ein Schiff ein gefährlicher Ort für Neugeborene war: Es ist nicht unwahrscheinlich – so wie bei den in Portland verstorbenen Slocum-Zwillingen –, dass sie sich an Land Krankheiten zuzogen, gegen die sie während der perfekten Quarantäne auf See keine Abwehrstoffe hatten entwickeln können. Cholera, durch die Schiffe von Hafen zu Hafen geschleppt, verbreitete allgemein Entsetzen, und jeder Fünfte, der sich infizierte, starb innerhalb eines Tages einen grausamen Tod: Das Opfer mochte sich beim Aufwachen noch wohlfühlen, krümmte sich aber bald in Krämpfen, war zum Mittagessen durch Diarrhöe bereits dehydriert und beim Abendessen tot. (Slocum sollte die verheerende Wirkung der Cholera 1887 vor der Ostküste von Südamerika erleben, als der größte Teil seiner Mannschaft daran starb.) Und dann gab es das Dengue-Fieber, von den Matrosen in den Tropen auch zutreffend »Knochenbrecher-Fieber« geschimpft, weil es quälende Gelenkschmerzen verursachte. Darüber hinaus musste man – um nur ein paar Krankheiten in alphabetischer Reihenfolge herunterzubeten – mit Beriberi, Blinddarmentzündung, Gelbfieber, Kehlkopfdiphtherie, Malaria (Slocum wäre in Batavia daran fast gestorben), Skorbut und Typhus rechnen.[2]

Lassen wir all dies schrecklichen Möglichkeiten mal beiseite und betrachten wir den häuslichen Alltag. Wie mochte es gewesen sein, die Windeln zu waschen? Was mochte sich der Matrose gedacht haben, der in aller Freundschaft aufgefordert wurde, dem Kind die Windeln zu wechseln? Wie reagiert man, wenn man gerade seine Wache hinter sich hatte und schlafen wollte, und das Baby fing gellend zu schreien an (nach Milch oder wegen einer Kolik)? Und fühlte man sich bemüßigt einzugreifen, wenn der Knirps des Kapitäns an Deck krabbelte und womöglich anfing, in die Takelage zu kraxeln? (Bei schwerer See liefen die Kinder überdies ständig Gefahr, von Bord gespült zu werden; jeder Matrose hätte deshalb drei Hände gebraucht: eine fürs Schiff, die zweite für sich selbst und eine dritte für das Töchterchen des Kapitäns.) Es gab also wahrlich Gründe genug, warum Matrosen über die Anwesenheit ihrer kleinen Schiffskameraden alles andere als begeistert waren.

Auf der anderen Seite ist Rudyard Kiplings Roman *Kühne Kapitäne* nicht umsonst ein Klassiker geworden, mit seinem verzogenen Bengel als Helden, der von einem Fischschoner vor Neufundland vor dem Ertrinken gerettet wird. Und wer würde nicht Jim Hawkins um seinen Ersatzvater Long John Silver und den Papagei in der *Schatzinsel* beneiden? Joan Druett berichtet von Kindern, die Fluchen lernten und Seemannsgarn erzählten wie die Alten. Ein Sechsjähriger brach seiner Mutter fast das Handgelenk als Antwort auf eine Tracht Prügel. Und während die kleinen Jungen und Mädchen an Deck von der Mannschaft so behandelt wurden, als wären sie gar nicht vorhanden, lernten die Kleinen schnell von ihren Kapitänsvätern, wie man das Privileg des Kommandierens nutzt: »Der siebenjährige Harry hat sich mit den Brassen vergnügt und den Matrosen befohlen, sie erst dichtzuholen und zu belegen. Dann forderte er den Mann am Ruder auf, das Schiff ein Stück weiter in den Wind zu drehen, damit man die Schoten noch mehr durchsetzen konnte. Und das alles mit hinter dem Rücken verschränkten Armen und auf den Fersen hockend über das Deck blickend (seine bevorzugte Positur).« Die wagemutigen unter den Kindern – die nicht ausreißen und zur See gehen konnten, denn sie waren ja schon da – übertraten häufig eine Grenze, indem sie aufs Vorschiff zu den Vollmatrosen gingen. Diese Besuche waren für die Matrosen kein Vergnügen, denn sie mussten immer befürchten, sich den Zorn des Kapitäns zuzuziehen. Aber andere verbrachten ihre freie Zeit auch gern mit den Kindern, schnitzten Schiffsmodelle für sie oder Walrosszähne oder brachten ihnen Knoten bei.

Es mag chauvinistischen Landratten wie auch Feministinnen merkwürdig erscheinen, dass Kapitäne häufig ihren Frauen beim Stricken und Nähen und Sticken oder bei der Wäsche halfen – aber das war ein heilsamer Nebeneffekt der niemals hinterfragten männlichen Stärke, mit der ein Kapitän sein Schiff unter Vollzeug mit Ostkurs um die Sturmkaps prügelte. Vielen Matrosen fiel es nicht schwer, zu weinen, wenn sie traurig waren – selbst Slocum notierte gewissenhaft in *Erdumseglung ganz allein,* wenn er seinen Emotionen »freien Lauf ließ«. So jedenfalls drückte er es aus.

Nach der Geburt von Victor (1872) und Benjamin (1873) kam 1875 Tochter Jessie auf den Philippinen zur Welt. Anders als 1877 die unglücklichen Zwillinge und die 1879 geborene Schwester überlebte sie und erreichte wie ihre Brüder ein hohes Alter. Slocums jüngstes Kind, der dritte Sohn, wurde 1881 in Hongkong auf dem Schiff geboren. Slocums erstes Kommando nach dem Verlust der *Washington* war die knapp vierzig Meter lange *B. Aymar,* ein sogenanntes Packet – ein schnell segelndes Frachtschiff für Passagiere und eilige Post –, benannt nach dem prominenten New Yorker Kaufmann Benjamin Aymar. (Das Schiff war so geräumig, dass es 1857 mehr als hundertachtzig Passagiere von Antwerpen nach New York transportiert hatte.) Nach einigen angenehmen Routinetouren zwischen San Francisco und Honolulu, die dem Paar Gelegenheiten boten, in diesen sehr zivilisierten Häfen gesellschaftliche Kontakte zu pflegen, beschlossen die Slocums 1873, sich weiter nach Osten bis Japan und Australien zu wagen.

Alles in allem musste Virginia vier kleine Kinder auf verschiedenen Schiffen großziehen und unterrichten, und nach dem, was wir von ihren Kindern und anderen Verwandten wissen, erledigte sie diese Aufgabe vorbildlich. Sie gab ihrem Mann und den Kindern ihre ganze Liebe, und diese Liebe wurde ohne die üblichen standesmäßigen Förmlichkeiten erwidert. Es herrschten kameradschaftliche Verhältnisse in der Familie, man erzählte sich Geschichten, sang zusammen und vergnügte sich.

Tochter Jessie äußerte in einem Brief an Walter Teller, dass ihre Mutter »eine wirklich außergewöhnliche Frau (war). Es gab damals nur wenige Frauen mit einer solchen Widerstandskraft. Heutzutage (1952) würde niemand mehr freiwillig ein solches Leben führen wollen. Sie lebte wahrhaftig, wie es im Buch Ruth heißt.« (Die rechtschaffene Ruth sagte bekanntlich: »Wohin du gehst, dahin gehe auch ich.«) Doch Pflichterfüllung war nur das Fundament, auf dem Virginias starke und zarte Tugenden gründeten. Sie spielte Harfe, Gitarre und Klavier, und auf vielen Schiffen ihres Mannes gab es ein Klavier, mit dem sie ihren Kindern Lieder beibrachte. (»Oh! Susanna« von Stephen Foster war eines ihrer Lieblingslieder, zusammen mit dessen »äthiopischen« Liedern.) Sie veranstaltete eine Sonntagsschule und bastelte Sammelalben mit Ansichtskarten und ähnlichen Andenken von Saigon bis Montevideo. Das Familienleben war ein fortwährender Geografieunterricht, dessen Lehrplan vom Zufall vorgegeben wurde.

An Bord eines Schiffes aufzuwachsen war selbstverständlich etwas sehr Außergewöhnliches, und vor allem die Mütter machten sich Sorgen, dass ihre Kinder später mit dem Leben an Land nicht zurechtkommen würden. Es war schön und gut, dass die Tochter ein Toppsegel reffen und der Sohn vom Vordersteven aus per Signalflaggen mit dem Steuermann kommunizieren konnte. »Er hat nichts als Schiffe im Kopf, trifft beim Singen keinen Ton, kennt aber jeden Knoten«, lamentiert eine Kapitänsfrau über ihren kleinen Jungen. Eine andere Mutter äußert, dass ihre vierzehn Monate alte Tochter »bereits an den Tampen zerrt und wie ein alter Seemann herumkräht«. Joan Druett berichtet von zwei kleinen Schwestern, die (nach Meinung eines Verwandten) so »verkommen« waren, dass sie nur »Pech und Schwefel« genannt wurden. Sie kletterten auf den Webeleinen herum und fluchten wie, na ja, Matrosen. Viele Kinder, die auf See laufen lernten, hatten größte Mühe, auf dem Festland das Gleichgewicht zu halten. Außerdem klang die Sprache der Seekinder seltsam archaisch, da sie von Rhythmus und Wortschatz der jahrhundertealten Seefahrertradition geprägt war.

Aber die Defizite, die das Aufwachsen in einem beschränkten Raum von dreißig Metern Länge und zehn Metern Breite sowie das Reisen mit den grob geschnitzten Fremden, die Tränen und Aufbrüche und das extreme Wetter mit sich brachten, wurden, zumindest für die Kinder, durch das abenteuerliche Leben mehr als wettgemacht. Ähnlich mochte es den Männern auf den Walfangschiffen gehen: Trotz aller Widrigkeiten des Lebens auf See, trotz der Schinderei an Deck, trotz der Jahre der Trennung von Heim und Familie – die Waljagd selbst bot unbestreitbar eine aufregende Ablenkung. Die Adrenalinstöße, die der Anblick eines Wals auslöste, das Harpunieren, der Kampf mit einer gewaltigen Kreatur, der Rausch, eine »Nantucket-Schlittenfahrt«[3] überlebt zu haben – dieser Kitzel brachte viele Seeleute dazu, freiwillig etwas zu ertragen, was weit schlimmer als eine Zuchthausstrafe war. Trotzdem machte von allen Slocum-Kindern nur Victor Segelschiffe und Dampfer zu seiner Lebensaufgabe.

Im Nachruf auf Victor Slocum, der 1949 in der *New York Times* erschien, wird in einem Nebensatz behauptet, seine Mutter sei »Schullehrerin« gewesen. Die Slocum-Kinder verbrachten ihre frühen Jahre auf dem Pazifik zwischen Australien und Sibirien und statteten dabei Honolulu, Manila und Kanton ausgedehnte Besuche ab. Von 1872 bis 1883 achtete Virginia an jedem Werktag streng darauf, dass ihre Kinder in den drei Stunden vor Mittag ihren Unterricht im Schreiben, Lesen und Rechnen absolvierten. (Mathematik – wie Astronomie – war selbstverständlich ein sehr praxisbezogenes Fach, das zur täglichen Positionsbestimmung von entscheidender Bedeutung war.) Für Disziplin sorgte, wie sich Victor erinnert, »eine Rute, die hinter einem Bild in der Kajüte steckte, und der Übeltäter musste sie eigenhändig von dort herunterholen – aber das, muss ich sagen, war nicht allzu häufig notwendig.«[4] An Deck lernten sie spleißen und Knoten zu binden und sahen dem Segelmacher beim Nähen zu. Am Samstag erledigten sie Hausarbeiten, putzten ihre Unterkünfte und flickten die eigene Kleidung. Sie vergnügten sich mit Whist und Domino, und vor allem unterhielten sie sich. In der Sonntagsschule, die Joshua herzlich egal war, gab Virginia den Kindern auf, Bibelstellen auswendig zu lernen; das Auswendiglernen spielte im viktorianischen Schulsystem eine zentrale Rolle. Es herrschte eine Tendenz zum Enzyklopädischen, und Victor erinnerte sich gern an die vergnügten Fremdsprachenstunden, in denen sie Deutsch mittels eines Buches mit deutschen humoristischen Bildergeschichten lernten, das die Eltern für ihre Kinder in Hongkong gekauft hatten. Die Leidenschaft ihres Vaters für Shakespeare sorgte dafür, dass die Kinder auch mit dem Theatervirus infiziert wurden.

Die Schiffsbibliothek des Vaters war umfangreich. Victor erinnerte sich an viele Bücher zum Thema Meer: Geschichtsbücher über Schlachten und Expeditionen, Reproduktionen von alten Karten und mathematischen Tabellen, Bücher zur Naturgeschichte, Botanik und Ornithologie (Darwin und Huxley). Auch die angeregten Diskussionen am Tisch der Kombüse über Washington Irvings populäre Christopher-Columbus-Biografie, »die Triumphe und Niederlagen des großen Seemanns sowie die schändliche Behandlung der Indianer durch jene Bande grausamer Abenteurer, die ihm auf den Fuß folgte«, standen ihm noch lebhaft vor Augen.

In diesen Erinnerungen wird das Durcheinander sich widersprechender Darstellungen deutlich, und das betrifft nicht nur Joshua Slocum, sondern auch die anderen Amerikaner und Europäer, die in allen Ecken und Enden der Welt unterwegs waren – nicht, um zu forschen oder zu erobern, sondern um Handel zu treiben und dabei nicht selten die Einheimischen übers Ohr zu hauen und auszubeuten. Ausbeutung kennt weder Rasse noch Hautfarbe; vor Malaysia und im Südchinesischen Meer wimmelte es nur so von Piraten, und die Kannibalen waren dafür bekannt, dass sie ihren Appetit mit Missionaren stillten, die es riskierten, an die Strände der Salomon-Inseln oder der Neuen Hebriden geschwemmt und dort zur Essenszeit gefangen genommen zu werden. Slocum hatte nicht nur zum Spaß sowohl bei der *B. Aymar* als auch der *Amethyst* Geschützpforten auf den Rumpf malen lassen, damit sie wie wehrhafte Kriegsschiffe aussahen. In *Erdumseglung ganz allein* spricht Slocum erst mit der heftigsten Verachtung von den hinterlistigen »Wilden« von Feuerland und lauscht nur ein paar Seiten weiter ganz hingerissen dem lieblichen Gesang der braunhäutigen Kinder in seinem südpazifischen Idyll.

In Slocums Bibliothek fanden sich viele Texte über die technische Seite seines Berufs – Navigation und Schiffsbau –, aber er schätzte auch die ebenso eleganten wie witzigen Essays von Charles Lamb, Mark Twain und Joseph Addison sowie Historiker wie Hume, Gibbon und Lord Macaulay. Victor beobachtete, dass

»er immer nach stilistischen Vorbildern« suchte, um sein eigenes Schreiben weiterzuentwickeln. *Die Pickwickers* mochte er besonders gern – was seine Vorliebe für alles Absurde bezeugt –, und was Lyrik betraf, so konnte er natürlich Coleridges Ballade »Der alte Seefahrer« (»Rime of the Ancient Mariner«) auswendig aufsagen. Wenn man bedenkt, welche außergewöhnlichen Abenteuer Slocum erlebt hat, dann passt es wie die Faust aufs Auge, dass er, seinem Sohn Victor zufolge, »mit Vorliebe in den Geschichten von Sindbad dem Seefahrer schwelgte«.

Als Victor alt genug war, um eine reich ausgeschmückte Abenteuergeschichte zu begreifen, folgte er gebannt und vor Angst zitternd, wenn sein Vater zum Besten gab, wie er einst mit Bully Hayes, einem berühmt-berüchtigten Piraten, auf der malaiischen Insel Oulan zusammengetroffen war. Solche Geschichten erzählte er meist nach einem Verdauungsspaziergang mit Virginia auf dem Deck der *B. Aymar.* »Damals«, schreibt Victor, »hatte ich gelernt, Dinge zu beobachten und zu behalten. Mein Erinnerungsvermögen war gut entwickelt, da ständig so viele bemerkenswerte Dinge um mich herum geschahen.«[5] Er träumte allerdings schlecht wegen der Berichte über hinterlistige chinesische und malaysische Piraten, die zu feige waren, »die Handelsschiffe der weißen Teufel bei Starkwind anzugreifen. Stattdessen warteten sie im Hinterhalt auf die Strandung eines Schiffs, meist in der Nähe einer Flussmündung.« Dann setzten sie mit den Riemen über, »kletterten an Bord, ermordeten die gesamte Mannschaft und zogen das Schiff zum Ausrauben an Land«.[6]

Bully Hayes, geboren 1829 in Cleveland, war ein weißer Teufel und der letzte Freibeuter, der in seinen besten Jahren zwischen den Neuen Hebriden und den Loyalitätsinseln operierte. Er nahm Eingeborene gefangen, fuhr mit der Beute nach Australien und verkaufte sie in Brisbane an die Farmer – das altbekannte Geschäft des Menschenraubs und Sklavenhandels, auch »Blackbirding« genannt. Hayes betrieb ebenso das Filibustern, was eine freundliche Umschreibung für Piraterie war. Slocum erinnerte sich, dass dieser »einfallsreiche Schurke … mir (1873) über den Weg lief«.[7] Zu dieser Zeit gab Hayes sich als Missionar aus, ein Trick, um dem Gehängtwerden zu entgehen. In der Bucht von Oulan ging er an der *B. Aymar* mit einem Boot längsseits, das von Männern gepaddelt wurde, die »die merkwürdigsten Tätowierungen trugen und große Messer im Gürtel stecken hatten«.[8] Der Pirat trug einen Vollbart, war groß und muskelbepackt und »trat sehr würdevoll und bestimmt auf. Er sprach langsam und seine Rede war durchsetzt mit Bibelsprüchen.« Und was wollte er eintauschen für die Bootsladung Bananen, die er Kapitän Slocum gebracht hatte? Natürlich eine Bibel. »›Meine eigene Ausgabe der Heiligen Schrift ist durch den ständigen Gebrauch ganz zerfleddert‹, erklärte er, ›und die Eingeborenen verharren in Dunkelheit und warten auf die Erleuchtung durch die Worte des Herrn.‹«

Hayes klagte auch über seinen Ersten Offizier, einen gewissen »Lanky« Pease, der auf der mikronesischen Insel Ponape nach einer Auseinandersetzung mit einem »tätowierten Wilden« (es war der König der Insel) Bauholz erbeutet, Büffel getötet und dann alles auf ihr Schiff verladen hatte, dessen Mannschaft aus »wild dreinblickenden Mongolen« bestand. Der Pirat und Missionar versäumte nicht darauf hinzuweisen, dass »das Schiff sowieso eine Generalreinigung brauchte nach all den Kulis«. Dann erzählte Hayes von der Schurkerei seines Maats und vergaß dabei seine missionarischen Manieren, denn er rief aus: »Ich wäre nicht so wütend geworden, wenn er sich mit einer kleinen Ladung Wasserbüffel zufriedengegeben hätte, aber Gott verdamm ihn, er hat so viele Büffel an Bord geschafft, dass er Löcher ins Deck bohren musste, um ihre Hörner unterzubringen. Beim Großen Hai, wenn ich ihn treffe, bringe ich ihn um!«[9]

Tatsächlich ermordete vier Jahre später ein anderer Maat – ein gewisser Holländer-Pete – Hayes nach einem Streit und warf ihn einfach über Bord, wo der Beelzebub ihn sicher als Bergungsgut zu sich nahm.

An Weihnachten in asiatischen Häfen erinnerten sich die Slocum-Kinder besonders gern. Die Strümpfe, die jedes Jahr am Besanmast hingen, wurden vom Weihnachtsmann mit japanischem Spielzeug und chinesischen Leckereien gefüllt. Jessie erinnerte sich an eine geschnitzte melanesische Puppe, und Victor war ganz aufgeregt, als er in China einen bizarren Drachen und einen Hahn aus Papier geschenkt bekam. Am Abend gab es jedes Jahr gebratenen Truthahn oder eine Gans und Plumpudding für die Mannschaft. Die Kinder trugen chinesische Kleider, Quastenmützen und aufgebogene Schuhe; darin wurden sie auch fotografiert. Und dann machten sie die Runde bei den anderen »Hennenfregatten« im Hafen, um mit den dortigen Kindern zu feiern, während ihre Mütter sich mit anderen Kapitänsfrauen unterhielten.

Da Slocum wie auch die anderen Handelskapitäne im Hafen mit Zollbeamten und den Empfängern der Waren sowie Ausrüstern und Schiffsbauern und Riggern und Konsulatsangestellten zu tun hatte, war Virginia ganz auf ihren Einfallsreichtum angewiesen. Während an Land stärker denn je auf Etikette und standesgemäßen Umgang Wert gelegt wurde, gab es auf See kaum derlei Konventionen. Man traf sich, um sehr konkrete Informationen auszutauschen, herauszufinden, wo etwa man einen angemessenen Preis für Kleidung und Obst bezahlte. (Es gibt keine Anhaltspunkte dafür, dass Virginia Geschmack an den exotischen Lebensmitteln entwickelt hätte, die sie überall vorfand, zum Beispiel den verschiedenen Currys, an Guaven und Fischsuppe. Ihren Kindern zufolge kochte sie eher schlecht als recht, gern Eintopf als Hauptgericht und Blaubeerkuchen zum Dessert.) Viele Tagebücher von Kapitänsfrauen aus dieser Zeit berichten auffallend ausführlich von diesen raren Zusammentreffen, so wie ein Romanautor oder ein Anthropologe sich in Details verliert, wenn er neues, ganz ungewohntes Terrain betritt. Ob nun der Hitze in tropischen Häfen wegen im schlichten Morgenrock oder voll aufgetakelt mit Umhängetüchern und in nachschleifenden Kleidern, dazu noch (wie Druett es beschreibt) »Handschuhe, Pelerinen, Fransen, Perlenstickereien und Hauben, wie das viktorianische Zeitalter es liebte« – die Frauen wahrten auch auf See ihre Würde.

Frauen und Kinder auf Handelsschiffen lechzten so sehr nach Gesellschaft, dass sie mitunter sogar die Walfänger beneideten. Walfänger waren in der Regel so lange unterwegs, dass sie – wann immer ein anderes Walfangboot in Sichtweite kam – beidrehten, um Neuigkeiten und Lebensmittel auszutauschen und sich gegenseitig zu besuchen. Joan Druett berichtet in *Hen Frigates* von Kapitänen, die eine Belohnung für jedes Crewmitglied auslobten, das auf See ein anderes Schiff ausmachte, »irgendjemanden auf der Welt außer uns«. Wenn einem dieses Glück zuteilwurde, dann versuchten die Schiffe einander so nah zu kommen, dass sie mittels Kreide und Schiefertafel Nachrichten austauschen konnten (ohne dabei zu kollidieren – was allerdings nicht immer gut ging). Virginia Slocum war nachweislich eine sehr gesellige Frau, sodass man sich kaum vorstellen mag, was den Trennungsschmerz von den Freunden und ihrer Großfamilie in Sydney hätte lindern können; und doch gibt es keinen Hinweis darauf, dass sie jemals geklagt hätte.

Nichts in den Schriften ihres Ehemannes lässt darauf schließen, dass er an ihren Erfahrungen und Gefühlen Anteil genommen hätte. Slocums Wortkargheit in Bezug auf seine Mutter und Virginia mag uns fast neurotisch erscheinen, aber alle Versuche, ihn auf die Couch zu legen, sind anmaßend und führen zu nichts. (Walter Teller beauftragte tatsächlich einen Grafologen mit einem Gutachten zu Slocums Schriftbild: wohl um das Rätsel zu lösen, warum Slocum sich weigerte, auch nur ein einziges Wort zu Virginias Tod zu verlieren, von seinem Schweigen über ihr Leben gar nicht zu reden. Der Leser sei hier auf seine eigene Vorstellungskraft verwiesen: wie das Paar in einer milden Nacht auf See an der Reling lehnt und mit gedämpfter Stimme – schließlich geht es um sehr persönliche Dinge – über seine Sorgen, Nöte und Wünsche spricht oder sich auf andere Weise der gegenseitigen Zuneigung versichert.)

Die Kinder erinnerten sich noch lebhaft an die Generationen von Kanarienvögeln, die sie im Laufe der Jahre hatten. Auf Slocums größeren Schiffen waren auch Affen durchaus üblich. Selbst Katzen wurden manchmal an Bord genommen, aber es kam unweigerlich der Augenblick – meist bei besonders schlechtem Wetter –, da sie anfingen, in die Takelage zu klettern, und ihnen beim unvermeidlichen Absturz auf Deck auch ihre neun Leben nichts nützten. Benjamin wusste vergnügt von einer erstaunlichen Vorliebe seiner Mutter zu berichten: Sie machte gern Jagd auf Haie. »Mutter und ich verbündeten uns«, schrieb er an Walter Teller, »um mitten auf dem Ozean ein paar Stunden mit Haien zu verbringen. Meine Aufgabe war es, den Hai anzulocken. Dazu befestigte ich eine Konservendose an einer Schnur und versuchte, die Aufmerksamkeit des Hais zu erregen, bis er sich unter dem Heck befand. Dann beförderte Mutter ihn mit ihrem .32-Revolver ins Jenseits und brauchte nie mehr als einen Schuss. Es gab für mich nichts Schöneres, als ihr dabei zuzusehen.«[10] Auch wenn der liebende Sohn im Rückblick mit der Treffsicherheit der Mutter übertrieben haben mag, so besaß sie doch unbestritten Geschick und Mut, und es gab immer wieder Situationen, in denen sie den Revolver auch auf Menschen richten musste. Gleichzeitig war schon damals allen bekannt, wie die Tochter an Teller schrieb, »dass sie ein eher schwaches Herz hatte«.

Aber wenn sie gerade nicht auf Haie schoss oder Klavier spielte, ihre Kinder unterrichtete oder ihrem Mann beim Navigieren assistierte und dem Gesang der Kanarienvögel lauschte – dann hörte

Virginia Slocums Schicksal auf den Namen Monotonie. Rockwell Kent berichtet in *Voyaging*, seinem hinreißenden Buch über das Segeln in den »roaring forties«, dass auch dort, in den Gegenden des vierzigsten Breitengrades, die See nicht unentwegt »donnerte«, sondern man hörte die meiste Zeit schlicht ein monotones Rauschen.

> Sobald das Land außer Sichtweite ist, wird das Schiff zu einem eigenen Planeten, der auf seinem vorgezeichneten Kurs durch das flüssige Universum des Ozeans treibt … Der wahrhaftige Bericht von einer Reise auf dem Meer muss von den trügerischen Einbildungen eines sich selbst kaum bewussten Verstandes handeln, der auf die hypnotische Monotonie der Schiffsschwingungen reagiert, das sanfte Rauschen des Wassers entlang des Rumpfs … und das gleichmäßige Brodeln des Kielwassers. Die Erinnerung daran verschafft eine anhaltende und beständige Zufriedenheit.

Für einen Landbewohner klingt das reichlich paradox, oder? Wird hier die Ekstase beschrieben, die durch einen natürlichen Rhythmus entsteht, oder die langsam fallenden Tropfen einer Wasserfolter? Virginia und Joshua Slocum, glücklich, wie sie waren, haben anscheinend nicht danach gefragt. Auch wenn die Liebe nicht alles überwinden kann, dann kann sie doch sicher allzu rigiden Konventionen eine Abfuhr erteilen. Eine Verwandte schrieb an Teller, dass die Slocums »innig ineinander verliebt waren, und wenn sie zusammen waren, dann konnten sie alles um sich herum vergessen«.

Die *B. Aymar*

Die *Amethyst*

Kapitel 5

# Unternehmergeist

Mit ihren drei Kindern musste meine Mutter während der Bauzeit das Beste aus dem Leben im Dschungel machen. Die Luft war feucht und schwül. Giftige Pflanzen und gefährliches Getier gehörten zu unserem Alltag. Tausendfüßler und Skorpione konnten durch die Lücken im Fußboden aus gespaltenem Bambus kriechen und sogar eine kleine Boa, wenn es ihr nachts in den Sinn kam. Wir gewöhnten uns daran, dass Ungeziefer die Eigenschaft hatte, in unsere Kleider und Schuhe zu kriechen. Bevor wir uns morgens anzogen, schüttelten wir alles sorgfältig aus … In der Nähe des Dorfes gab es einen Sumpf mit Krokodilen, deren Kläffen das Zirpen der Heuschrecken untermalte. Nur auf den Philippinen habe ich solchen nächtlichen Lärm gehört, der den Aberglauben der Einheimischen noch verstärkte. Selbst ein Weißer wurde davon angesteckt, wenn er zu lange im Dschungel lebte.[1]

VICTOR SLOCUM

Das dritte Kind der Slocums, Jessie Lena, wurde im Juni 1875 geboren, während die *B. Aymar* in Subic Bay ankerte. Der New Yorker Kaufmann, nach dem das Schiff benannt war, hatte beim Börsencrash von 1873 (ausgelöst durch die geplatzte Spekulationsblase mit Eisenbahnaktien) sein Vermögen verloren; sein Handelsschiff wurde verkauft und Familie Slocum am Strand ausgesetzt. Und an was für einem Strand!

Trotzdem bedarf Victor Slocums Darstellung der überwältigenden Feindseligkeit von Flora und Fauna in Olongapo an der Subic Bay einiger Relativierungen. Es gab Boa constrictors, aber sie waren deutlich kleiner und auch längst nicht so angriffslustig, wie er es beschreibt; seiner Erinnerung nach waren sie drei bis vier Meter lang, und er behauptet sogar, ein Foto von einer »zehn Meter langen mit einem Körper so dick wie ein Mann« gesehen zu haben. Dafür ließ er die Kobras und Lanzenotter unerwähnt, die in dieser Gegend heimisch sind. Auch Skorpione gab es und derart giftige Tausendfüßler, dass einmal sogar ein zehnjähriges Kind durch den Biss dieser Plagegeister getötet wurde. Ebenfalls zehn war ein philippinisches Mädchen, das mit dem Kanu unterwegs zur Schule war und dabei von einem Krokodil angefallen und einen Kopf kürzer gemacht wurde.

Olongapo, knapp hundert Kilometer von Manila entfernt und an den Bataan-Nationalpark grenzend, ist heute eine Stadt mit einer Viertelmillion Einwohner; bis vor Kurzem befand sich in der Nähe ein riesiger amerikanischer Flottenstützpunkt. Im Jahr 1875 aber gab es hier nur Werften auf vorindustriellem Niveau, die das qualitativ hochwertige Holz der umliegenden Berghänge verarbeiteten – dort, wo die Boa constrictor Horden von schnatternden Affen Gesellschaft leistet; außerdem eignete sich der Strand perfekt für einen Stapellauf, da er schnell in tiefes Wasser abfiel.

Die Familie Slocum war hierhergereist, weil Joshua zu einem Treffen mit Edward Jackson verabredet war, einem englischen Unternehmer und Schiffskonstrukteur, der den Verkauf der *B. Aymar* an eine Reederei in Shanghai vermittelt hatte. Jackson war ein Mann der Tat und wollte ein 150-Tonnen-Dampfschiff nach eigenen Plänen bauen lassen, das Passagiere und Handelsgüter im Pendelverkehr zwischen den philippinischen Inseln transportieren sollte. Es fiel ihm nicht schwer, Slocum für die Beaufsichtigung der Arbeiten zu gewinnen, nachdem dieser mit seinen drei Kindern wortwörtlich auf dem Trockenen saß, und Schiffe zu bauen war, gleich nach der Hochsee-Segelei, seine große Leidenschaft.

Die erste Herausforderung aber bestand im Bau eines Hauses nach Art der Einheimischen, das Slocum ein Stück landeinwärts in Strandnähe errichtete. Die mit den Blättern der Nipa-Palme gedeckten Häuser aus Bambus sind Pfahlbauten (Achtung, Krokodile!), und für die Pfähle verwendete Slocum Molave, ein fein gemasertes Hartholz, das nicht rottete, keine Ameisen anzog und in der Gegend auch zum Schiffsbau verwendet wurde. Um das Haus gegen die unweigerlich drohenden Taifune zu schützen, besann sich Slocum seiner Kenntnisse als Takler: er sicherte es, mit dem zentralen Pfahl als eine Art Mast, mittels – wie Victor schrieb – »starker, doppelt geschlagener Rattanseile, die ringsum an Pfählen befestigt waren«. Diese Vorsichtsmaßnahme war ein Novum in Subic Bay: Die Familie zog damit Aufmerksamkeit, aber auch Unmut auf sich, besonders vonseiten der ortsansässigen Chinesen, die bisher der erste Ansprechpartner gewesen waren, wenn es um Schiffsbau in Subic Bay ging. Die Chinesen wiederum wurden misstrauisch von den einheimischen Arbeitern, den Tagals, beäugt, deren Charaktereigenschaften Victor höher schätzte als die der »Chinamänner«; mal abgesehen davon, dass er ihnen einen geringeren, ja Tagal-typischen Nutzwert zuschrieb, denn »jeder Einheimische ging viel lieber zum Hahnenkampf als zur Arbeit«.

Unter dem Fußboden des Hauses hielten die Slocums Schweine und jenes Federvieh, das nicht in der Arena antreten musste. Das tropische Klima – heute von Touristen geschätzt – war häufig so schwül-feucht und stickig, als hätte man beim Barbier ein heißes Handtuch auf dem Gesicht. Joshua war rund um die Uhr damit beschäftigt, den Bau des Schiffes voranzutreiben (die Maschine und weitere Ausstattung wurden später in Manila eingebaut), und Virginia hatte alle Hände voll zu tun, ihre Söhne und die kleine Tochter vor den Gefahren des Dschungels zu bewahren – und im Fall Victors davor, Unsinn zu machen. Das philippinische Abenteuer zog sich ein Jahr lang hin, denn der Bau des Schiffes ging nur langsam vonstatten. »Es war so«, berichtete Victor, »als wäre dies der erste Schiffsbau überhaupt. Affen kreischten und tobten herum, wenn die Bäume unter den Axthieben der Holzfäller fielen. Die Tagals zersägten die Stämme per Hand mit einer einzigen Spannsäge zu Kanthölzern und Planken.« Von allen Autoren, die über Joshua Slocum geschrieben haben, ist Victor am genauesten, wenn es darum geht, den Handwerker, den Erfinder und Konstrukteur zu beschreiben. Aus seinem Buch erfährt der Leser ebenso detailliert, wie im Betrieb des Großvaters auf Brier Island Stiefel für die Fischer handgefertigt wurden, als auch die Probleme und Vorzüge des Baus eines Schiffsrumpfes aus einheimischen Hölzern in Olongapo. Man liest mit Vergnügen die Beschreibung jener Harthölzer, die in Luzon für einen solchen Bau zur Verfügung standen. Der bereits erwähnte Molave-Baum war resistent gegen Seewürmer und »kam in Bohlen von gut zehn Metern Länge und sechzig Zentimetern Stärke und war oft gekrümmt, was es für den Schiffsbau nur umso wertvoller machte. Es gab Dugan, Eisenholz, das sank wie ein Stein, und Luan wurde für die Planken über Wasser genommen. Schon die Spanier hatten ihre Goldgaleonen damit beplankt, weil Luan bei Kanonentreffern nicht splitterte. Dann gab es noch das lange Mangachpuy, elastisch und haltbar, tauglich für Masten und Decks.«[2] Dazu kamen »Ebenholz, Camagon, Narra und Tindalo« – weil sein Vater später Holz auf den Philippinen einkaufte und in China verkaufte, gab es genaue Bestandslisten, die Victor ob ihrer Bedeutung für die Kunsttischlerei, aber auch des schönen Wortklangs wegen aufzählt.

Die schweren, im Dschungel gefällten Baumstämme wurden von Carabaos (domestizierten Wasserbüffeln, die gut eine Tonne wogen) an den Strand geschleppt; gezähmte Wasserbüffel können ungeheure Lasten tragen. Wenn man Victor Glauben schenkt, dann konnten diese schwerfälligen Tiere sogar in Rage geraten: »Obwohl die Wasserbüffel sehr plump aussahen, waren sie dann überraschend schnell. Vor ihren Hörnern musste man auf der Hut sein. Einmal griff eine Büffelkuh, um ihr Kalb zu schützen, einen Hai an und spießte ihn mit ihren Hörnern auf.«[3] Aber kurz vor Fertigstellung des Schiffsrumpfs waren es nicht Carabaos, Krokodile, Riesenschlangen, Skorpione oder Tausendfüßler, die Familie Slocum in tödliche Gefahr brachten, sondern Menschen. Virginia hatte schon lange ein gewisses Misstrauen gegenüber den finsteren, immer mürrisch wirkenden Chinesen entwickelt. Eines Nachts, als Joshua geschäftlich in Manila war, hörte sie Geschrei nah beim Haus und ging zur Tür, wo sie eine Menschenmenge vorfand, die brennende Fackeln trug. Gerüchte hatten die Runde gemacht, dass Chinesen die Slocums im Schlaf ermorden wollten, um ein abschreckendes Zeichen für alle Ausländer zu setzen, die Schiffe in ihrem Revier bauen wollten. Die Fackelträger waren Tagals, die am Haus der Slocums mitgebaut hatten und auch auf der Baustelle von Edward Jacksons Dampfschiff beschäftigt waren. Sie boten sich nun als Bodyguards der Familie an.

Am Ende begnügten sich die Chinesen damit, den Stapellauf des Schiffes zu sabotieren, indem sie die Schlittenbahnen destabilisierten und das schwere Schiff in den Sand entgleisen ließen. Die Tagals setzten daraufhin ein regelrechtes Wasserbüffelrodeo in Gang und zogen den Dampfer bei Flut ins Wasser, der anschließend nach Manila geschleppt und dort mit Kesseln, Maschine und allem Notwendigen ausgestattet wurde.

Mit Ablieferung des Schiffs bei Edward Jackson, der sich sehr zufrieden mit der Arbeit des Seemanns zeigte, wäre nun Zahltag für Slocum gewesen. Aber wie nur allzu häufig im Leben dieses so redlichen Mannes gab es im Vertrag mit seinem Arbeitgeber eine Menge Kleingedrucktes. Unter einem nicht bekannten Vorwand bot Jackson Slocum anstelle des versprochenen Geldes – friss, Vogel, oder stirb! – einen 45-Tonnen-Schoner mit dem Namen *Pato* an (»pato« ist auf Spanisch die Ente).

Slocums Logbücher, Tagebücher sowie an ihn gerichtete Briefe sind mit dem Verschwinden der *Spray* 1908 verloren gegangen; es ist also unmöglich zu rekonstruieren, wie hoch seine Verluste in Olongapo waren und was er von Jackson hielt. Aber Victor Slocum lässt keinen Zweifel daran aufkommen, dass seine Mutter gar nicht schnell genug wegkommen konnte, von diesem schwülen, heißen, verpesteten Strand, weg von all dem »giftigen Getier« und den chinesischen Schiffsbauern, »diesem brutalen Haufen«, diesen Nachfahren von Piraten, die Pläne schmiedeten, das Schiff zu zerstören oder in ihre Gewalt zu bringen. Und fast nebenbei fügt er hinzu, dass der Anführer der Chinesen einen so großen Zorn auf Joshua hatte, dass »sein Sohn noch sechs Jahre später versuchte, Kapitän Slocum während eines Landaufenthaltes zu erstechen«.[4] (Tatsächlich wurden Anschläge auf Slocums Leben, und meistens mit gezücktem Messer, im Laufe der Jahre fast zu einer gewissen Routine.)

Die *Pato* war mehr Yacht als Frachtsegler. Edward Jackson hatte das Schiff entworfen und bauen lassen, inspiriert vom Schoner *Sappho,* der den »America Cup« gewonnen und sechsunddreißig Jahre lang den Rekord für die schnellste Atlantiküberquerung von West nach Ost – in zwölf Tagen – gehalten hatte; den Rekord hatte die *Sappho* aufgestellt, kurz bevor die *Pato* auf den Philippinen gebaut wurde. Sie war ein 90-Tonner und mit fast zweiundzwanzig Metern Länge zehn Meter kürzer als die *Sappho.* Als die Slocums an Bord gingen, hatte das Schiff noch keine Kajüte, aber das, was sie vorfanden, war von hoher Qualität. Sie war deutlich kleiner als die *Washington* oder die *B. Aymar,* aber ihre schönen Linien und die Art, wie sie Geschwindigkeit aufnahm, erregten bei Slocums Kapitänskollegen Bewunderung und wohl auch Neid. Slocum jedenfalls spürte recht bald, dass er trotz Jacksons Vertragsbruch wieder auf den Füßen gelandet war.

Er nahm mit dem neuen Schiff auch gleich die Arbeit auf und

transportierte Stückgut im Pendelverkehr zwischen den verschiedenen philippinischen Inseln. Die Slocums nahmen eine Katze an Bord und nannten sie Flagstaff (Fahnenmast), weil ihr Schwanz immer senkrecht in die Luft stand. Bald darauf wurde die *Pato* vom Versicherungsträger einer britischen Bark gechartert, die mit einer wertvollen Ladung Tee und Seide aus China etwa fünfhundert Meilen von Manila entfernt auf ein Korallenriff gelaufen war (auf der Karte der britischen Admiralität prophetisch mit North Danger Reef bezeichnet). Die Rettungsmission erforderte drei Hin- und Rückfahrten zwischen dem Wrack und Manila, und Slocum zeigte bei der ganzen Aktion einen derartigen Erfindungsreichtum, dass er sofort einen Anschlussauftrag für eine Fracht von Manila nach Hongkong erhielt.

Unterwegs kam Slocum eine glänzende Idee, auf die Virginia, die erneut schwanger war, begeistert reagierte. Sie würden wieder auf Fischfang gehen! Und so kam es, dass Joshua Slocum zu einem seiner bewegendsten Abenteuer aufbrach: einer Reise von Manila über Hongkong und Yokohama nach Kamtschatka zu den Kabeljaugründen im Ochotskischen Meer.

Das Ochotskische Meer wird im Westen von Sibirien und im Osten von der Halbinsel Kamtschatka begrenzt, und quer durch seinen südlichen Ablauf ziehen sich die Kurilischen Inseln. Das Ochotskische Meer ist abgelegen und abschreckend und den größten Teil des Jahres zugefroren. Die Abgeschiedenheit und die Unwirtlichkeit reizten die Slocums enorm. Die Fischgründe, die erst vor Kurzem von Europäern und Amerikanern entdeckt worden waren, waren noch reich und kaum erschlossen. Walfänger machten hier Jagd auf den Grönlandwal, und der Zug der Lachse stand dem im Cook Inlet in nichts nach. Aber jetzt war Slocum auf der Jagd nach Kabeljau.

Die Idee war ihm an Bord der *Pato* auf dem Weg nach Hongkong gekommen, als er die Seemannskisten durchwühlte, die Virginia und ihn seit ihrem Missgeschick in Alaska begleitet hatten. In einer der Kisten fand er Messer zum Zerlegen der Fische, und diese nach sechs Jahren wieder in der Hand zu halten, reichte aus, um den Kurs zu ändern, den er für seine Familie an Bord dieses schmucken Schoners gesetzt hatte – der zwar schnell genug für leichte Fracht, aber sicher nicht für eine Ladung Fisch in den Frachträumen ausgelegt war. Andererseits wäre die Crew, die er in Hongkong angeheuert hatte, für ein Yachtrennen kaum zu gebrauchen gewesen. Victor charakterisierte die Männer als »Treibgut aus dem Nordpazifik«, und an Bord eines kleinen Schiffes, auf dem drei Kinder und eine im sechsten Monat mit Zwillingen schwangere Frau unterwegs waren, müssen sie einen verwegenen Haufen abgegeben haben. »Am Strand von Hongkong gab es jede Menge Robbenfänger und Pelzjäger, die auf Basis einer Beteiligung gern in die Fischerei wechseln wollten. Das waren Männer nach Kapitän Slocums Geschmack, wie er sie an der amerikanischen Nordwestküste kennengelernt hatte – und sie kamen gut miteinander aus.«[5]

Letzten Endes waren die Abenteuer dieses Sommers so aufregend wie die Entdeckung von Goldnuggets, die man einfach nur auflesen musste. »Ein mitreißender Törn und alles in allem eine herrliche Zeit in den Fischgründen« – so würde Slocum im Nachhinein schreiben. Von dem traurigen Nachspiel – dem Tod der Zwillinge in Portland – schrieb nur sein zweiter Sohn, Benjamin, in einem Brief an Walter Teller, und er resümiert, dass »der Ozean nun einmal kein Ort ist, um Kinder aufzuziehen«. Sein älterer Bruder war da anderer Meinung und erinnerte sich an diese Exkursion enthusiastisch und in vielen Details. Mit fünf war Victor alt genug, um sich lebhaft an die Ereignisse zu erinnern, und jung genug, um das Schauspiel noch gewaltiger erscheinen zu lassen, weil einfach alles für ihn neu war.

Victors Beschreibung dieses Sommers ist überschwänglich und detailreich, und zum ersten Mal verlässt er sich dabei nicht auf das, was sein Vater später darüber schrieb oder ihm erzählte. Er beleuchtet jeden Aspekt dieses Abenteuers – die Geografie, Geschichte, biologische Vielfalt und Kultur des Ochotskischen Meers – und man spürte ihm die Begeisterung an, dabei gewesen zu sein, all das mit eigenen Augen gesehen zu haben. Für Slocums spätere Biografen, Walter Teller und Ann Spencer, war die Kabeljau-Episode nur ein Zwischenspiel auf der geschäftigen Reiseroute eines Handelsschiffers, und beide widmen den Ereignissen, die mit Slocums Einschiffung auf der *Pato* in Manila begannen und dem Verkauf des Schiffes zwei Jahre später endeten, nur ein oder zwei Pflichtseiten. Victors Bericht erstreckt sich über sechzehn Seiten und beginnt in Hongkong, wo sein Vater vier Schleppnetz-Boote, oder Dorys, bauen ließ, die zu je zwei gestapelt an Deck der *Pato* festgebunden wurden. Dann nahm Familie Slocum die fast dreitausend Meilen nach Norden gen Petropawlowsk in Sibirien in Angriff.

Die Reiseroute führte sie durch die Straße von Formosa, wo sie – in Victors Worten – inmitten »einer großen Flotte chinesischer Fischerei- und Handelsdschunken« segelten. Die Begegnung verdient deshalb Beachtung, weil diese asiatischen Segler Joshua maßgeblich bei der Konstruktion seines selbst gebauten Rettungsschiffs, der *Liberdade,* beeinflussten, was Geschwindigkeit, Stabilität (oder »Steifheit«) und die trockenen Decks betraf. Die Reise ging weiter durch die Straße von Korea, sie ließen Japan südöstlich hinter sich und nach fünfundzwanzig Tagen und zweitausend Seemeilen erreichten sie das Ochotskische Meer. Drei Tage später, schreibt Victor, »rief mich meine Mutter aufgeregt an Deck und zeigte mir den kegelförmigen Gipfel des Willutschinski, der sich, in der frühen Sonne weiß schimmernd, über den Nebel erhob«. Der gut zweitausend Meter hohe Berg war zwanzig Meilen entfernt und bot »einen Anblick, an den man sich sein Leben lang erinnert«.[6] (Allein für diese, aus tiefstem Herzen kommenden Ausbrüche von Erstaunen und Bewunderung verdient *Joshua Slocum. Sein Leben. Seine Reisen. Seine Abenteuer* jede Wertschätzung.)

Inzwischen hatten Slocum und seine Familie und die abwartende Crew ihre Angelleinen im Ochotskischen Meer ausgebracht; das Procedere des Fangens und Ausnehmens und Salzens hatte sich seit Slocums Tagen in Neuengland allerdings weiterentwickelt. Die größte Neuerung betraf das Entgelt: Jeder wurde nach Anteilen bezahlt, die sich aus einer Formel errechneten, die den Eigner des Schiffes mit einbezog, die Kosten der Ausstattung und den Einkaufspreis für das Salz, um den Fang zu konservieren. Slocum fand die besten Fanggründe nur durch Suchen: Er warf immer wieder nahe der Küste von Kap Lopatka Fangleinen mit Ködern aus. Durch einen glücklichen Zufall und unter Missachtung der Anordnung seines Vaters, die Finger von den Fangleinen zu lassen, gebührte Victor die Ehre, den ersten und größten der 23 000 Stück Kabeljau zu fangen, die sie in der Folge an Bord ziehen sollten.

Sobald der Kapitän sicher war, dass er den richtigen Platz gefunden hatte, ging die *Pato* bei zwanzig Faden (sechsunddreißig Meter) vor Anker; die Dorys wurden vom Deck aus zu Wasser gelassen und fingen an, etwa vierhundert Meter lange Leinen auszubringen, an denen alle vier Meter ein Haken mit Köder befestigt war. Hier war jeder Fisch, den sie aus dem Wasser zogen, bares Geld. Alle waren eifrig bei der Sache und ganz besonders Virginia, die vier Tage zuvor die unglückseligen Zwillinge zur Welt gebracht hatte. Es zeigte sich schnell, dass die Slocums die zu erwartende Ausbeute ihres Fischzugs viel zu niedrig angesetzt und nur so viel Salz gebunkert hatten, um einen kleinen Fang auf die Märkte Manilas bringen zu können. Aber jetzt war das Glück ihnen hold (auch wenn das Schicksal sie sonst mit der Wucht von Ebbe und Flut in der Bay of Fundy heimsuchte): Just in dem Moment tauchten in dieser verlassenen Gegend im Ochotskischen Meer die Segel der *Constitution* am Horizont auf, jenes Schiffs, auf dem Victor geboren worden war. Auch die *Constitution* war auf Kabeljaufang gewesen, bis zum Schandeck beladen und gerade dabei, das überzählige Salz ins Meer zu schaufeln; stattdessen wurde es nun kostenlos an die *Pato* abgegeben.

Darauf ging der Spaß erst richtig los. Nichts bringt so sehr das Blut in Wallung wie eine Entlohnung per Stück, und zusätzlich zum allgemeinen Anteil, den jedes Crewmitglied vom Verkauf des Fangs im Hafen erhielt, gab es eine Prämie für jeden Kabeljau, der per Handleine an Bord gezogen wurde – 25 Cent, ein kleines Vermögen. Victors und Benjamins Fang wurde dabei ihrer Mutter Virginia zugeschlagen. Victor erinnerte sich: »Kaum hatte das Senkblei den Boden berührt, hing schon wieder ein Fisch am Haken … Innerhalb von zwei Wochen war der Schoner bis zum Anschlag beladen.«[7] Aber es ging natürlich nicht nur darum, einen Köder an den Haken zu stecken und das Geld an Bord zu ziehen. Der Fang musste gepökelt werden, um den natürlichen Verwesungsprozess aufzuhalten, und dazu wurde das Fischfleisch fast vollständig eingesalzen. An Bord ging jeder einzelne Fisch auf einer Art Fließband des Grauens von Hand zu Hand, wie es Elijah Kellogg in *The Fisher Boys of Pleasant Cove* (1874)[8] sehr genau beschrieben hat: Ein »Schlitzer« schnitt den Fisch am Hals auf und riss die Zunge heraus, schlitzte den Bauch auf und setzte zwei Schnitte rechts und links vom Kopf. Dann brach der »Henker« den Kopf ab, nahm die Eingeweide heraus (die Leber wurde wegen des Öls aufgehoben) und reichte das, was noch übrig war, an den »Spalter« weiter, der die Hauptgräte entfernte und den Rest in den Laderaum warf, wo der »Salzer« tat, was der Begriff besagt – und dies mit feinem Gespür für die Menge des nötigen Salzes und mit größtmöglicher Effektivität beim »Ablegen« in Schichten, abwechselnd Kopf gegen Schwanz.

Nachdem er seinen Plan, den Fang auf dem eher schäbigen und wenig Ertrag versprechenden Markt von Manila zu verkaufen, aufgegeben hatte, entschloss Slocum sich, nach Victoria auf Vancouver Island in Britisch-Kolumbien zu segeln. Die 2900 Meilen lange Route führte entlang der Aleuten und erforderte ein sehr anspruchsvolles Navigieren – weil für die Reise auf dem Großkreis permanent ein neuer Kurs berechnet werden muss und weil sie dichter und kalter Nebel erwartete. Für Victor reihte sich Abenteuer an Abenteuer: Ein paar Männer gingen auf einer Aleuteninsel zur Jagd an Land und kehrten tatsächlich mit ein paar Gänsen zurück. Einer von ihnen blieb mit seinem Gewehr zurück und wollte einen Bären schießen. »Nach einer Stunde war er wieder am Strand und schrie nach dem Boot. Wir nahmen ihn auf, und als er über die Reling stolperte, sahen wir, dass er vollständig mit Lehm bedeckt und zu Tode erschrocken war. Wir konnten nicht mehr aus ihm herauskriegen, als dass er den Bären gefunden hatte.«[9]

Nach Monaten in rauen Gewässern, mit einer ungehobelten Crew und dem Laderaum voller toter Fische muss das Städtchen Victoria mit seinem lauschigen Hafen, Rosengärten und zivilisierten Umgangsformen ein einladender Ort zum Ankern gewesen sein. Aber Slocum und die Crew konnten über den Preis, der ihnen hier für die Beute geboten wurde, nur lachen und brachen sofort Richtung Columbia River auf. Ein Heckrad-Dampfer zog die *Pato* den Fluss hinauf nach Portland. Dort setzte Slocum noch einmal auf Risiko: Mit dem Fang als Sicherheit nahm er einen Kredit auf, um seine Crew auf Basis der in San Francisco gültigen Sätze auszuzahlen. Virginias Anteil betrug sechzig Dollar, davon kaufte sie eine Singer-Nähmaschine. Auch die Kinder erhielten ihr Geld – sogar Jessie, die Kleinste –, wie wir aus den Aufzeichnungen der Mutter wissen.

Der Vater wusste, dass ihr Fang die erste große Ladung gepökelten Kabeljaus war, die Oregon erreicht hatte; also versuchte er die Gelegenheit beim Schopf zu fassen und den Fisch ohne Zwischenhändler zu verkaufen. Das abschließende Pökeln und Einlegen in Konservendosen erfolgte auf der anderen Seite des Willamette River in East Portland, und während der folgenden Monate lebte die Familie an Land in der Nähe der Werft, in der die *Pato* lag. Die Wochen in Portland bescherten Victor die einzige reguläre Schulzeit seines Lebens. Der Besitzer der Pension, in der sie untergekommen waren, pflegte freundschaftlichen Umgang mit Virginia und schenkte ihr einen Kanarienvogel namens Peter, der – wie ihr Sohn schrieb – »seine Herrin schließlich überleben sollte«.

Portland war in den Siebzigerjahren des 19. Jahrhunderts eine sehr quirlige Stadt, mit einem gut frequentierten Rotlichtbezirk, ruppigen Saloons und vielen Restaurants. Keinen Matrosen kümmerten die warnenden Worte, aufzupassen und nüchtern zu bleiben, wenn er nicht am Morgen mit einem eingeschlagenen Schädel oder auf einer »abgetakelten Fregatte« aufwachen oder plötzlich bei einem Kapitän mit zwei Monatslöhnen in der Kreide stehen wollte – ein beliebter Trick, Matrosen durch Schulden zwangsweise anzuheuern. Aber eine lebendige Stadt ist auch eine hungrige Stadt, das fand Slocum schnell heraus.

Und so zögerte er keine Sekunde, hier das geplante Geschäft abzuschließen, das vielleicht wie kein anderes seinen ungewöhnlichen Unternehmergeist veranschaulicht, selbst in dieser an Unternehmergeist so reichen Zeit. Wie ein Modeschmuckhändler, der seine Waren an Handgelenken und den Fingern präsentiert, zog Slocum mit einem Kabeljau in der Hand durch die Restaurants und über den Fischmarkt und pries seinen »Cape-Cod-Turkey«[10] an. Mit den skeptischen Blicken, die er erntete, hatte er allerdings nicht gerechnet. Sein Kabeljau war den Leuten einfach zu dunkel, denn in den Restaurants und Imbissbuden von Portland war man an weißes, mit saurem Alaun gebleichtes Fischfleisch gewöhnt. Aber Slocum wäre nicht Slocum gewesen, hätte er es nicht verstanden, diesen Nachteil in einen Vorteil zu wenden: Er kaufte einen weißen, gebleichten Kabeljau und machte – nun in jeder Hand einen Fisch – weiterhin die Runde bei potenziellen Käufern. Jetzt aber predigte er gegen all die schlimmen Dinge, die das Bleichen mit Alaun verursachte, und machte so die Bürger von Portland – die alsbald die größten Umweltfreunde überhaupt wurden – mit den Vorzügen unbehandelter und daher »dunkler« Lebensmittel bekannt.

Die Slocums überwinterten in Portland und segelten Ende März 1878 mit der Absicht nach Honolulu, die *Pato* dort vielleicht zu verkaufen. Die *Pato* war ein schnelles und elegantes Schiff, aber um als Frachter zu dienen, war sie, wie Slocum festgestellt hatte, einfach zu klein, und er hatte daher beschlossen, in den Holzhandel zwischen den Philippinen und Hongkong einzusteigen. Während der angenehmen Überfahrt nach Oahu scheuerten Slocum und die Mannschaft mit Scheuerstein das Deck, polierten die Verzierungen und wienerten die Messingteile. Natürlich wollte er das Schiff als Yacht und nicht als Kabeljaufrachter präsentieren. Was den Geruch unter Deck betrifft: darüber schweigen sich unsere Urkunden aus.

Slocum hatte das große Talent, immer zur Stelle zu sein, wenn sich eine günstige Gelegenheit bot. Nach ein paar Frachttouren zwischen den Inseln ging die *Pato* in Honolulu vor Anker, kurz nachdem das Postschiff abgelegt hatte. »Die *Hilo*«, so Victor, »war ein schneller Schoner und schon ein Stück außerhalb der schmalen, von Korallen gesäumten Hafeneinfahrt«, als zum Ärger der Postbeamten »noch ein verspäteter Sack Post auftauchte«. Sein Vater, so Victor, rief: »›Schmeißt ihn rüber, ich fahr hinterher.‹ Die *Hilo* einholen? So etwas war auf den Inseln noch nicht vorgekommen.« Die Zuschauermenge an Land merkte, dass sich ein Rennen anbahnte, und während die *Hilo* gerade in einem Flautenloch dümpelte, erwischte die *Pato* eine Bö und schoss »mit Höllentempo« auf den legendären Schoner zu. Nachdem er die *Hilo* eingeholt hatte, demonstrierte Slocum seine bemerkenswerten Segelkünste, ging längsseits und warf den Postsack hinüber.

Kurz darauf berichtete der *Pacific Commercial Advertiser* über das spontane Rennen, und ein lokaler Pflanzer bot Slocum fünftausend Dollar in Zwanzig-Dollar-Goldstücken für die *Pato*. Daraufhin buchten die Slocums auf der deutschen Bark *Christine* eine Überfahrt nach San Francisco. Doch kurz bevor sie ablegten, wollte der Farmer in Silber statt in Gold bezahlen, was Slocum rundheraus ablehnte. Victor erinnerte sich, dass sich durch die folgenden Verhandlungen die Abfahrt des Schiffes um eine Stunde verzögerte. Schließlich kam Slocum mit einem Beutel in der Hand den Kai entlang und über den Steg aufs Schiff geschlendert. »In dem Beutel war Gold. Er warf ihn meiner Mutter, die an Deck in einem Rattanstuhl saß, in den Schoß und sagte dazu: ›Virginia, das ist der Schoner.‹«[11]

Im Hafen von San Francisco lag eine riesige Flotte vor Anker oder am Kai, und viele der Schiffe waren zu verkaufen. Slocum brauchte nicht lange, um seine Wahl zu treffen: die *Amethyst* war eine Bark von dreißig Metern Länge und hatte eine Registertonnage von vierhundert Tonnen (das Vierfache der *Pato*). Sie war von Thatcher Magoun in Medford, Massachusetts, in feinster Qualität aus Eiche gefertigt und mit Kupferstiften genagelt worden. Die *Amethyst* wurde wie ihre Schwesterschiffe *Topaz, Sapphire* und *Emerald* 1822 auf Kiel gelegt. Für die Jewell Line in Boston hatte sie als Passagierschiff die Liverpool-Route bedient und dabei die Strecke von Liverpool nach Boston einmal in nur sieben Tagen zurückgelegt. Obwohl die *Amethyst* dreißig Jahre lang den Rekord für die schnellste Hin- und Rückfahrt über den Atlantik gehalten hatte, war sie in der Gunst der Passagiere ins Hintertreffen geraten, seit es noch schnellere Klipper gab. Nach einigen Einsätzen bei der Jagd auf Grönlandwale in der Beringstraße fand sie – gänzlich unromantisch – beim Kohletransport zwischen dem Puget Sound und San Francisco Verwendung und wurde anschließend dort zu einem Preis angeboten, den Slocum sich leisten konnte.

Die *Amethyst* war zwar alt und inzwischen recht strapaziert, aber in einem guten Gesamtzustand. Victor erinnerte sich besonders an die Privatkabine der Eigner, die »großzügig in Mahagoni getäfelt und mit Polstermöbeln aus Rosshaar ausgestattet«[12] war. Slocum ging sofort daran, das Schiff für den Holzhandel umzurüsten; das Unterwasserschiff erhielt neue Kupferplatten (zum Schutz gegen die Holzwürmer und um den Besatz mit Algen und Muscheln, der das Schiff langsam machte, fernzuhalten), und in das Deck des Vorschiffs wurde eine Ladeluke für Holz gesägt. Die Familie lebte derweil ein paar Monate lang im Hotel Clipper am Ende der Market Street. Victor erinnert sich sehr genau an das geschäftige Hafenviertel und ganz besonders an die Ankünfte und Abfahrten der Fähre von und nach Sacramento. Wenn sie über ihre Dampfpfeifen den Druck aus den Kesseln ließen, klang das wie ein infernalischer Teekessel, den man vom Herd nahm. Weit weniger nostalgisch erinnerte er sich an die bösartigen Vorurteile, die damals den »Chinamännern« entgegenschlugen, ebenjenen Chinesen, die man zum Bau der Eisenbahnen in den amerikanischen Westen gelockt hatte und die nach Abschluss der Arbeiten als Eindringlinge empfunden wurden. Nachdem die Central Pacific ihre Arbeitskraft ausgebeutet hatte, wurde laut darüber nachgedacht, sie schnellstens in ihre Heimat zurückzuschicken – oder sie kaltzumachen. Victor erinnerte sich an einen Abend im Clipper (er war damals sieben), als unter den Fenstern ein zu allem entschlossener Mob mit Fackeln vorbeizog, der von Dennis Kearny und seinen Anhängern angeführt wurde. Kearny war ein fanatischer Rassist und Nativist, ein irischer Matrose aus der Grafschaft Cork, der in San Francisco unerlaubt abgemustert hatte. Victor gibt an, sein Vater hätte sich mit einem faulen Ei in der Hand am Fenster postiert, aber »Mutter zog ihn jedoch an den Rockschößen vom Fenster weg. Sie machte ihm klar, wenn er das Ei würfe und Kearny träfe … würde der Mob das Hotel niederbrennen.«[13]

Joshua Slocums Mitleid mit den Chinesen muss wohl, trotz der Reibereien in Subic Bay, eine Menge damit zu tun gehabt haben, dass er künftig von ihrer Bereitschaft abhängig war, philippinisches Holz zu kaufen. Drei Jahre lang war er Besitzer und Kapitän der *Amethyst*, und in der ganzen Zeit trieb er Handel ausschließlich »weit östlich« im Pazifik. Doch bevor die Slocums Richtung Manila Segel setzten, reiste Joshua allein mit der Eisenbahn nach Hause, nach Neuschottland. Während der Reise schrieb er kleine Berichte für die *Sacramento Bee;* die gesammelten Zeitungsausschnitte gingen leider mit seinen anderen Papieren verloren. Diese ersten Erfahrungen als Berichterstatter und freier Journalist setzten ihm einen Floh ins Ohr. Durch Victor erfahren wir auch, dass er auf dem Weg nach Osten die Ehre einer jungen Dame verteidigte, die nachts in ihrem Abteil belästigt wurde. Als der Zug in Altoona, Pennsylvania, hielt, stellte er den Schurken auf dem Bahnsteig zur Rede. Victor berichtete, was sein Vater ihm erzählte: Es war ein bitterkalter, frostiger Morgen und sein Vater hatte wohl das Bedürfnis nach körperlicher Betätigung, auf jeden Fall schlug er den Eindringling kurzerhand k. o.

Von Victor erfahren wir auch, dass Joshua seinem Vater keinen Besuch abstattete. Der alte Griesgram hatte wieder geheiratet und war nach Lunenburg, an die Atlantikseite von Neuschottland gezogen. Allerdings können die paar Hundert Kilometer zwischen Brier Island und dem neuen Zuhause seines Vaters nicht der einzige Grund gewesen sein, einem Wiedersehen nach achtzehn Jahren aus dem Wege zu gehen. Hatte Slocum es sich in Sachen Aussöhnung anders überlegt? Ganz ohne familiäre Gefühle ging es bei der Reise jedenfalls nicht ab, denn auf der Rückfahrt begleiteten ihn seine beiden jüngsten Geschwister. Schwester Ella sollte an Bord der *Amethyst* der schwangeren Virginia zur Hand gehen und Bruder Ingram für die Slocums und die Offiziere in der Schiffskombüse kochen. Mit seinen knapp 1,90 hatte er in der nur 1,60 Meter hohen Kombüse nichts zu lachen. Seine missliche Situation wurde noch dadurch verstärkt, dass die *Amethyst* auf dem ersten

Teilstück der Reise schlecht verstaute Eisenbahnschienen beförderte und deshalb unerträglich rollte.

Von Honolulu segelte die Familie nach Guam, um dort Wasser, frisches Obst und Gemüse zu bunkern. Slocum hatte für die Eingeborenen nichts übrig und nannte sie »Yahoos« (er kannte seinen *Gulliver*). »Er fand«, so Victor, »dass die Einheimischen den Malaien auf den Philippinen ähnelten: von Natur aus arbeitsscheu und grausam zu ihren Tieren.« In Sachen Intoleranz fallen Slocums Vorurteile wesentlich mäßiger aus als das Vokabular der britischen oder niederländischen »wahren Gentlemen«, bei denen von »Seeaffen« oder »Kokosnuss-Niggern« die Rede war. Doch Slocum »schloss schnell von einer einzelnen Erfahrung aufs Ganze. Es wäre wohl wünschenswert, dass ein Kapitän, der notgedrungen mit der bunten Mischung an ›Mitgefangenen‹ aus aller Welt auf dem Schiff im engsten Kontakt steht, mit Skandinaviern, Iren, Chinesen, Russen, Indern und pazifischen Inselbewohnern, dass dieser Kapitän um die Sinnlosigkeit dieser Pars-pro-toto-Rechnung wüsste; aber wünschen kann man sich viel.«[14]

Von Guam aus segelte die *Amethyst* weiter nach Lagumanoc, einer bergigen und holzreichen Gegend an der Nordseite der Tayabas Bay. Von einer Bank in Manila bekam Slocum einen Kredit und eröffnete damit seinen Holzhandel zwischen Luzon und Hongkong, um den Bedarf des Kaisers von China zu befriedigen, der eine moderne Kriegsflotte aufbauen wollte. Aber im Vergleich mit der nervösen Hektik von Markt und Konjunktur bewegt sich ein Segelschiff nur im Schneckentempo vorwärts, und noch bevor Slocum mit dem Verkauf von Camagon, Narra, Tindalo, Betis, Ebenholz und Dugan an die chinesischen Schiffsbauer ein Vermögen verdienen konnte, hatten die Briten die Chinesen dazu überredet, statt Dschunken aus Hartholz Kanonenboote aus Eisen zu bauen. Derweil benutzte Slocum die *Amethyst* als Ausstellungsraum; ständig verbesserte er dies und das, um in den Häfen, die das

Schiff anlief, für die Finesse philippinischer Harthölzer zu werben. Der Rumpf der *Amethyst* war mattschwarz und so bauchig, dass man ihre Linien beim besten Willen nicht elegant nennen konnte. Sie war keine »schöne Frau in einem schwarzen Samtkleid«, wie es bei Samuel Eliot Morison heißt. Trotzdem konnte sie sich durchaus sehen lassen – geschrubbt und frisch lackiert, das Messing gewienert, Teak, Mahagoni und Rosenholz lasiert, alle Tischlerarbeiten von den Pfosten über die Nagelbank an Deck bis hin zu den Bücherborden und Kajütentischen eine Etage tiefer nur vom Feinsten. Victor erinnerte sich, dass sein Vater, der immer nach neuen Geschäftsideen suchte, einen Holzkäufer in Hongkong auf eine besonders schöne und filigrane Rosenholzintarsie mit der Bemerkung hinwies, so etwas würde sich doch auch gut an den dort üblichen, reich geschmückten Särgen machen.

Hier in Lagumanoc starb, während die *Amethyst* Holz lud, im Juli 1879 die kurz zuvor auf See geborene jüngste Tochter der Slocums und wurde, wie erwähnt, mit Brandy einbalsamiert, weil man sie »an diesem schrecklichen Ort … nicht lassen wollte«.[15] Man weiß nicht, wo sie schließlich begraben wurde, aber klar ist, dass die Familie weiterzog, welche Katastrophe auch immer das Schicksal für sie bereithielt. Den Winter über transportierten sie Natureis von Hakodate an der Südküste von Hokkaido nach Hongkong[16] (Deck und Takelage der *Amethyst* waren völlig vereist) sowie Kohle von Nagasaki nach Wladiwostok und Shanghai und von dort Schießpulver nach Taiwan, mit dem, laut Victor, »einige Rebellen auf Taiwan bekämpft werden sollten«.[17]

In Atimonan, an der von aktiven Vulkanen umgebenen Lamon Bay, erlebten die Slocums ihr erstes Erdbeben. »Das erste Anzeichen für eine Störung«, berichtete Victor, »war das Klirren der Ketten in unseren Ankerklüsen. Dann begann das ganze Schiff zu vibrieren … In der ganzen Bucht brodelte das Wasser.«[18] Auch zwei andere Kindheitserlebnisse, die sich Victor besonders einprägten, ereigneten sich auf den Philippinen. Beim Holzladen fiel dem Kapitän, »der oft selbst nach Holz Ausschau hielt«,[19] ein riesiger Rosenholzbaum auf, der auf einem Berghang über dem Strand wuchs. Er beschloss, ihn fällen zu lassen, aber der Stamm war so hoch und mächtig, dass die Holzfäller von Bord der *Amethyst* drei Tage brauchten, bis er fiel, und selbst nachdem sie ihn in zwei Teile gesägt hatten, war er immer noch zu groß, um zum Strand geschleppt zu werden. Sie mussten ihn zurücklassen, was Slocum schwer auf der Seele lag, denn er hatte überschlagen, dass »das Holz in San Francisco, für Bar-Theken verwendet, fünftausend Dollar gebracht hätte«.

Kurz nach diesem Fehlschlag trafen sie auf ein paar Einheimische, die in einem Auslegerkanu zu dem vor Anker liegenden Schiff gepaddelt kamen: Sie hatten etwas zu verkaufen. Die Ware entpuppte sich als eindrucksvoll große Boa constrictor, wie man sie sonst wohl nur im Zoo sieht, aber lassen wir Victor selber erzählen: »Ihr Boot war eine kleine *banca,* wobei die Crew an Bug und Heck saß und die Boa, deren Kopf und Schwanz festgelascht und um die Ausleger gewickelt waren, nahm den restlichen Platz ein. Die Boa wehrte sich und bäumte sich auf … Es sah furchterregend aus, und mein kleiner Bruder Ben begann, hysterisch zu schreien.«[20]

Benjamin schrieb an Walter Teller, dass sein Vater die Schlange gern gekauft hätte, seine Mutter aber nicht davon überzeugt war, dass dies eine lohnende Investition sei. Sein abschließender Satz zu dieser Episode lautete: »Gefährlich oder nicht, Hauptsache, einen Dollar machen. Mein Vater war in jeder Hinsicht ein Kaufmann.«

Bei vielem, was Joshua tat, gab Virginias Einschätzung den letzten Ausschlag. Sie kannte seine Stärken und auch seine Grenzen sehr genau und bewahrte ihn vor mancher Leichtsinnigkeit, stachelte seinen Wagemut aber immer wieder an. Eine der Geschichten, die Walter Teller zu erzählen weiß, illustriert dies besonders gut. Sie hat sich Ende 1880 in Hongkong zugetragen; der Hafen war gedrängt voll mit Schiffen, und es gab keinen Schlepper, der die *Amethyst* zu einem Liegeplatz hätte ziehen können. Virginia stand neben ihm am Steuerruder, als Slocum unter vollen Segeln in den Hafen einfuhr »und auf eine schmale Durchfahrt zwischen drei britischen Kriegsschiffen an Steuerbord und einem voll getakelten Handelsschiff an Backbord zuhielt«, wie Teller aus einem Brief von Benjamin zitiert. Die *Amethyst* steuerte direkt und mit einer derartigen Geschwindigkeit auf diese Schiffe zu, dass die Matrosen und der britische Admiral »sich schon auf eine schwere Karambolage einrichteten, mit geborstenen Spieren und zerfetzten Segeln«. Benjamins Vater rauschte heran, »Mutter stand neben ihm. Ihr Schweigen gab ihm Zuversicht.« Nachdem er durch das Nadelöhr geschlüpft und eine Kollision nur um Zentimeter vermieden hatte, fand Slocum einen freien Liegeplatz. Er legte hart Ruder, ließ das Schiff in den Winden drehen und bellte: »Lass fallen Anker!«

Erst dann bemerkte er, dass er vergessen hatte, seine Flagge zum Gruß zu dippen, ein klarer Verstoß gegen die Etikette. Er schrieb einen Entschuldigungsbrief an den Admiral, der ihm in seiner Antwort zu diesem Bravourstück von Manövrierkunst gratulierte und zu einem Dinner an Bord einlud, zusammen mit »der Lady, die sich an Ihrer Seite befand«.

Als die *Amethyst* im März 1881 das nächste Mal in den Hafen von Hongkong einfuhr, war Virginia hochschwanger mit dem letzten Kind, James A. Garfield Slocum, der am Tag der Amtseinführung von Präsident Garfield geboren wurde, weniger als vier Monate bevor dieser von Charles Guiteau ermordet wurde.[21]

Am 23. Juni des gleichen Jahres war Slocum wieder in Hongkong und verkaufte die *Amethyst*, um mit dem Erlös einen Drittelanteil an der *Northern Light* zu erwerben, damals mit drei Decks, über siebzig Metern Länge, gut dreizehn Metern Breite und vier Metern Tiefgang bei einer Verdrängung von zweitausend Tonnen eines der großartigsten Schiffe auf den Weltmeeren.

Die *Northern Light*

Kapitel 6

# Die »Northern Light«

Ich hatte allen Grund, auf sie stolz zu sein, denn sie war zu damaliger Zeit, in den Achtzigerjahren, das schönste Segelschiff Amerikas.[1]

*Erdumseglung ganz allein*

Slocum nannte die *Northern Light* sein »bestes Kommando« – und ahnte nicht, wie falsch er damit liegen sollte. Es war jene Art von Verblendung, mit der Ödipus geschlagen wurde, bevor er sich die Augen ausstach. Slocum sollte für seinen überzogenen Stolz büßen wie nur je ein Held der griechischen Antike. Und wie Ödipus, der blinde Exkönig, in Kolonus endlich Ruhe und Trost findet, so erhebt sich auch Slocum geläutert aus der Asche seines Ruins.

Wir wissen nicht, ob Virginia ihren Mann zum Verkauf der *Amethyst* ermunterte, um so den Kauf der Anteile an der *Northern Light* zu finanzieren, aber es ist sehr wahrscheinlich. Die *Amethyst* war sehr viel kleiner als ihr neues Schiff und zu jener Zeit wohl das älteste amerikanische Handelsschiff auf See. Man sah ihr das Alter inzwischen an, denn ein fünf Tage anhaltender Taifun im Südchinesischen Meer hatte ihr schwer zugesetzt. Der Kapitän hatte sich während des Sturms ans Steuerruder gelascht und Virginia die Kinder unter Deck eingeschlossen.

Neid unter Schiffsbesitzern ist ein weithin verbreitetes Übel, und die *Northern Light* war, mit Slocums Worten, »so schön wie ihr Name«. (Das Schiff war zu Ehren der vormaligen *Northern Light* auf diesen Namen getauft worden, eines 1851 auf Kiel gelegten Klippers, der zwei Jahre später die Strecke von San Francisco nach Boston in 76 Tagen zurücklegte – ein Rekord, der bis 1993 Bestand haben sollte.) Die neue *Northern Light* konnte mit viertausend Tonnen die doppelte Fracht an Bord nehmen und lief wie ihre Namensschwester in der Nähe von Boston vom Stapel. Als Slocum seinen Anteil erwarb, war der Drei-Skysegel-Windjammer seit acht Jahren auf See. Der amerikanische Kapitän John E. Kenney hatte das Schiff nach Hongkong gesegelt, um dort – aus unbekannten Gründen – seinen Anteil zu verkaufen. Das Geschäft wurde im Freihafen unter den Augen des amerikanischen Konsuls John Singleton Mosby abgewickelt – *dem* Mosby, der vormalige Colonel der gleichnamigen konföderierten Partisanentruppe war. Mosby hatte bei Slocums vorherigem Besuch schon die Geburtsurkunde des kleinen Garfield unterschrieben. Wie Slocum hatte auch er sich aus einfachen Verhältnissen nach oben gearbeitet. Die beiden Heißsporne waren schnell miteinander warm geworden, obwohl Virginia – ansonsten durchaus nicht zimperlich – den Anblick von Mosbys entstellenden Säbelnarben kaum ertragen konnte.

Aber hören wir doch zunächst Victors Eloge auf das neue Schiff:

> Ein Mensch des 20. Jahrhunderts kann sich gewiss nur schwer vorstellen, wie majestätisch ein Schiff wie die *Northern Light* wirkte, nicht nur unter ihrer Wolke von Segeln, sondern allein schon, wenn sie mit sauber gebrassten Rahen friedlich vor Anker lag. Ehrfurchtsvoll schauten die Besucher nach oben und folgten mit Blicken dem Gewirr der gewaltigen Wanten und Stage, ganz zu schweigen vom Dickicht des laufenden Guts. Sich im Rigg zurechtzufinden, war eine Wissenschaft für sich, und dieses Schiff zu kommandieren keine leichte Aufgabe.[2]

Wie schwer dies wirklich war, handwerklich-technisch, aber auch mental, das sollte eine der zwei heiß diskutierten Fragen in Bezug auf Joshua Slocums Charakter und Ansehen werden. Bei vielen Vorschiff-Crews gab es absurde Vorurteile über das lockere und sorglose Leben ihrer Kapitäne, das – zumindest was die Arbeit betraf – ganz Sonnenschein und laues Lüftchen war, während sie mit Stürmen und Kabbelseen zu kämpfen hatten. Es stimmte schon, dass ein Kapitän bei strikter Einhaltung der Gepflogenheit alle Arbeiten, die das Schiff in Gang hielten, an den Ersten und Zweiten Offizier delegierte; das schien ihn selbst aller Zuständigkeit zu entheben. Aber tatsächlich hatte er gleichzeitig die alleinige Verantwortung dafür, dass die Mannschaft gesund und munter war, das Schiff über Wasser blieb und die Ladung sicher ankam. Der Kapitän musste, und das manchmal ad hoc, beim Beladen seines Schiffs Gewicht und Raummaße einer Ladung einschätzen und so verteilen, dass erstens nichts verrutschen konnte und zweitens die Segeleigenschaften nicht unter einem falschen Trimm litten.[3] Er musste also die Kunst des Stauens besser als jeder Hafenarbeiter beherrschen: Was gehörte nach unten in den Laderaum, was ins Zwischendeck und was oben an Deck, entweder nach vorne, hinten oder mittschiffs? Er musste sich mit den Eigenarten der unterschiedlichsten Frachtgüter auskennen, mit Baumwolle, Schwefel (Schwefeldämpfe konnten ebenso zur Erblindung führen wie Methangase, die von faulenden Bananen ausgingen), Guano, Klavieren, Nitrat (hohes Gewicht und übler Gestank), Lokomotiven und auch Reis (eine häufig von Käfern befallene und ungeliebte Fracht, die Schwaden unausstehlichen Gestanks absonderte, wenn sie feucht wurde). Außerdem musste er ein aufmerksamer Beobachter der Wertentwicklungen auf den Rohstoffmärkten sein. Der Kapitän – von dem seine Matrosen annahmen, dass er die Tage im Liegestuhl verbrachte und die Nächte durchfeierte – musste nicht nur ein guter Seemann sein und etwas von Gruppendynamik verstehen, über ärztliche Kenntnisse verfügen, sich in Seemanns- und bürgerlichem Recht auskennen und ein Händchen für den Handel haben; er musste außerdem verständliche Geschäftsbriefe schreiben, genauestens Buch führen und über die gesellschaftlichen Umgangsformen verfügen, um mit Kaufleuten und Konsuln in jedem Hafen der Welt zu verkehren. Es gab nicht viele »Salzbuckel« aus Neuschottland, die diesem Anforderungsprofil genügten.

Sodann muss man sich die Größenordnung der *Northern Light* vor Augen halten. Zum einen war sie fünf Mal so groß wie die *Amethyst,* brauchte eine Crew von fünfundvierzig Mann und war nicht leicht zu beherrschen. Robert Foulke beschreibt diese spezielle Gattung modifizierter Klipper, zu der die *Northern Light* gehörte: »Diese Schiffe waren größer, schwerer und plumper als die alten Klipper und wahrlich keine Vollblüter; sie waren häufig übertakelt, um das höhere Gewicht wettzumachen, und deshalb bei schwerer See kaum noch zu beherrschen; das niedrige Freibord ließ die Arbeit auf den ständig überspülten Decks zu einer höchst gefährlichen Angelegenheit werden.«[4]

Foulke rechnet Schiffe wie die *Northern Light* einer Phase der Dekadenz in der Übersee-Schifffahrt zu. Aber wenn es, wie die weitere Geschichte des Schiffes zeigen sollte, wirklich einen entscheidenden Mangel, eine Schwachstelle in der Konstruktion gab – wie konnte es sein, dass einem erfahrenen Seemann wie Slocum das nicht auffiel? Eine Antwort ist nur allzu leicht bei der Hand. Seinem Sohn zufolge war das Schiff »eine wahrhaft majestätische Erscheinung«. Slocum muss regelrecht geblendet gewesen sein; und auf den Augenschein konnte man sich bei der Begutachtung eines Schiffs in der Glanzzeit der Handelsschifffahrt im späten 19. Jahrhundert wohl ebenso wenig verlassen wie bei der Begehung eines Hauses während des Booms an billigen Hypotheken in den ersten Jahren des 21. Jahrhunderts.

Und um im Bild zu bleiben: Man sollte den Effekt von Granittresen, offenem Pool im Garten und Kirschholzschränken nicht unterschätzen. Die Slocums investierten nicht nur in einen Langstreckenfrachter – sie kauften ihr Traumhaus, und die *Northern Light* war ein ganz außergewöhnliches Exemplar dieser Spezies. Von der Galionsfigur bis zum gerundeten Heck hatte sie eine ganze Menge zu bieten, worauf die Immobilienmakler gern mit einem »Und sehen Sie mal hier ...!« hinweisen. Aber wahrlich bestechend muss das Kapitänsquartier mit einer eigenen Kabine für Virginias Klavier und einer Bibliothek für Joshua gewesen sein. Victor erinnerte sich, dass Lesesessel und Werke der britischen Historiker Gibbon und Macaulay sowie Cervantes und Dickens zum unerlässlichen Inventar gehörten. »Eine Kajüte auf der *Northern Light* enthielt eine Bibliothek mit mindestens fünfhundert Büchern, alles Standardwerke großer Schriftsteller. Ihre Lektüre war ein idealer Zeitvertreib auf See ... Seine Kajüte mit den geordneten Bücherregalen sah aus wie das Arbeitszimmer eines Philologen oder Collegelehrers.«[5]

Slocums Halbschwester Emma erinnerte sich in einem Brief, den sie im hohen Alter an Walter Teller schrieb, an einen Besuch auf der *Northern Light* 1882 in New York, als sie noch ein Mädchen war: »Da war alles wie in einer modernen Wohnung. Es gab sogar einen eigenen Burschen für die Speisekammer, einen Filipino.« Und im Juni des gleichen Jahres nannte ein Reporter in seinem Artikel für die *New York Tribune* die *Northern Light* »Ein amerikanisches Zuhause auf See«:

> Allein wenn man die anmutigen Formen des Schiffes sieht, sein Yankeerigg und die stolze Segelgarderobe, seinen kühnen Steven und sein edles Heck, erkennt man auf den ersten Blick, dass dies nur ein amerikanisches Schiff sein kann.
>
> Dieses Schiff ist der Klipper *Northern Light*, bereedert von

> Benner und Pinckney in New York. ... Das Schiff ist vom Kiel bis zum Flaggenkopf schmuck, sauber und adrett, ungewöhnlich für ein Handelsschiff. Das Persenningkleid über dem Ruder, bestickt mit Schiffsnamen und Heimathafen in Seide, entstammt den zarten Händen der Kapitänsgattin. Wenn man zur Kapitänskajüte hinabsteigt, glaubt man, eine gemütliche Wohnung an Land zu betreten.
>
> Als unser Reporter das Schiff besichtigte, saß Mrs Slocum mit ihrer kleinen Tochter über einer Handarbeit. Ihr Jüngster, noch ein Baby, lag in einer chinesischen Wiege und schlief fest. Der Älteste räumte gerade seine Kabine auf, der zweite Sohn malte. Die Kapitänskajüte ist sehr geräumig und enthält eine Doppelkoje, die fast aus Nussbaum sein könnte. Dazu ein gepolstertes Sofa, Bücherregale, Stühle, Teppiche, Schränke und mehrere Chronometer. Dieser Raum liegt achtern von der Hauptkajüte, die wie ein Salon ausgestattet ist. Dort gibt es ein Klavier, einen großen Tisch, ein Sofa, Sessel und Teppiche. An den Wänden hängen mehrere Ölgemälde. Gegenüber liegt das Esszimmer, genauso sauber und ordentlich wie die anderen Räume, was nur eine Frau vermag. An Deck zeigte uns der Kapitän stolz die funkelnde Dampfmaschine im vorderen Deckshaus. Sie wird zum Be- und Entladen benutzt, zur Herstellung von Kondenswasser, als Feuerspritze, für die Bilgepumpen oder in Notfällen. Als Nächstes besichtigten wir die Schreinerei. Dort gibt es eine große Werkbank mit Schraubstock, Drehbank, Sägen und allem anderen Werkzeug, das für Neuanfertigungen oder Reparaturen benötigt wird.[6]

Aber bevor die *Northern Light* in New York festmachte, segelte sie nach Liverpool. Leider gibt es keinerlei Aufzeichnungen von dieser Fahrt, während deren die Verhandlungen zwischen Slocum und Kapitän Kenney über den Kauf der Anteile noch nicht abgeschlossen waren. Das Alter eines Schiffs besagt recht wenig, und andersherum gilt, dass ein junges Schiff noch lang kein Vorteil an sich sein muss, ein altes aber von seiner Reife profitieren kann. Die *Amethyst* war zwar das älteste amerikanische Schiff auf See, aber sie war mit großer Sorgfalt aus erstklassigem Material gefertigt und zudem mit aufwendigen Kupferplatten am Rumpf versehen worden. Und wie die ersten Fiberglasyachten auch heute noch unterwegs sind, weil viel *zu* aufwendig gebaut (zum Teil aus Unkenntnis über die Festigkeit des neuen Materials), so hatten Neuerungen in der Bautechnik bei Halbklippern wie der *Northern Light* den gegenteiligen Effekt: Ihre Haltbarkeit wurde überschätzt, denn sie waren durch enorme Zuladung und jede Menge Segel, die sie durch schwere See in extremen Breitengraden führte, großen Beanspruchungen ausgesetzt.

Als Slocum die *Amethyst* verkaufte, war das Schiff schon fast sechzig Jahre auf allen Weltmeeren unterwegs gewesen. Schiffen der *Northern Light*-Klasse dagegen gab man eine Lebensdauer von nicht mehr als acht bis zehn Jahren; einer anderen Schätzung nach betrug die Frist zwischen Stapellauf und »Verhängnis und Verderben« im Durchschnitt zehn Jahre. Als die Slocums die *Northern Light* in Hongkong kauften, hatte ihr Schiff schon harte acht Jahre auf dem Buckel. Es war üblich, ein Schiff alle sieben Jahre vom Vordersteven bis zum Heck und vom Masttopp bis zum Kiel einer Inspektion zu unterziehen. Für Schiffe von solch extremer Größe war das ganz entscheidend: je länger das Schiff, umso höher der Druck auf den Rumpf als Ganzes, und im Besonderen auf den Bug, das Heck und die Ruderanlage. Wenn man sich Unterlagen ansieht, die den Zustand von Schiffen zum Zeitpunkt eines Verkaufs beschreiben, dann trifft man auf Tricks und Täuschungsmanöver, wohin man auch schaut; ein paar Jahre bevor es für einen heute nicht mehr feststellbaren Betrag in Slocums Hände überging, war das Schiff für 95 000 Dollar verkauft worden. Und selbst wenn die Gutachter nicht geschmiert waren, entwickelten die Verkäufer oder ihre Agenten eine gewisse Meisterschaft darin, allerlei Mängel (meistens unter der Wasserlinie) geschickt zu verschleiern und mit dem 1a Zustand des Schiffes zu werben.

Wir wissen nicht, ob Slocum beim Kauf der *Northern Light* übers Ohr gehauen wurde, aber klar ist, dass Nüchternheit und Vernunft häufig Urlaub machen, wenn es um den Kauf eines Segelschiffs geht. Jedenfalls geriet das Schiff unter Slocum in gefährliche und kostspielige Notlagen, die durch bauliche Mängel ausgelöst wurden – etwa als im Long Island Sound das Ruder brach oder später der komplette Ruderkopf abdrehte oder als sich riesige Lecks im Rumpf auf dem Oberwasserschiff bildeten, während eines Sturms beim Kap der Guten Hoffnung. Damit hatte sich seine stolze Einschätzung vom »besten Kommando« als Wunschdenken und als Selbsttäuschung erwiesen.

Aber die baulichen Mängel verblassten vor all den Sorgen und Problemen, vor denen sich schon bald die Mannschaft und dann auch die Slocums gestellt sahen. Dabei ließen sich die Dinge zunächst durchaus vielversprechend an. Slocum, der es nach Walter Tellers Einschätzung mit siebenunddreißig Jahren »ganz nach oben« geschafft und seine Familie komfortabel an Bord untergebracht hatte, segelte von Hongkong nach Manila und nahm dort Hanf und Zucker für Liverpool an Bord, das sie vorbei an Sumatra durch die Sundastraße und den Indischen Ozean um das Kap der Guten Hoffnung herum erreichen wollten. Victor erinnerte sich an einen Zwischenstopp auf Java, wo sie Vieh und Obst und Gemüse luden, und dass sich auf der Fahrt nach Liverpool zahme Affen und, wegen der Ratten, Zibetkatzen an Bord befanden. Die Crew war wunderbar tüchtig und bestand aus britischen Matrosen, die mit einem Kohlenfrachter aus Cardiff nach Hongkong gekommen waren und dort anheuerten. Es war eine »singende Mannschaft«, die immer ein Shanty wie »Hanging Johnny« oder »Blow the Man Down« auf den Lippen hatte. Lieder, die das rhythmische Ziehen an Leinen und Trossen unterstützten, waren immer ein gutes Zeichen, so wie die fröhlich vor sich hin zwitschernden Kanarienvögel der Kumpel im Schacht. Die Mannschaft fing erst an zu murren, als sie die Kost aus Eiern und Hühnerfleisch überhatte und nach ihrer üblichen Verpflegung aus Pökelfleisch obskurer Herkunft verlangte.

Man möchte vielleicht gar nicht zu genau wissen, was die Matrosen an Schiff aßen, aber irgendwann müssen ein paar Worte darüber verloren werden: Das Fleisch, eingesalzenes Schweine- oder Rind- oder Pferdefleisch, stank meistens ziemlich und war von Knorpeln durchsetzt. Getrocknete Bohnen waren beliebter als Erbsensuppe, auf der Maden schwammen. Der Schiffszwieback war von Rüsselkäfern befallen. In Feigen und Rosinen nisteten weiße Würmer. Und wie schrecklich auch immer das Essen war, es gab doch nie genug davon.

Nach sechs Monaten auf See fuhr die *Northern Light* unter Glockengeläut und bei Nebel am Weihnachtstag 1881 in den Mersey ein; sie löschte die größte Ladung Zucker, die je den Hafen von Liverpool erreicht hatte. Anschließend wurde der Bugspriet erneuert und der Rumpf mit neuen Kupferplatten versehen; die *Northern Light* hatte in den tropischen Gewässern so viele Entenmuscheln angesetzt, dass sogar die erfahrenen Werftarbeiter erstaunt waren. (Victor war der Meinung, der schlechte Zustand des Rumpfs würde die ungewöhnlich lange Fahrt – hundertsechzig Tage von Manila nach Liverpool – erklären.)

Virginia nutzte die Zeit, während deren das Schiff am Kai lag, und besuchte mit ihren Kindern in Liverpool die Fabriken, wo der Rohzucker von den Philippinen für englische Teetassen aufbereitet und der philippinische Hanf zu Tauen gedreht wurde. Ebenfalls am Kai kam es zum Streit zwischen ihrem Mann und dem Rigger, der den neuen Bugspriet setzen sollte – kommende Ereignisse warfen ihre Schatten vorraus.

Slocum hatte vor nicht allzu langer Zeit seine Fäuste in Altoona, Pennsylvania, fliegen lassen, und viele, die ihn als Knaben und jungen Mann kannten, bezeugen, dass er vor keinem Kampf zurückschreckte. Kurz nach der Heirat mit Virginia hatte er sich 1871 in San Francisco erfolgreich gegen die Anklage behauptet, ein Crewmitglied der *Constitution* geschlagen und verletzt zu haben. Ein Reporter der *Boston Sun* beschrieb Slocum Jahre später nach einem Interview an Bord der *Spray* als reifen und besonnenen Seemann, »so hart wie geschmiedetes Eisen und so munter wie ein Jüngling … Seine Faust ist nicht nur groß, sondern auch hart und schwielig und gebietet wie die von Jim Corbett[7] Respekt.« Und wie nebenbei bemerkt der Reporter noch, dass Slocum »ein guter Pistolenschütze« sei.

In Liverpool jedenfalls tauchte der Rigger mit seinen Arbeitern nicht zum verabredeten Zeitpunkt auf, und Slocum befahl seinem Ersten Offizier, eine Crew zusammenzustellen, um die Arbeiten selber auszuführen. Kaum war dies getan, kam der Rigger, wie Victor sagt, »in aufsässiger Stimmung an Bord. Es gab eine hitzige Auseinandersetzung in der Nähe der Nagelbank, worauf der Kapitän am folgenden Morgen vor Gericht zu erscheinen hatte.« Sein Sohn beschrieb stolz diesen Morgen, an dem »der Rigger mit Verbänden an fast allen Körperteilen erschien und von einem Arzt und einer Krankenschwester begleitet wurde«[8] – ein klarer Fall von »mein Vater zahlt das deinem Vater heim«, mit einem Augenzwinkern für alle, die wissen, wie solche Klagen ablaufen. Die Klage wurde aber abgewiesen – und Schwamm drüber.

Doch damit ist die Geschichte durchaus nicht abgehakt. Bis heute wird sie immer wieder herangezogen in der Frage nach dem Temperament und Charakter des Kapitäns zur See Joshua Slocum.[9] Seine Kinder, die ihn täglich sahen und monatelang auch in schwierigen Situationen auf See erlebten, erinnern sich, dass er mit ihnen und ihrer Mutter einfühlsam umging, witzig war, sie neckte und manchmal ein lustiger Aufschneider war. Aber wie Grace Murray Brown an Walter Teller schrieb, war Slocums eigener Vater so streng gewesen, dass Slocum nach dem Tod seiner Mutter sofort davongelaufen und zur See gegangen war. Allerdings führte seine harte Kindheit nicht unbedingt dazu, dass er als Vater wesentlich sanfter gewesen wäre. Mrs Brown, die die Erinnerung an ihren so viel älteren Cousin hochhielt, konnte sich gut daran erinnern, dass Slocum »mit tiefer Verachtung strafen«, dass er sarkastisch und schonungslos sein konnte, »barsch und schneidend«, und dass er seinem Jähzorn freien Lauf ließ, wenn er sich hinreichend provoziert fühlte oder auch nur Anzeichen dazu sah. Auch kleine Kränkungen wurmten ihn gewaltig und wurden weder vergessen noch vergeben.

Victor Slocum zufolge war die Mannschaft, die die *Northern Light* von Liverpool nach New York segelte, »eine typische, hartgesottene Atlantikcrew, zusammen mit dem passenden, abgebrühten Ersten Offizier«. Dies war eine zutreffende Beschreibung, die schon andeutet, mit was für Männern er es in den folgenden zwei Jahren auf der *Northern Light* zu tun bekommen sollte. Der abgebrühte Erste Offizier, von dem hier die Rede ist, war eine bekannte Figur namens Black Taylor, ein »dunkelhäutiger Down-easter«, wie man die Küstenbewohner von Maine nannte, die nur Gott oder Cape Cod fürchten – so hieß es jedenfalls. Für Slocum war Taylor, so Victor, zeitlebens eine Respektsperson, und er vertraute ihm. Aber »abgebrühter Offizier« klingt nicht gerade nach großer Sympathie. Wie wir bereits gesehen haben, trieben diese Männer an Bord der amerikanischen »Blutschiffe« oder »Höllenschiffe« die Mannschaften mit Belegnagel und Schlagring über »alle Fünfe«. Das Ausmaß an Brutalität, das von einem solchen »Abgebrühten« ausging, konnte nur durch die Aufmerksamkeit und Menschlichkeit seines Kapitäns reguliert werden. Victor berichtet, dass der Kapitän Black Taylor grünes Licht gegeben hatte. »Mr Taylor, Sie wissen, was zu tun ist. Und wenn Sie Ärger mit Drückebergern und Querulanten haben, übernehme ich die Kosten in New York.«[10]

»Drückeberger« war ein abfälliger Begriff für einen arbeitsscheuen Seemann, der die Bezeichnung »Matrose« nicht verdiente. Während der vierzigtägigen geruhsamen Fahrt mit dem Nordostpassat nach New York wollte Slocum die *Northern Light* herausputzen, um nicht nur bei den beiden Zwei-Drittel-Eignern, sondern auch seinem Vater Eindruck zu machen, dem er eine Reise in die Metropole spendiert hatte. Er sollte sehen, wie weit es sein Sohn mit achtunddreißig Jahren gebracht hatte (es war das erste Mal, dass Joshua in New York vor Anker gehen würde). Aber so ein gemütlicher Törn ist, auch wenn man es nicht glauben mag, Gift für eine Crew. Niemand erwartet von einem Matrosen, dass er während eines Sturms oder wenn er in der Hitze einer äquatorialen Flaute vor sich hin dämmert, das Deck abschleift oder Messing poliert oder Intarsien lackiert; aber bei günstiger Witterung wie im Nordostpassat war es an der Zeit, das stehende Gut zu teeren und Masten, Schanzkleid und Deckshaus abzuschleifen und anzustreichen. Wie Victor in seinem Buch im Zusammenhang mit der *Amethyst* schreibt, war es für seinen Vater ein Leichtes, »dem Ersten Offizier in einer Minute mehr Arbeit aufzuhalsen, als dieser an einem Tag erledigen konnte«. In diesem Fall gingen alle Arbeiten zwischen Liverpool und Sandy Hook über die Bühne, sosehr die Mannschaft auch murrte oder gewaltsam von Black Taylor dazu angehalten wurde. Die hässlichen Folgen, die diese Überfahrt zeitigte, sollten für alle sichtbar bleiben, an den Körpern jener Männer, die Victor so abfällig als »typische, hartgesottene Atlantikcrew« bezeichnete. Matrosen, die auf amerikanischen Schiffen gedient hatten, waren oft an ihren Narben zu erkennen, einer verstümmelten Hand oder einem steifen Bein. Und zweifellos hinterließ der von reinem Stolz und Übereifer angetriebene Aufseher auf dieser Fahrt nach New York eine unsichtbare Narbe an Slocums Reputation.

JOSHUA SLOCUM mit den geretteten Insulanern von Gilbert Island.

Kapitel 7

# Meuterei

In Bezug auf das Gebaren des Kapitäns Slocumb (!) von der *Northern Light* kann es keine zwei Meinungen geben. Was immer das Vergehen des unglücklichen Engländers war, den er quälte, es steht außer Frage, dass Slocumb ihn barbarisch und unmenschlich behandelte. Allein die Tatsache, dass ein Mensch in einem Loch wie jenem festgehalten wurde, in dem ihn der Beamte fand, der ihn verhaften sollte, ist ein hinreichender Beweis für eine Brutalität Slocums, die aufs Strengste geahndet werden sollte.

*New York Times,* Leitartikel, 21. November 1883

Die Brooklyn Bridge wurde offiziell im Mai 1883 für den Verkehr freigegeben. New York als Heimathafen der großen Segelschiffe war damit Geschichte, denn für die größten von ihnen war die Konstruktion einfach nicht hoch genug. Damit die *Northern Light* flussaufwärts zur Werft und später zu ihrer Pier fahren konnte, mussten die Toppmasten niedergeholt werden. An Pier 23 dann sollte sie mit einer gefährlichen, modernen Fracht beladen werden – Kerosin, das für Japan bestimmt war. Victor will sich erinnern, dass der verbliebene höchste Toppmast von einem Brückenarbeiter aus Ulk angepinselt wurde, während das prächtige Schiff seines Vaters unter dem hoch aufragenden Bauwerk hindurchglitt.

Die Brooklyn Bridge war eine Meisterleistung der Ingenieurkunst, entworfen von Vater und Sohn Roebling. Die Roeblings beaufsichtigten den Bau nicht nur, sondern packten auch auf den Gerüsten mit an, jedenfalls in den ersten Jahren. John Roebling starb 1869 an den Folgen einer Verletzung, die er sich zuzog, als Bauholz ihm die Zehen zerschmetterte. Sein Sohn Washington übernahm daraufhin die Leitung der Bauarbeiten, konnte sie aber auch nicht zu Ende führen; er erkrankte 1872 bei Arbeiten in einem der Senkkästen für die Errichtung der Pfeilerfundamente an der Dekompressionskrankheit und blieb gelähmt. Auch zahlreiche Arbeiter verloren ihr Leben, aber diese Opfer wurden für die Verwirklichung einer großen Vision gebracht, denn hier sollte auf ganz neue Weise die Natur bezwungen werden.

Die Brücke war eine Hommage an Eisen und Stahl. Holz spielte bei der Konstruktion nur eine untergeordnete Rolle. Und zwischen ihren Pylonen waren auf dem East River moderne Dampfschiffe unterwegs, Schlepper, Vergnügungsyachten, große Passagierschiffe und Frachter mit Kurs auf den Ozean, und das alles mit Geschwindigkeiten, die ein Segelschiff nie würde erreichen können.

Mit der Brooklyn Bridge war ein neues Zeitalter angebrochen, nicht nur für Manhattan, sondern für den Welthandel. Angesichts dieses monumentalen Zeichens der Moderne wird erst deutlich, wie tief der Redakteur der *New York Tribune* in die romantische Mottenkiste greifen musste für seinen Artikel »Eine amerikanische Familie auf See«. Schon die ersten Zeilen des Features blenden die Realität am Liegeplatz des Schiffes völlig aus: »An Pier 23 im East River liegt ein typisch amerikanisches Schiff, das befehligt wird von einem typisch amerikanischen Seemann, der von seiner typisch amerikanischen Frau auf seinen langen Reisen begleitet wird, die seine Kajüte zu einem gemütlichen Heim macht, wie er an Land kein besseres haben könnte.«[1] Schon das Attribut »typisch« ist ein beliebter Fallstrick, aber der Reporter scheint darüber hinaus seinem eigenen Wissen nicht zu trauen: »Bei einem Besuch an Bord drängen sich zwei traurige, aber zutreffende Überlegungen auf. Erstens, dass amerikanische Segelschiffe aus der Mode kommen, und zweitens, dass es nur noch wenige amerikanische Seeleute gibt.« Das waren eindeutige *Tatsachen,* und ebenso war es eine Tatsache, wie der Reporter seiner Leserschaft versicherte, dass Kapitän Slocum »einer der populärsten Kapitäne von New York ist. Das liegt an seiner unbestrittenen Tüchtigkeit und seiner Fairness im Umgang mit der Mannschaft.« (Es ist bemerkenswert, dass Slocum tatsächlich gerne an der Seite der Mannschaft arbeitete, beim Takeln, Segelflicken oder in der Schiffszimmerei, und dass dieser lockere Umgang mit den Formvorschriften durchaus gewürdigt wurde.)

Vater und Sohn Slocum hatten sich zweiundzwanzig Jahre nicht gesehen, und wie Joseph in Ägypten als gemachter Mann Jakob kommen ließ, so folgt nun auch Vater John dem »Ruf« seines erfolgreichen Sohns. Walter Teller zufolge war das letzte Treffen der beiden durchaus herzlich. In einem Brief an seinen Vetter Joel schrieb Slocum siebzehn Jahre später mit seiner üblichen altväterlichen Zurückhaltung in Familiendingen, dass die beiden Männer bei ihrem Wiedersehen »keine Zeit damit verschwendeten, über große schöne Schiffe zu reden. Unser Thema lag fünfundzwanzig Jahre zurück … ›Joshua‹, sagte mein Vater, ›erinnerst du dich noch, wie wir die ganze Nacht an einer Leeküste entlangruderten und die Fischerboote mit dicht gerefften Segeln in den Hafen einfuhren?‹ Und wie ich mich daran erinnerte!«

Der alte Mann, der fünf Jahre später starb, war »völlig pleite« und sah Virginia und seine Enkelkinder zum ersten Mal. Er kam in Begleitung seiner Tochter aus zweiter Ehe, Emma, die während der sieben Wochen manch anregendes Gespräch mit Slocum führte. Sie berichtet, dass Joshua und Virginia sehr freundlich und aufmerksam gegenüber dem jungen Mädchen vom Lande waren, sie ins Museum, in Kunstgalerien und zu einer Führung durch den Verlag J. and J. Harper mitnahmen (was zeigt, wie virulent das Thema Schriftstellerei für Slocum war). Emma wurde von ihren Gastgebern beschenkt und nach Coney Island ausgeführt, um »John Philip Sousas einhundertköpfige Band zu hören. Josh und Virginia waren einfach nur glücklich miteinander. Ich glaube, etwas anderes gab es da nicht. Sie schienen rundherum glücklich. Kapitän Josh war ein freundlicher, aufmerksamer und stattlicher Mann.« Die erweiterte Familie picknickte einige Male am Manhattan Beach und wurde dabei von anderen Kapitänen begleitet, die Slocum irgendwo auf den sieben Weltmeeren kennengelernt hatte.

Aber wie in so vielen Geschichten über das sogenannte goldene Zeitalter trügt auch hier die Idylle. Um die augenfällige Grandezza der *Northern Light* finanzieren zu können, nahm Slocum eine Petroleumfracht für Yokohama an, die am Newtown Creek bei Hunter's Point geladen wurde, dem Umschlagplatz für über hundert Raffinerien, die sich in dieser Gegend angesiedelt hatten. Und noch bevor Slocum sich dreizehn Jahre später mit der *Spray* aufmachte, um die Welt zu umrunden, galt Newtown Creek als das am stärksten verschmutzte Industriegebiet der Vereinigten Staaten, wenn nicht der ganzen Welt. Newtown Creek war ein Nebenfluss des East River nördlich der Brooklyn Bridge; dort hatte John D. Rockefeller seine Industrieanlagen gebaut, um Öl aus Ohio und Pennsylvania zu raffinieren, auf dass Petroleum – anstelle der Kohle – die Welt erleuchten möge. Von hier aus baute er seine Astral Oil Company zu jenem Kraken aus, den er dann mit geschicktem Understatement Standard Oil taufte. Öl in Kanistern war ein standardisiertes Frachtgut, wobei je zwei Zwanzig-Liter-Kanister in eine Holzkiste verpackt wurden. Der Bedarf in Asien war riesig, weil Petroleum immer mehr Pflanzenöle ersetzte, wodurch wiederum Agrarland zur Nahrungsmittelproduktion frei wurde.

Aber schon 1872 war das Wasser (wenn man die Flüssigkeit, durch die sich die Schiffe hier bewegten, überhaupt noch $H_2O$ nennen wollte) so verseucht, dass die Bootskörper auffallend schnell korrodierten. Die Kapitäne hielten es für geraten, das Öl so schnell wie möglich an Bord zu nehmen, um nicht unnötig lange im Newtown Creek liegen zu müssen. Außerdem war es zunehmend schwieriger geworden, eine Crew zu finden, die das Schiff um die halbe Welt segelte. Das lag nicht nur an der lächerlich geringen Heuer oder den Schiffsoffizieren, die zur Aufrechterhaltung der Disziplin zu immer brutaleren Mitteln griffen, oder dem widerlichen Essen und den unwägbaren Risiken. Nein, in jenen Tagen trieb es die jugendlichen Abenteurer nun einmal eher in den Westen, in ein Lager wie Deadwood, wo der Fußboden eines Saloons in den Black Hills den Füßen eines betrunkenen Goldsuchers mehr Sicherheit bot als eine Takelage, die einen hungrigen Matrosen sechzig Meter über dem Chaos des brodelnden Meeres durchschüttelte.[2]

Walter Teller schreibt, »dass die einfachen Matrosen sich aus dem Bodensatz der Gesellschaft rekrutierten«. Ein Topos, der sich so oder ähnlich in allen Geschichten über Walfang, Handelsschifffahrt und Marine findet. Diese Einschätzung mag oft genug unzutreffend gewesen sein, doch gewiss nicht in diesem Fall. Als man schließlich dreißig Matrosen angeheuert hatte, obwohl die *Northern Light* durchaus eine größere Crew gebraucht hätte, sah man an Deck, so Teller, »nicht nur Abenteurer und Männer auf der Flucht vor gesellschaftlichen Konventionen, sondern auch Alkoholiker, Landstreicher, Kriminelle und Degenerierte«.

Die Namen, Nationalitäten, Ziele und Lebensläufe derjenigen, die durch Schlepper auf Kapitän Slocums Schiff gelangten, sind im Laufe der Zeit verloren gegangen. Man hatte sie, wie üblich, an Land in irgendwelchen Kaschemmen betrunken gemacht, wenn nicht schlicht und einfach niedergeschlagen. Die ersten beiden Monatslöhne dieser Elenden wurden in der Regel direkt an die Schlepper gezahlt – als Lohn, dass sie einen Haufen Halbtoter aufgelesen und angeliefert hatten. Und als die Matrosen sich an einem Augustnachmittag auf einem Schiff wiederfanden, das vom Bugsier nordwärts in Richtung auf den Long Island Sound gezogen wurde, um der *Northern Light* die erneute Passage unter der Brooklyn Bridge hindurch zu ersparen, dürften sie einen entsetzlichen Kater oder auch eine ernsthafte Kopfverletzung gehabt, in jedem Fall aber bereut haben, worauf sie sich da eingelassen hatten.

Der normale Lauf der Dinge wäre gewesen, dass die gepresste Mannschaft mit den Schultern zuckte und zwei Monate lang unentgeltlich arbeitete, was auch »ein totes Pferd abarbeiten« genannt wurde, und irgendwann auf See (vielleicht in den Rossbreiten) gab es eine Zeremonie, bei der das »tote Pferd« begraben wurde, mit den entsprechenden Shantys und vielleicht dem guten Vorsatz, beim nächsten Landgang vorsichtiger zu sein. Doch die Ereignisse, die da kommen sollten, nachdem die *Northern Light* den Long Island Sound hinter sich gelassen und Kurs aufs offene Meer Richtung Yokohama genommen hatte, folgten nicht dem normalen Lauf der Dinge. Der damals elfjährige Victor war ein aufmerksamer Beobachter dieser Ereignisse.

Slocum signalisierte dem Bugsier, dass er nicht weiter zu ziehen brauche, und hisste auch schon ein paar Segel, um das Schiff aufs Meer zu bringen, also klinkte der Schlepper die Trosse aus und kehrte um, zurück nach New York. Zu spät merkte Slocum, dass das Steuerruder seines eleganten Schiffs während des Schleppens seine Funktionsfähigkeit eingebüßt hatte, und ohne war er nicht manövrierfähig. Ob Sabotage vorlag oder nicht, diese Frage musste vorerst unbeantwortet bleiben; die vorrangige Aufgabe war jetzt, die lange Trosse an Bord zu holen, bevor die *Northern Light* darüberfuhr und weiteren Schaden am Ruder anrichtete. Die Dampfmaschine, Spitzname »Dampfesel«, mit der man eine große Winde in Gang setzen und die Trosse an Bord hätte holen können, wurde gerade gebraucht, um die Toppsegel zu setzen. Der eigentliche Zweck der Maschine – Arbeitskraft einzusparen, die man für die Manöver bei einem Schiff dieser Größe eigentlich dringend benötigte – war für die Crew kein Segen, sondern eher eine Art ständiger Vorwurf; und erinnerte nicht ihr Spitzname an die verhassten Strohmatratzen, »Eselsfrühstück« genannt, auf denen die Matrosen Schlaf zu finden versuchten? Die damals geläufige Bezeichnung für die Winde selbst – »Niggerkopf« – zeigt deutlich, welcher Ton unter den Schiffskameraden herrschte.

Aber zurück zum losen Ende der Trosse. Sie einzuholen wäre schon unter normalen Umständen eine beschwerliche Sache gewesen. Vor diese Aufgabe gestellt, geriet Slocums neuer Erster Offizier – ein wahrer Menschenschinder – in höchste Aufregung, wenn nicht gar Panik; er fegte durchs Vorschiff und »jagte alle Mann, nüchtern oder betrunken, an Deck und ließ sie an der Trosse in einer Reihe antreten. Dann schritt er die Reihe ab und brachte die Drückeberger mit einem Belegnagel zur Räson.«[3] Man stelle sich das bildlich vor: Männer, die abrupt aus dem Schlaf aufgescheucht wurden, die ihre Kopfschmerzen einem Drogencocktail oder Totschläger verdankten, die plötzlich ihrem Ersten Offizier gegenüberstanden und von diesem brüllend zur Arbeit geprügelt wurden. Und Kapitän Slocum war stinkwütend, dass der Bugsier aus New York seine Notsignale schlicht ignoriert hatte, was die ganze Situation nicht einfacher machte.

Nachdem die Trosse erfolgreich an Bord geholt worden war, wurde ein Signal in Richtung des nahe gelegenen Hafens von New London gesetzt und ein Lotsenboot angefordert, das die *Northern Light* zwecks Reparatur in Schlepptau nehmen sollte. Diese Aktion bereicherte das Seerecht um ein nettes juristisches Rätselspiel. Rechtsanwälte rund um den Globus zerbrachen sich in der Folge den Kopf über eine schlichte Frage, die von jenen Matrosen vorgebracht worden war, die ganz offensichtlich ihre Rechte kannten. Die Frage lautete: Könnte es nicht sein, dass die Fahrt der *Northern Light* – mutmaßliches Ziel: Yokohama – durch den Befehl des Kapitäns, den Hafen von New London, Connecticut, anzulaufen, hier im Grunde bereits beendet war, keine hundertfünfzig Meilen vom Verladehafen am Newtown Creek entfernt? Und wenn die Fahrt hier zu Ende war, hatte die Crew dann nicht das Recht, das Schiff zu verlassen – und zwar nicht ohne die ganze ihnen zugesagte Heuer zu kassieren?

Diese Forderung stellten die Matrosen in der Tat, und dies so beharrlich, dass Slocum und seine Offiziere mittels des Signals für »Meuterei an Bord« den amerikanischen Zollkutter *Grant* zu Hilfe riefen. Daraufhin versuchte die Mannschaft, »bewaffnet mit Handspaken«, das Achterdeck zu stürmen, wo Slocum ihnen »mit einem schussbereiten Revolver in der Hand und der klaren Ansage ›Zurück, wenn euch euer Leben lieb ist‹«[4] entgegentrat. Nun mag man bezweifeln, ob wohl jemals irgendjemand in einer solchen Situation tatsächlich die Worte ausgerufen hat: »Zurück, wenn euch euer Leben lieb ist«, aber sei es drum; dass sich die folgenden, hässlichen Ereignisse so und nicht anders zugetragen haben, daran besteht kein Zweifel: In einem Brief an Walter Teller bezeugt Benjamin, dass seine Mutter mit einem Revolver in jeder Hand dem Vater Rückendeckung gab, während die Mannschaft nach Waffen durchsucht wurde. Der Kapitän ordnete an, den Rädelsführer in Eisen zu legen. Als der Erste Offizier den Meuterer fesseln wollte, stürzte sich dieser mit einem gezückten Takelmesser auf ihn und »stieß es ihm blindwütig vier Mal in den Bauch«. Der Offizier erlag zwei Monate später seinen Verletzungen.[5]

Der Zollkutter war mittlerweile längsseits gegangen, der Angreifer wurde verhaftet und die Mannschaft unter Bewachung gestellt. Das Steuerruder wurde repariert, durch die Belastung war der untere Ruderzapfen gebrochen. (Ist die Überlegung zu weit hergeholt, dass er im Säurebad des Newtown Creek korrodiert war?) Dann machte Slocum den, wie sich herausstellen sollte, entscheidenden strategischen Fehler – er sprach mit den Crewmitgliedern »von Mann zu Mann«[6] und setzte die Fahrt nach Japan mit einem neuen Ersten Offizier fort, der während des Bürgerkriegs bei der Kriegsmarine gedient und »genug Kämpfe für den Rest seines Lebens hinter sich gebracht« hatte.

Während die *Northern Light* auf ihrem Weg nach Süden war, schwelte die ausgestanden geglaubte Meuterei – Victor zufolge – weiter vor sich hin. Die Überquerung des Äquators wurde mit der entsprechenden Zeremonie gefeiert. Neptun erschien an Bord und vollführte Kunststückchen, als Frau verkleidet, in guter Mardigras-Tradition. (Ein beliebter Streich, mit dem man die Frischlinge bei der Äquatorüberquerung hereinlegte, bestand darin, ein Haar vorn am Teleskop anzubringen und dann demjenigen Ausguck eine Belohnung zu versprechen, der als Erster »die Linie« auftauchen sah.) Während es auf das Kap der Guten Hoffnung zuging, wurden Shantys gesungen, die in diesem Fall nach Blues geklungen haben dürften, denn die Mannschaft murrte immer wieder.

Nach einem Monat auf See tauchte der große Komet von 1882 am Himmel auf, ein unheilvolles Zeichen, wenn man an den weiteren Verlauf der Reise nach Yokohama und zurück nach New York denkt. Ende 1882 befand sich die *Northern Light* in den »roaring forties« und kam in den hohen Breiten schnell voran, segelte elegant und mit hohem Tempo am Kap der Guten Hoffnung und Kap Leeuwin vorbei gen Tasmanien und von da aus Kurs Nord an der Ostküste Australiens entlang. Zwei Wochen vor Weihnachten war die *Northern Light* auf Höhe der »Kannibalen-Inseln« (der heutigen Salomon-Inseln), als der Ausguck ein kleines Boot mit fünf Menschen ausmachte: drei junge Männer, eine alte Frau und ein alter Mann, der Anführer. Das Boot wurde an Deck gehoben und die Passagiere, ganz offensichtlich Inselbewohner, berichteten vor allem mittels Zeichensprache, dass sie die Überlebenden eines sechseinhalb Meter langen, offenen Walboots waren, mit dem sie und sieben weitere »Missionare« (das war ihr Wort für christliche

Konvertiten) vor vierzig Tagen von Gilbert Island aus aufgebrochen waren. Auf dem Rückweg – sie hatten eine andere Insel besucht – wurden sie vom Monsun sechshundert Meilen weit abgetrieben; das Schicksal der sieben Toten blieb ungeklärt (Slocum und seine Familie fanden daran nichts Verdächtiges). Die fast Verhungerten hatten nur überlebt, weil der Monsunregen sie mit Wasser versorgt hatte, lehnten es aber ab, zur ersten Stärkung einen Schluck Brandy zu trinken – das sei »tabu«, erklärten sie. Lange sollten sie diesen Akt der Selbstverleugnung allerdings nicht durchhalten.

Ein paar Jahre später schrieb Slocum einen kurzen Bericht über diese Begebenheit, »The Rescue of Some Gilbert Islanders«, die er gerne in einem Band mit dem Bericht *The Voyage of the »Liberdade«* (1894) herausgebracht hätte, was aber unterblieb. Walter Teller veröffentlichte ihn schließlich mit einer kurzen Vorrede in dem von ihm herausgegebenen Sammelband *The Voyages of Joshua Slocum* (1985). Wie so viele von Slocums Abenteuern glich auch diese Rettungsaktion einem öffentlichen Schauspiel. Nachdem er die neuen Passagiere verpflegt und versorgt hatte, setzte er Kurs auf ihre Heimatinsel, Abamama, aber Wind und Strömung vereitelten das Vorhaben. Daraufhin wollte er sie in Pohnpei (früher »Ponape«), einer Insel der Karolinen-Gruppe, an Land setzen. Das aber versetzte die gerade Geretteten in Angst und Schrecken, weil sie fürchteten, von den Bewohnern der Karolinen aufgefressen zu werden. Also blieben sie weitere 2400 Meilen an Bord der *Northern Light,* bis diese ihr Ziel Yokohama erreicht hatte. Dort, so dachte sich der Kapitän, würden sie von ihren christlichen Brüdern willkommen geheißen und gefeiert werden und könnten bequem zurück nach Abamama reisen. Sie liefen am 15. Januar in Yokohama ein, und wenn die Insulaner auch gesund und munter und wohlgenährt waren, so war ihnen der eingeschneite japanische Hafen doch entschieden zu kalt.

An Land machte Slocum durch eine Pressekampagne auf das

Schicksal der Geretteten aufmerksam; eine Spendensammlung brachte so viel Geld, dass er die bibbernde Gruppe aus dem dünnwandigen Haus befreien konnte, in dem die örtliche Bibelgesellschaft sie untergebracht hatte. Aber weil sie keine Amerikaner waren, konnte der amerikanische Konsul nicht erwirken, dass sie nach Hause gebracht wurden. Daraufhin setzte Slocum eine Spendenliste in Umlauf, durch die schon am ersten Tag 750 Dollar zusammenkamen; die noblen Spender waren größtenteils europäische Kaufleute, aber auch der amerikanische und der japanische Konsul gehörten dazu. Am Ende musste eine Anzeige in die Zeitungen gesetzt werden, um den Spendenfluss zu stoppen! Die Pacific Mail Steam Ship Company nahm sie schließlich kostenlos auf der *City of Tokyo* mit nach San Francisco, wo sie einen erklecklichen Kreditbrief zu Geld machten. Von dort aus reisten sie mit einem Dampfschiff nach Honolulu und weiter per Schoner nach Abamama. Der Kreis hatte sich damit geschlossen und die fünf Reisenden hatten elftausend Meilen zurückgelegt.

Dem Axiom von Clare Boothe Luce folgend, dass sich eine gute Tat immer rächt, stellte nun aber die schon erwähnte Bible Society den Verbleib der Spenden infrage. Das wiederum führte zu einem Bericht in der *New York Times.* Slocum antwortete dem Herausgeber der Zeitung in einem Brief, der am 11. Januar 1884 veröffentlicht wurde, ein Jahr nach den fraglichen Ereignissen und etwa sechs Wochen nachdem die *Times,* wie schon zitiert, Slocum in einem Leitartikel einen »Rohling« genannt hatte. In seiner Antwort auf die Frage, wo denn das viele Geld geblieben sei, das für die Rettung der Schiffbrüchigen gesammelt worden war, schrieb Slocum von Bord der *Northern Light* in New York:

> Während unserer vergangenen Reise nach Yokohama hatten wir das Glück, eine Gruppe konvertierter Südseeinsulaner zu retten. Darüber ist in der Welt der Christenheit berichtet worden, und

die Erwähnung ihrer Religion durch den Kapitän hat dazu geführt, dass damit geworben wurde, was aber nicht in seiner Absicht stand ... Mein Anteil an der Errettung ist mir durch die Umstände aufgezwungen worden. Ich habe meine Pflicht erfüllt – wie jeder wahre Seemann seine Pflicht erfüllt – ganz einfach, indem ich es getan habe ... Es war keine einfache Aufgabe, herauszufinden, was ich mit ihnen tun sollte:

Ich sprach bei den Glaubensbrüdern in Yokohama vor, um Hilfe zu erhalten; sie gaben mir keine. Die Bible Society konnte lediglich mit Bibeln dienen ... Indem wir ihre Geschichte über die Presse verbreiteten, konnten wir Sympathien wecken. Dann floss Geld zu ihrer Unterstützung ... Über die Verwendung des Geldes sollte ich informiert werden. Ich übergab es einem Mann der Bible Society im Glauben, dass er mir eine entsprechende Mitteilung machen und in diesen Hafen schicken würde. Anscheinend hat man dort diese Vereinbarung vergessen.

In Yokohama standen derweil weitere konsularische Aktivitäten ins Haus, besonders was die vormaligen Meuterer betraf, die immer noch an Bord der *Northern Light* waren. Kurz nach der Rettung der Insulaner kamen Slocum Gerüchte aus dem Vorschiff zu Ohren, dass ein russisches Crewmitglied ein, wie Victor schrieb, »gefährlich aussehendes Messer« spitz geschliffen hatte und nun damit prahlte, es »würde im Herzen des Kapitäns stecken, noch bevor wir in Yokohama einlaufen«.[7] Das war nun ein offener Bruch der in New London verkündeten Regelung, dass ein spitzes Takelmesser »eine Kriegserklärung gegenüber der Schiffsleitung« sei. Nachdem der Russe bei einer Vernehmung alles zugegeben hatte, wurde er in Eisen gelegt, damit er in Yokohama dem amerikanischen Konsul übergeben werden konnte.

Wie bereits erwähnt, war der jeweilige Konsul die höchste juristische Autorität für die Schiffe seines Landes, solange sie im Hafen lagen. (Slocum hatte einen solchen Halbgott jüngst in Hongkong kennengelernt, John Singleton Mosby, der dafür bekannt war, dass er weidlich die Gastfreundschaft der Schiffskapitäne genoss, aber kein allzu großes Interesse zeigte, wenn Matrosen ihre Beschwerden vorbrachten, und für schwarze Matrosen, die sich auf See etwas hatten zuschulden kommen lassen, war er der blanke Horror.) Als das Schiff vor Anker ging, beantragte Slocum, den gefesselten Meuterer vom Schiff zu entfernen und unter Anklage zu stellen.

Aber der Konsul verkündete kurzerhand, dass der Messerträger nicht in Yokohama abgemustert und inhaftiert bleiben, sondern mit der *Northern Light* weiter nach Manila segeln solle. Diese Entscheidung goss Öl ins Feuer. Der Inhaftierte war außer sich – in seine Augen war die Schiffsführung für seine Haft verantwortlich – und so »verwandelte sich der mürrische Groll in blinden Zorn«.[8] Zur gleichen Zeit kränkelte der Erste Offizier der *Northern Light,* und der Zweite war an Land und betrank sich mit Gin. Als Slocum befahl, Segel zu setzen, um in Manila eine Zucker- und Hanffracht für New York zu laden, murrte die Mannschaft und drohte, die Arbeit einzustellen. Mithilfe der Dampfmaschine wurde der Anker kurzgebracht. In diesem Augenblick ging ein Dampfboot des Konsuls längsseits – im Sinne von *Käpt'n, Sie haben da was an Land vergessen* – mit dem gewalttätigen Meuterer an Bord, der vereinbarungsgemäß unbewaffnet kommen sollte. Aber das war er nicht, und als ihn die beiden Beamten die Gangway hoch eskortierten, riss er sich los und »ging mit einem Messer auf Slocum los«. Allerdings verfehlte er sein Ziel, wurde überwältigt, in Eisen gelegt und am Achterstag festgebunden. Da Slocum berechtigterweise annahm, der Meuterer habe Komplizen an Bord, ging er nach unten, holte aus dem Waffenschrank ein Repetiergewehr und befahl den beiden Polizisten, das Schiff sofort zu verlassen. Dann stieg er mit dem Gewehr auf das Steuerhaus und ordnete an, Segel zu setzen und den Anker auszubrechen. In Manila, wo zu der Zeit eine

Cholera-Epidemie herrschte, richtete Slocum es so ein, dass der Gefangene fliehen konnte, und auf der *Northern Light* herrschte wieder Frieden, zumindest für eine Weile.

Das heißt, wenn man von Frieden sprechen will, während sich gerade in unmittelbarer Nähe »die schrecklichste Katastrophe in der Geschichte der Menschheit« abspielte, wie Victor sehr zu Recht den Ausbruch des Krakatau und seine Folgen nannte. Die *Northern Light* passierte die Sundastraße zwischen Java und Sumatra im Spätfrühling 1883, als die vulkanischen Aktivitäten ihren Höhepunkt erreichten. Die See brodelte. Achteraus segelte die *William H. Besse,* so eben noch in Sichtweite der *Northern Light,* gefolgt von der *Bourne.* An einer Stelle, die Slocums Schiff gerade noch problemlos passiert hatte, bildete aufquellende Lava ein gefährliches Riff, auf das die *William H. Besse* prompt auflief. (Die *Bourne* hatte Glück im Unglück und streifte das Riff nur; sie gelangte sicher in tieferes Wasser und konnte die *William H. Besse* freischleppen.) Die sich ständig ändernde Wassertiefe machte Slocum Sorgen und er befahl, ein Lot auszubringen; als es vom Grund wieder hochkam, war der Talgkern geschmolzen. Eine leuchtende Feuersäule schleuderte Asche und Rauch fast achtzig Kilometer hoch in die Atmosphäre. Die Explosion des Vulkans konnte man noch im zweitausend Meilen entfernten Perth hören, und im hundert Kilometer entfernten Batavia waren die Detonationen »ohrenbetäubend«. In Mauritius, Tausende von Meilen entfernt auf der anderen Seite des Indischen Ozeans, wurde das Geräusch für den Donner schwerer Artillerie gehalten und die Marine in Stellung gebracht. Das Getöse war gut dreitausend Meilen weit zu hören und gilt – aber wer kann das schon so genau sagen? – als das lauteste Geräusch seit Beginn der Geschichtsschreibung. Schwefelgeruch lag in der Luft, und das Meer um die *Northern Light* wurde weiß vor Bimsstein; aber das Schiff war auf See und die Mannschaft – mal wieder dem Teufel von der Klinge gesprungen – am Leben, wenn nicht gar wohlauf.[9]

Von der Agulhas-Strömung nach West getrieben, aber gegen einen heftigen Weststurm, versuchte das Schiff das Kap der Guten Hoffnung zu passieren, allerdings in der falschen Richtung, gegen die Passatwinde. Dieses Zusammentreffen von Sturm und Strömung baut monströse Wellen auf, die höchsten auf allen Ozeanen. Die *Northern Light* musste beidrehen und das Durcheinander abreiten, bis der Sturm sich selbst ausgeblasen hatte. Doch ausgerechnet in diesem Moment brach der Ruderkopf ab. Es war dieselbe Schwachstelle, die das Schiff schon in den beschaulichen Wassern des Long Island Sound lahmgelegt hatte. Aber die jetzige Situation war gefährlicher, denn ohne Möglichkeit zu steuern war die *Northern Light* in doppelter Gefahr: zum einen durch die großen Brecher, die sie von achtern zu überrollen drohten, und zweitens durch die gewaltigen Böen, die das Schiff jederzeit unkontrollierbar in den Wind schießen und querschlagen lassen konnten.

Aber das war noch nicht das Ende der schlechten Nachrichten. Gewaltige Seen fegten über das Deck der *Northern Light,* sie rollte von einer Seite auf die andere, dass es nur so in den Verbänden krachte und die Fugen zwischen den Planken unter der Spannung aufplatzten. Durch viele kleine Lecks strömte Wasser ins Schiff. Da jeder Mann an den Deckspumpen von den Brechern über Bord gerissen worden wäre, musste der Kapitän die Dampfmaschine anwerfen, um die Laderäume leer zu pumpen. Dies schien zunächst auch zu funktionieren – welch seltener Fall, dass Dampf zum Verbündeten von Joshua Slocum wurde –, bis ihnen auffiel, dass das herausgepumpte Wasser immer spärlicher floss, dafür aber dunkler wurde. Was da herauskam, war reine Melasse! Das Meerwasser hatte sich mit dem Zucker verbunden, und genau in dem Moment, als es der Crew endlich gelungen war, ein Notruder zu riggen, legte sich die *Northern Light* weit auf die Seite, bis sie schließlich eine Schlagseite von dreißig Grad hatte – ein Zeichen dafür, dass die sorgfältig gestaute Ladung aus dem Gleichgewicht geraten war. Slocum entschied sich, die oben liegende Fracht an Hanf über Bord zu werfen, um das Schiff zu entlasten. Von der Strömung davongetragen »sah man auf der Luvseite Hanfballen schwimmen, so weit das Auge reichte«,[10] berichtete Victor.

Einmal mehr hatten die Slocums dank der mutigen Findigkeit und guten Seemannschaft des Kapitäns überlebt. Plötzlich waren sie weniger als zwanzig Meilen vom Ostkap Südafrikas entfernt und fanden auf der Reede von Port Elizabeth Schutz.

Und hier beginnt das Ende von Joshua Slocums »bestem Kommando«, das für ihn – trotz aller Katastrophen – den Zenit seiner Karriere darstellte. In Port Elizabeth wurde die *Northern Light* komplett überholt, was zwei Monate dauerte. Rumpf und Deck wurden neu kalfatert. Das Ruder wurde erneut repariert. Außerdem wurde das Schiff neu geriggt, Stage und Wanten wurden ersetzt, statt Manila-Tauwerk hielt nun Stahldraht den Mast. Und schließlich wurde der weiterhin kränkelnde Erste Offizier durch einen neuen Mann ersetzt: Henry A. Slater, sechsundzwanzig Jahre alt. Seine Papiere empfahlen ihn als fähigen britischen Seemann, der sich am Kap aus Gesundheitsgründen aufhielt. Es sollte sich bald herausstellen, dass seine Unterlagen gefälscht waren.

Denn erst, als die *Northern Light* Richtung New York wieder auf See war, erfuhr Slocum, dass Slater ein übler Gauner war, der schon vor dem Anheuern damit geprahlt hatte, er würde Familie Slocum umbringen, das Schiff zusammen mit weiteren unzufriedenen Komplizen kapern und dann überlegen, was man mit ihm anfangen könne. Oder so ähnlich, wie Slocums Freunde und Anhänger später erklärten. Um herauszufinden, was wirklich auf dem gepeinigten Schiff geschah, müsste man vor Gericht über diesen Fall verhandeln – und passenderweise geschah genau dies. Alle sogenannten Fakten kamen auf den Tisch. Alle Parteien behaupteten, ihnen sei Unrecht widerfahren, und mit Sicherheit ging keiner ungeschoren aus der Affäre hervor. Mehr als hundert Jahre nach den Ereignissen ist es nach wie vor unmöglich zu sagen, was auf der *Northern Light* wirklich passiert ist.

Das Problem, das sich einem heutigen Richter der Ereignisse stellt, lässt sich leicht mit einem anderen Fall illustrieren, dem berühmtesten Fall von Meuterei in der amerikanischen Rechtsgeschichte: der sogenannten *Somers*-Affäre. Einundvierzig Jahre vor dem Slater-Debakel, 1842, wurden drei Matrosen für schuldig befunden, die *Somers* (ein Schulschiff der US-Marine) kapern zu wollen; sie wurden noch auf See gehängt. Wie bei der Meuterei auf der *Bounty* von 1789 ist bis heute umstritten, was die Krise auslöste, aber der hohe gesellschaftliche Stand der Protagonisten auf beiden Seiten hat dem Konflikt gewiss erst seine Schärfe verliehen. Kommandant der *Somers* war Alexander Slidell MacKenzie, ein angesehener Schriftsteller. Sein Erster Offizier war Guert Gansevoort, ein Cousin von Herman Melville (dessen *Billy Budd* von diesem Fall stark beeinflusst wurde). Der Henry Slater der *Somers* war der siebzehnjährige Fähnrich zur See Philip Spencer, ein Sohn des damaligen amerikanischen Kriegsministers John C. Spencer. Der Junge war bereits durch Gehässigkeiten und kleinere Vergehen auffällig und aktenkundig geworden, und seine Freizeit während eines Ausbildungstörns in den Südatlantik nutzte er dafür, den Plan auszuhecken, die *Somers* unter seine Kontrolle zu bringen und jeden, der sich ihm entgegenstellte, umzubringen. Dann wollte er das voll bewaffnete Schiff zur vor Kuba gelegenen Isla de la Juventud[11] segeln und dort in ein Piratenschiff verwandeln. Es gab auch schon eine krude Zeichnung, auf der Jung Spencer eine Totenkopfflagge schwenkte! Als dank Gansevoort die ersten Gerüchte aus dem Vorschiff zu Kapitän MacKenzie durchsickerten, wurde das Vorhaben als zu verrückt eingestuft, um die Alarmglocken läuten zu lassen. Doch dann fingen Spencer und seine Komplizen an, navigationstechnische Fragen über die nahe gelegenen

Westindischen Inseln zu stellen, und als MacKenzie Spencers Koje durchsuchen ließ, fand sich eine Schärpe, auf der die Namen der mutmaßlichen Mitmeuterer in griechischen Buchstaben geschrieben standen.

Jeder, der schon einmal einer milden Form von Femegericht beigewohnt – *wo ist der Dieb, der den Umkleideraum geplündert, oder der Vandale, der die Toiletten mit Graffiti beschmiert hat?* – und erlebt hat, wie aus kultivierten Männern und Frauen ein hasserfüllter Mob wurde, kann sich vorstellen, wie bei einem Disziplinargericht auf See die Stimmung hochkochen kann, bis schließlich der gesunde Menschenverstand und jede Verhältnismäßigkeit auf der Strecke bleiben. Und genau so war es bei der Gerichtsverhandlung gegen Spencer und zwei seiner Kumpane. Am 1. Dezember 1842 ließ der Kapitän die Mannschaft auf Deck antreten und dreimal die amerikanische Flagge grüßen, während die drei bereits Gehenkten zu einer Rah hochgezogen wurden und dort oben in der Takelage zwei Stunden baumelten, bevor sie abgeschnitten und dann der See übergeben wurden. Natürlich hatte MacKenzie sich damit die ewige Feindschaft seines Vorgesetzten, des Kriegsministers John C. Spencer, zugezogen. Er wurde selbst vor ein Kriegsgericht gestellt und des Mordes angeklagt, aber auch der Freispruch konnte nicht verhindern, dass seine Reputation ruiniert war. Als Reaktion auf diese Ereignisse wurde 1845 die Marineakademie der Vereinigten Staaten gegründet, um vor allem dem Missstand der bislang eher willkürlichen Ausbildungspraxis auf den Schiffen Abhilfe zu schaffen.

Im Fall Slater gegen Slocum stießen zwei Ansichten aufeinander, die im Grunde dasselbe meinten: Die einen nannten es »Willkür«, die anderen »Brauch und Sitte«. Irgendwo auf der großen, weiten Welt musste es, trotz all der Schlepperbanden und Sklavenlöhne, der miesen Ernährung, des Ungeziefers in den Unterkünften, der unmenschlichen Knochenarbeit und der Phasen von tödlicher

Langeweile – irgendwo musste es glückliche Schiffe geben, deren weise und freundliche Kapitäne köstliche, frische Lebensmittel (und davon jede Menge) auffahren ließen, die einstimmten in die Lieder an Deck im Mondenschein, während sich die Segel in einem leichten, stetigen Rückenwind um die zwanzig Knoten blähten und Delfine in den Bugwellen spielten. Sollte Slocum jemals von einem solchen Schiff gehört oder es betreten haben, so hat er es jedenfalls niemandem erzählt.

Stattdessen übte er die Macht aus, die ihm kraft seines Amtes als Kapitän verliehen worden war: Er gab die Anweisungen und war im Zweifelsfall die letzte und entscheidende Instanz. Zehn Jahre nach den Streitigkeiten mit Slater räumte Slocum gegenüber einem Reporter der *Boston Sun* ein, dass er »kein Leuteschinder (sei), aber ich weiß genau, wie man ein Schiff am Laufen hält. Die alten Kapitäne behandelten ihre Mannschaft wie intelligente Wesen, ließen ihnen viele Freiheiten, aber wenn es hart auf hart ging, regierten sie mit starker Hand.« Wenn zum Beispiel eine Wasserhose auf ein Schiff zuhält oder ein Kaventsmann von Welle sich achteraus aufbaut oder der Blick nach vorn ein Riff erspäht, wo keines sein sollte, dann war eine verlässliche Autorität gefragt. Und, wie Lord Acton ein paar Jahre nach dem Wirbel um die *Northern Light* bekanntermaßen verkündete: »Macht korrumpiert, absolute Macht korrumpiert absolut.« In der Praxis hieß das: Die Macht eines erfolgreichen Kapitäns wurde unterschwellig durch erfahrungsbedingte Gepflogenheiten reguliert. Schließlich ist er, der Einzelne, von der Akzeptanz seiner Befugnis durch die ihm Unterstellten abhängig. Und wenn diese Befugnis auch absolut ist, so muss er die Ausführung seiner Befehle doch delegieren. Wie anders könnte es auf einem Schiff auch sein, auf dem Teams von einem Dutzend Männer zwanzig oder dreißig Meter voneinander entfernt arbeiten?

Genau um das Thema Delegieren ging es, als Joshua Slocum

und Henry Slater zum ersten Mal an Bord aneinandergerieten, und das war nur der Auftakt zu einer ganzen Serie von Katastrophen. Die *Northern Light* war nach dem Ablegen in Port Elizabeth bereits eine Woche auf See, als Slater, der Dritte Offizier, einer Gruppe Matrosen Anweisungen erteilte, die Takelage des Besanmastes zu justieren, der achtern hinter dem Steuerhaus steht. Seine konkreten Befehle, hier und dort dieses oder jenes zu hissen, hatten zu ineinander verknoteten Tauen und einer eingeklemmten Flaggleine geführt, woraufhin es auf Deck ein paar despektierliche Bemerkungen gab, Slater wisse offenbar nicht, was er tue. Diese Fakten wurden später von keiner der beiden Parteien bestritten, aber trotzdem mag sich der Leser wundern, warum es eine Woche brauchte, bis der Hochstapler als solcher enttarnt war: Die Takelage eines Schiffs zu bedienen, ohne sich damit auszukennen, entspricht dem Versuch, ein Flugzeug zu fliegen, ohne jemals in einem solchen gesessen zu haben.

Slocum wurde auf das Durcheinander am Besanmast aufmerksam und wies Slater an, das Chaos zu korrigieren. Slater diktierte seine Version der Ereignisse den Zeitungsreportern in die Blöcke, und das in vielen verschiedenen Versionen; in einer spricht er davon, dass der Kapitän am Besanmast »meine Arbeit fehlerhaft fand. Ich wies ihn darauf hin, dass ich für diese Arbeit durchaus qualifiziert sei.« Einen Offizier vor versammelter Mannschaft zu tadeln war ein Affront, das war auch Slocum klar, aber in Victors Version »sagte der Offizier zum Kapitän, er solle sich selbst um seinen verdammten Dreck kümmern«.[12] Auf diese Befehlsverweigerung reagierte Slocum mit der sofortigen Degradierung Slaters und befahl ihm, aufs Vorschiff zu gehen. (In Slaters Version liest sich das so: Nachdem er seine Arbeit verteidigt habe, hätte Slocum ein Takelmesser gezogen und sei »auf mich losgestürzt und wollte zustoßen. Ich griff seine Hand, entwand ihm das Messer und warf es über Bord. Dann verschwand er nach unten.« Nüchtern betrachtet erscheint dieser Hergang der Ereignisse eher unwahrscheinlich.)

Ein anderer Augenzeuge war William H. Dimmock, der in New London als Schiffszimmermann angeheuert hatte. Seinem Bericht zufolge –

> hatte Slater auf Slocums Anordnung, seinen Fehler zu korrigieren, geantwortet, »dass niemand auf dem Schiff ihm erklären müsse, was er tun solle ... Slater sagte dem Kapitän, er sei Dritter Offizier des Schiffs und verstehe sein Geschäft. Seine Ausdrücke und sein Verhalten waren beleidigend, und er nahm einen Belegnagel aus der Reling, als wolle er nach dem Kapitän schlagen. Kapitän Slocum teilte Slater mit, er sei degradiert, sagte: »Sie sind kein Offizier dieses Schiffes mehr: Holen Sie Ihre Sachen aus der Offizierskajüte und gehen Sie ins Zimmer des Bootsmanns.« Slater weigerte sich, ging aber nach ein paar Stunden zu den Männern.

Es scheint unglaublich, dass zwischen diesen Beschuldigungen oder einer Reaktion auf das eindeutig aufrührerische Verhalten Stunden vergangen sein sollen – von der angedrohten oder versuchten Gewalttätigkeit gar nicht zu reden. Denn außer Feuer an Bord gab es nichts, was auf einem Schiff mehr gefürchtet wurde als Meuterei. Gelegentlich mag es zu Gewalttätigkeiten gekommen sein, ein Nachhall grausamer Schlachten des Bürgerkrieges; aber die latenten Spannungen zwischen den vielen, die gehorchen mussten, und den wenigen, die Befehle erteilten, zu schüren, war an Bord noch gefährlicher, als in einem Wildwest-Saloon irgendjemandem eine Beleidigung ins Gesicht zu schleudern. Ein zögerlicher Alleinherrscher – ein Kapitän, der einer gewalttätigen Auseinandersetzung aus dem Weg geht oder in seiner Kajüte Schutz sucht (Slaters Version) oder einem Meuterer gestattet, einen unmittelbaren Befehl »stundenlang« zu missachten (Dimmocks

Version) – wäre für seine Mannschaft ein untragbarer Risikofaktor gewesen.

Über all diesen Ereignissen darf man aber auch Virginia und die vier Kinder nicht aus den Augen verlieren. Henry Slaters Prahlerei in einer Kneipe in Port Elizabeth, er würde die *Northern Light* kapern, war so ernst zu nehmen wie ein Herzinfarkt. Man könnte das Ganze als belangloses Gewäsch eines Aufschneiders abtun, der sich an Gin und Seemannsgarn berauscht, aber es war kein Zufall, dass unter der damals gültigen Kriegsgesetzgebung der Vereinigten Staaten selbst das scherzhafte Reden über Meuterei schon ein Grund für den Strang war, wie Philip Spencer und seine Freunde an Bord der *Somers* hatten erfahren müssen.

In der anschließenden Episode finden wir – vermutlich »Stunden« später – Slater zusammen mit William McQuaker, dem Zweiten Offizier, vor Slocum, der McQuaker befiehlt, Slater sofort in Eisen zu legen. McQuaker war der direkte Vorgesetzte von Dimmock, und in dessen Bericht lesen sich die Ereignisse so:

> McQuaker, der Segelmacher, fungierte als Zweiter Offizier. Wenn er den Männern diese oder jene Anweisung gab, befahl Slater ihnen, nicht zu gehorchen, und sagte: »Ich bin der Zweite auf diesem Schiff.« Dann wurden Slater Handfesseln angelegt und er wurde im Halbdeck untergebracht, da war Platz genug. Der Bootsmann brachte ihm sein Essen, konnte Slater aber nicht finden, berichtete dem Kapitän. Eine Suche mit Windlichtern wurde angeordnet und Slater gefunden, hatte sich in einem Segelschrank versteckt. Er trug die Handfesseln und sagte, er wolle nichts essen, wolle nur hier allein gelassen werden und sterben. Schließlich beschloss der Kapitän, ihm seinen Willen zu lassen. Abends wurde ihm Essen gebracht, das er verweigerte. Die Nacht war sehr dunkel. Slater kam heraus, ohne Fesseln, und ging zum Poopdeck. Niemand an Deck außer der Offizier und der Mann am Ruder.

> Slater ging in die Kabine des Offiziers und nahm Revolver und Schachteln mit Munition und ging dann weiter zum Zimmer des Zweiten Offiziers, da waren McQuaker und der Bootsmann. Er befahl McQuaker die Arme hochzunehmen, während er nach Schusswaffen suchte. Slater sagte zum Bootsmann, wenn er einen Laut von sich gibt, wird er ihm das Gehirn rauspusten … Wir wurden mit McQuaker und dem Bootsmann von Kapitän Slocum herausgerufen, der sagte, es gäbe wieder Ärger. Es gab eine Beratung und … der Zweite wurde beauftragt, Slater unter allen Umständen in Eisen zu legen, aber ihn nicht zu verletzen, wenn nicht absolut unumgänglich … McQuaker sagte ihm, dass er ins Eisen müsse und dass es keinen Zweck hätte, sich zu weigern. Die Männer gingen wieder an die Arbeiten, die meisten frohen Sinnes, einige mürrisch. Es war offensichtlich, dass Slater sie »aufgewiegelt« hatte. Slater sagte, er wolle nach achtern und mit dem Kapitän reden. Er ging aufs Poopdeck. Kapitän Slocum sagte, dass er in Eisen müsse. Slater antwortete: »Kein (Schimpfwort; offensichtlich gestrichen) Mann auf diesem Schiff legt mich in Eisen«, und rannt nach vorne zu den Matrosen. Während er rannte, schoss Kapitän Slocum zweimal auf ihn. Der Kapitän bestand weiter darauf, dass Slater ins Eisen müsse, da er zu gefährlich sei, um frei herumzulaufen. Slater machte weiter, sah aber, dass er das Kommando auf dem Schiff nicht übernehmen konnte, und ging zurück nach achtern und ließ es zu, dass er in Eisen gelegt wurde. Dieses Mal wurden ihm zwei Paar Handfesseln angelegt und er bog sie auseinander, als wären sie Seile. Er zerstörte sieben Paar Handfesseln …

Das Problem mit nicht fiktionalen Texten ist, dass der Autor auf die Fakten angewiesen ist, die sich ihm darbieten, mögen sie auch noch so absurd erscheinen. Das Gute an nicht fiktionalen Texten ist, der Autor kann nicht für die Fakten verantwortlich gemacht werden, wie absurd sie auch sind. Wer sich über die seltsamen

Ruhephasen zwischen all den Gewaltausbrüchen in dieser Nacht an Bord der *Northern Light* wundert, dem geht es genauso wie mir. Die Schwierigkeit, Dimmocks Bericht von wildem Pistolengefuchtel und fehlgegangenen Schüssen kurzerhand als unglaubwürdig abzutun, liegt darin, dass seine Darstellung der Ereignisse von seinen Mitmatrosen vor Gericht in New York bezeugt wurde; und das nach einer Reise von dreiundfünfzig Tagen, während deren Slater die ganze Zeit in Eisen lag.

(Von Victor Slocum erfahren wir fast nichts über diesen Teil der letzten Fahrt an Bord der *Northern Light;* allerdings versichert er seinen Lesern, sein Vater hätte das Schiff »blitzsauber und in viel besserer Verfassung als achtzehn Monate zuvor, als sie durch den Long Island Sound hinausgeschleppt werden musste«, nach New York zurückgebracht.)

Slater lag noch in Eisen, als die *Northern Light* am 22. November andockte und er von der *Police Gazette* interviewt wurde. Das Boulevardblatt brachte vier Monate später den Bericht erneut, dann unter der Überschrift »Ein Gespenst von See« zum Foto eines kernigen, dunkelhaarigen Raufbolds mit Schnurrbart, drohend erhobenen Fäusten und schweren Ketten um die Fußgelenke:

> Über die Geschichte von den schrecklichen Leiden dieses furchtlosen Matrosen wurde an dieser Stelle schon einmal berichtet, als er in Ketten und in einer dunklen Kammer eingesperrt hier im Hafen ankam. Der Kapitän hatte ihn wegen versuchter Meuterei verhaftet, aber eine Untersuchung förderte zutage, dass im Sinne der Gerechtigkeit Ankläger und Häftling eher die Plätze hätten tauschen sollen. Der arme Mann war wegen eines nichtigen Vergehens misshandelt und in Haft genommen worden. Die Ketten, mit denen er gefesselt war, wogen mindestens dreihundert Pfund. Als die Justizbeamten kamen, um ihn zu verhaften, bot er ein Bild des Jammers. Hunger und Kälte hatten ihn zum Skelett abmagern

lassen, und die Ratten hatten ihm die Kleider vom Körper gefressen. Zwei Männer brauchten mehr als zwanzig Minuten, um ihn von seinen Fesseln zu befreien.

Auf dem Foto sehen wir ihn mit den Fesseln und Kleidern, die er bei seiner Ankunft im Hafen trug. Verglichen mit früher ist Slater jetzt nur noch ein Wrack. Seinerzeit war er einer der stärksten Matrosen, die je ein Deck betreten haben. Vor etwa fünf Jahren, als er mit der *Garibaldi* in einem englischen Hafen lag, nahm er an einem Sportwettkampf im Adelphi-Theater in London teil und wurde dort Sieger beim Gewichtheben ... Bei einem anderen Wettkampf, in Rio de Janeiro, gewann er vor etwa drei Jahren eine Medaille, und eine weitere im September 1883 in Port Elizabeth, Afrika.

Der Artikel in der *Police Gazette* zeigt auffällig viele Übereinstimmungen mit jenem Bericht, den Slater zwölf Jahre später einem Reporter des *Daily Telegraph* in Sydney lieferte. Man könnte fast vermuten, dass er ein Exemplar des Boulevardblatts dabeihatte und es als Gedächtnisstütze benutzte. Und hier ist Slaters Geschichte:

Im Jahr 1883 unterschrieb ich in Port Elizabeth, Südafrika, einen Vertrag als Zweiter Offizier (!) auf der *Northern Light*, die damals unter dem Kommando von Kapitän Slocum stand. Im Laufe der Unterhaltung teilte mir der Kapitän mit, dass er eine sehr rebellische Crew habe, und da die anderen Offiziere Angst vor den Männern hatten, brauchte er einen Typen wie mich, um sie in Schach zu halten. Er gab mir zu verstehen, dass ich der übliche »Schinder« an Bord sein sollte.

Kurz nachdem ich an Bord gekommen war, am nächsten Morgen, hörte ich Mrs Slocum, die Frau des Kapitäns, schreien, und als ich zum Fallreep rannte, stellte sich heraus, dass eines ihrer Kinder über Bord gegangen war. Ich sprang dem Kind nach, ebenso ein Mann meiner Wache namens Hansen, und es gelang mir, das Kind zu retten und sicher an Bord zu bringen. Der Hafen, darf ich noch sagen, wimmelt nur so von Haien. Mrs Slocum dankte mir überschwänglich, aber der Kapitän verlor nie auch nur ein Wort über den Vorfall.

Alles lief problemlos bis zu dem Vorfall am Tag, bevor wir zu unserem Ziel New York aufbrachen. Der Kapitän und der Erste Offizier waren an Land, und ich hatte die Verantwortung für das Schiff. Ich gab dem Dritten Offizier, M'Quaker (!), einen Auftrag, den er mit einigen Vorschiffmännern erledigen sollte. Kurz darauf hörte ich einen Streit, ging aufs Vorschiff und sah, wie M'Quaker unbarmherzig auf einen der Männer einschlug. Ich machte ihm deswegen Vorhaltungen, woraufhin er mir in sehr beleidigender Form antwortete und sagte, wenn wir erst mal auf See seien, dann würde ich auch dran sein. Ich befahl ihm, in sein Quartier zu gehen, was ihm einige sehr unflätige Worte entlockte; auf dem Weg dorthin trat er im Vorübergehen einen Jungen und meinte, das sei ja einer meiner Lieblinge. Ich war so wütend, dass ich ihm eine ordentlich Tracht Prügel verabreichte. Kurz darauf kamen der Kapitän und der Offizier zurück an Bord, und M'Quaker und Slocum zogen sich zu einer vertraulichen Besprechung zurück.

Einige Tage später, nachdem wir Port Elizabeth verlassen hatten, kam Kapitän Slocum zu mir und fragte, wann ich anfangen würde, mir »die Crew zur Brust zu nehmen«. Er erinnerte mich daran, dass ich gesagt hatte, ich würde mit der Mannschaft ordentlich Schlitten fahren, wenn wir erst mal auf See seien. Ich gab ihm zu verstehen, dass ich nicht darauf gefasst sei, die Mannschaft zu schlagen und schlecht zu behandeln, nur um ihn zufriedenzustellen, denn in meinen Augen seien es gute Matrosen, respektvoll und gehorsam. Ich warnte ihn, dass ich als Zeuge gegen ihn auftreten würde, falls er auch nur einen der Männer schlecht behandelte. Vor sich hin murmelnd ging er davon. Etwa zwei Wochen nach unserem Aufbruch kam der Kapitän herauf, während ich Arbeiten am Besanmast leitete, und hatte etwas an meiner Arbeit auszusetzen. Ich wies darauf hin, dass ich diese Arbeit durchaus durchführen könne, denn ich hatte sie bereits erfolgreich am Fockmast beaufsichtigt. Er hatte ein Takelmesser in der Hand und sprang auf mich und wollte zustoßen. Ich griff mir seine Hand, wand ihm das Messer aus den Fingern und warf es über Bord. Dann ging er nach unten.

Am selben Abend rutschte ich aus und fiel hin, wobei ich mir die rechten Rippen brach, rief am nächsten Morgen nach dem Kapitän und sagte ihm, dass ich liegen bleiben müsse. Er antwortete, dass er auf seinem Schiff keine Faulenzer dulde, dass er mich degradieren würde, und beorderte mich dann aufs Vorschiff. Am nächsten Morgen schleppten mich der Kapitän, der Erste und Dritte Offizier, Bootsmann und Zimmermann auf Deck, der Kapitän spuckte mich an und schlug mir einen Belegnagel ins Gesicht. Ich schaffte es noch, zurück aufs Vorschiff zu kriechen, dann wurde ich ohnmächtig. Als ich am Abend aufwachte, hielten die Männer eine Beratung ab und waren sich einig, dass sie einer weiteren Misshandlung, wie geschehen, nicht tatenlos zusehen würden.

Die Männer fingen an, sich zu bewaffnen, und schärften ihre Messer, aber ich bat sie, nicht einzugreifen, da die Offiziere bewaffnet seien und ich Blutvergießen befürchtete. Ich ersuchte sie, sich nicht auf einen Konflikt mit den Offizieren einzulassen, und wies darauf hin, dass sie in einem solchen Fall als Meuterer schwer bestraft würden, und ich würde als ihr Rädelsführer angeklagt werden. Zuerst hörten sie mir nicht zu, aber dann brachte ich sie dazu, mir zu versprechen, nicht einzugreifen, was auch immer passierte, aber genau aufzupassen, sich Tag und Datum zu merken, damit uns Gerechtigkeit zuteilwird, wenn wir den Hafen erreicht haben.

Am nächsten Morgen kamen der Kapitän und die Offiziere und der Zimmermann und Bootsmann nach vorne, waren mit Revolvern und Entermessern bewaffnet und legten mir die Hände hinter dem Rücken in Handschellen. Dann warfen sie mich hinunter aufs Halbdeck, wo ich den ganzen Tag ohne Wasser oder Verpflegung blieb. Um Mitternacht konnte ich meine Hände befreien und kroch an Deck und in die Kabine des Offiziers, wo ich mir einen Revolver beschaffte. Ich dachte eine Weile nach, dann warf ich den Revolver über Bord und ging nach vorne und legte mich hin.

Gegen acht Uhr am folgenden Morgen kam der Zimmermann ins Vorschiff und nagelte eine Tür und einen Fensterladen zu. Dann kamen der Kapitän und seine Offiziere und Unteroffiziere nach vorne und befahlen alle Mann an Deck. Dann feuerten die Offiziere mit ihren Revolvern aufs Vorschiff. Glücklicherweise wurde ich von keiner Kugel getroffen. Nach einer Weile rief der Offizier, Mitchell, mir zu, ich solle kapitulieren. Eine geraume Weile hatte er Angst, das Vorschiff zu betreten, aber als ich ihm sagte, ich sei unbewaffnet, kam er schließlich herein. Er sagte mir, dass der Ärger vorübergehen und ich wohl wieder als Zweiter Offizier eingesetzt würde. Ich stand auf, und er half mir bis zur Tür. Als ich auf Deck trat, wurde ich von hinten ergriffen, niedergeschlagen und mir wurden doppelte Handfesseln angelegt. Dann wurde ich zum Heck geschleppt und um meine Knöchel wurden Fußeisen gelegt. Dann wurde eine Kette um meinen Hals gewunden, an meinem Nacken über Kreuz geführt und unter meinen Armen hindurch um den Körper gewunden, durch die Handfesseln zwischen meinen Beinen hindurch und wieder hoch zu meinem Nacken und dort festgemacht. Dann wurde ein langes Stück Kette an meinen Fußfesseln festgemacht und die ganzen Ketten zusammengenietet. Damit hatte ich fast vierzig Kilo Ketten am Körper.

Dann wies der Kapitän den Zimmermann an, einen Teil des Lazaretts abzuschotten, der mich aufnehmen sollte. Der Raum … maß etwa 1,20 Meter im Quadrat. Ein Ende wurde zugenagelt und ich wurde hochgezerrt und durch die Luke ins Lazarett geworfen. Dann ordnete der Kapitän an, das andere Ende zuzunageln. Ich hatte eine Zelle von 1,20 mal 1,20 mal 1,50 Metern. Da ich 1,60 Meter groß bin, ist das nicht allzu viel Platz zum Liegen, und wegen der Ketten kam ich mit den Händen auch nicht bis an meinen Mund. Durch eines der Bretter wurde ein Loch gebohrt und das Kettenende an meinen Füßen hindurchgezogen und an einem Pfosten außerhalb meiner »Kiste« befestigt.

Anfänglich bestand meine tägliche Verpflegung aus einem Schiffszwieback und einem halben Krug Wasser. Da mich das nicht umbrachte, wurde es mit einem Zwieback und drei oder vier Esslöffeln Wasser probiert. Aber ich starb immer noch nicht. In den ersten drei Wochen in der »Kiste« litt ich alle Qualen der Verdammten, mein Hunger und mein Durst waren unerträglich. Ich bettelte, Kapitän Slocum möge mir Wasser und Brot geben; aber vergeblich.

Nach ungefähr dreißig Tagen in der Kiste hörte ich, wie Mrs Slocum ein Kirchenlied auf der Orgel (!) spielte: »Näher, mein Gott, zu Dir«. Ich stimmte ein und fing an zu singen.[13] Während ich noch am Singen war, wurde plötzlich die Kette an meinen Knöcheln durch das Loch hochgezogen und meine Füße schwebten fast einen Meter über den Brettern. In dieser Position wurde ich über drei Tage lang gehalten, ohne Wasser und Brot. Dann kam der Kapitän mit all seinen Waffen hinunter, um nach mir zu sehen. Er ließ meine Beine wieder runter.

Ich bettelte ihn an, mir etwas Wasser zu geben. Er lachte und sagte, »Bist du sehr durstig, Alter? Also gut, wenn du versprichst, dich anständig zu benehmen, dann bekommst du etwas Gutes zu trinken.« Ich versprach, nicht wieder zu singen, und er ging und brachte mir eine große Schöpfkelle mit Wasser. Ich sagte: »Gott segne Euch, Kapitän Slocum, für die Freundlichkeit, mir Wasser zu bringen.« Dann fing ich an zu trinken und merkte, dass er mir eine Kelle voller Meerwasser gebracht hatte. Ich hatte schon eine ganze Menge getrunken, bis ich merkte, dass es Salzwasser war, und natürlich verhundertfachte sich mein Durst. Am nächsten Tag bekam ich wieder meine übliche Ration Wasser und Zwieback.

Dann wurden mir die Ratten lästig. Ich wachte oft davon auf, dass sie auf mir herumrannten, sie bissen mich sogar. Ich war erstaunt, dass sie so hinter mir her waren, denn ich war nichts als Haut und Knochen. Ich fand den Grund bald heraus. Zu dieser Zeit kam es mir manchmal so vor, als würde ich Butter oder Schmelzkäse riechen. Später fand ich heraus, dass Kapitän Slocum geschmolzene Butter oder Käse über die Reste meiner Kleidung geschüttet hatte, um die Ratten anzulocken.

Nach etwa vierzig Tagen in der Kiste rannte eine große Ratte über mich und es gelang mir, sie mit den Händen zu fassen. Ich war so verzweifelt hungrig, dass ich ihr das Leben aus dem Leib quetschte und sie dann aß. Es ist mir allerdings nicht noch einmal gelungen, so eine Abwechselung in meinen Speiseplan zu bringen.

Meine Kiste wurde während der dreiundfünfzig Tage, die ich in ihr eingesperrt war, nicht ein einziges Mal gesäubert, und es wurde mir auch nicht erlaubt, mich zu waschen. Nach den ersten paar Wochen bekam ich Hautausschlag und merkte, dass ich mit Ungeziefer übersät war. Durch die Ratten war ich praktisch nackt, und sie nagten häufig an meinen Armen und Beinen. Kapitän Slocum kam gelegentlich zu mir hinunter, brachte Brot und Fleisch oder Backwaren mit und aß sie genüsslich vor meinen Augen auf. Kurz bevor wir New York erreichten, brachte der Kapitän etwas Karbolsäure, um meine Kiste zu desinfizieren, und spritzte dabei auch etwas auf meinen Körper und das Gesicht, ein paar Tropfen gerieten in meinen Mund und in die Augen.

Nach der Ankunft in New York wurde ich verhaftet, wegen Meuterei vor Gericht gestellt und ehrenhaft freigesprochen. Dann wurden Kapitän Slocum und seine beiden Offiziere verhaftet und für ihre Grausamkeit hart bestraft. Der Kapitän musste fünfhundert Dollar Strafe zahlen.[14]

Es ist einfacher, den Gang der Ereignisse nach dem Andocken der *Northern Light* in Brooklyn zu verfolgen. Dass der Moment, als Slater in Port Elizabeth das Schiff betrat, zur Schicksalswende wurde, ist schlicht eine Binsenweisheit. Am 22. November 1883 ging eine Eildepesche von New York zum *Milwaukee Sentinel* (Zeichen für das landesweite Interesse an der Seefahrt), in der gemeldet wurde, dass Slocum unmittelbar nach dem Andocken aufs Polizeipräsidium gegangen sei und Slater beschuldigt habe, »auf einen seiner Offiziere geschossen und eine Meuterei versucht zu haben«. Zwei Justizvollzugsbeamte begleiteten Slocum zur *Northern Light,* um Slater vom Schiff zu schaffen; der Kapitän warnte sie, »bei Slater vorsichtig zu sein, denn er sei ein ›gefährlicher Mann‹.« Der Gefangene war »mit schweren Eisenketten« gefesselt und konnte nicht stehen. Mithilfe der beiden Beamten wurde er einem Untersuchungsrichter vorgeführt, der ihn ins berüchtigte Ludlow-Street-Gefängnis überstellte. In seiner Zelle angekommen »fiel Slater zu Boden und wurde ohnmächtig«, aber nicht, ohne vorher die Wärter zu bitten, »ihm um Himmels willen etwas zu essen zu geben, er sei am Verhungern«. Als das Essen kam, »lebte er auf und aß heißhungrig. Nach der herzhaften Mahlzeit wurde er wieder ohnmächtig und begann zu delirieren.« Das Delirium äußert sich allerdings vor allem in der »Bitte nach mehr Gebäck«.

Drei Tage später berichtete die *New York Times,* vom Untersuchungsrichter Shields sei gegen Slocum Anklage erhoben worden, wegen »Grausamkeit und Unmenschlichkeit bei der Behandlung seines Gefangenen … dessen Zustand sich seit dem Verlassen des Schiffs deutlich gebessert hat«. Die Zeitung merkte auch an, dass während dieses betriebsamen Tags am Gericht der Offizier William McQuaker bezeugt habe, Slater habe »ihn um dreiundzwanzig Uhr (in jener Nacht, nachdem er in Eisen gelegt worden war) mit einer Pistole bedroht. Und als er in die Kabine kam, in der

der Zeuge und der Bootsmann des Schiffes schliefen, sagte er: ›Nur einen Laut und ich blas dir das Gehirn raus‹, und hielt dabei einen Revolver an McQuakers Stirn.«

Nachdem die *Times* zunächst die vor Gericht versammelte Mannschaft der *Northern Light* als »eine mit ihren braun gebrannten Gesichtern, mächtigen Schnurrbärten und Seemannsgehabe pittoreske Versammlung« beschrieben hatte, stellte sie Slocum als »gesittete und friedfertige Person« dar, die sich »völlig unbewegt anhörte, wie Slater die mitleiderregende Geschichte seiner Leiden ausbreitete«. Letzten Endes wurde der Kapitän gegen 2500 Dollar Kaution, die seine beiden Partner Benner und Pinckney bezahlten, auf freien Fuß gesetzt. Slaters eigener Prozess wurde verschoben. Als kaum eine Woche später einer der Zeugen, »ein eher begriffsstutziger Schwede«, der, dem *Times*-Gerichtsreporter zufolge, »Kapitän Slocumb (!) hasserfüllt anstarrte«, aussagte, »dass die Mannschaft gehört oft habe, wie Slater in seinem Knast nach Essen und Wasser hat schrei und mit gequälter Stimme brüllte, er würde sterben«, brandmarkte die *New York Times* in ihrem Editorial Joshua Slocum als »Rohling«.

Am anderen Ende des Landes erschien die Geschichte am 4. Dezember 1883 im *San Francisco Evening Bulletin,* diesmal inklusive gezückter Entermesser. Als die Justizbeamten an Bord der *Northern Light* kamen, so weiß die Zeitung zu berichten, und in den düsteren Kerker hinabstarrten –

> schrie Slater auf: »Bist du der Polizist, der mich verhaften soll?« Der Beamte bestätigte das. Der Kerl lag elend auf dem Rücken, ein Fuß hing in der Luft und an der Decke festgeschnallt. Um den Knöchel des anderen Fußes lag eine schwere Eisenfessel, an der eine gewaltige Eisenkette von etwa vierzig Kilo befestigt war. In diesem Kittchen war der Unglückliche dreiundfünfzig Tage lang eingesperrt und hatte sich die Kleider vom Leib gerissen, denn

während das Schiff den Äquator überquerte, mussten es dort unten wenigstens sechzig Grad gewesen sein.

William Dimmocks Darstellung widerspricht dem allerdings:

Am Tag, bevor er in Brooklyn rausgelassen wurde, zerbrach er noch zwei Paar Handfesseln. Jemand, der schwach ist, schafft das nicht. Seine Schwäche war nichts als Schwindel, und in dieser Hinsicht waren alle Männer auf dem Schiff der gleichen Meinung. Er war in jeder Hinsicht ein gerissener Schwindler. Allein wie schnell er sich erholte. Als wir hinuntergingen, um ihn rauszulassen, verlangte Slater saubere Kleidung, und der Offizier gab sie ihm. Dann ging er zurück in seine Kajüte. Er zog Hose und Hemd aus und kam nackt heraus. Das Schiff war voller Reporter und anderer Leute, und diese List brachte Slater Sympathien ein, die er nicht verdiente. Er kam zitternd heraus und täuschte große Kraftlosigkeit vor, sodass er es kaum an Deck schaffte. Er hatte, wenn er sie nur tragen wollte, gute Unterhosen, Hosen, Strümpfe. In seinem Gefängnis gab es kein Ungeziefer, außer Kakerlaken, und die waren überall auf dem Schiff. Gewöhnlich fing er sie und sammelte sie in einer Schüssel. Als wir ihm die wegnahmen, wurde er sehr zornig. Er hatte wohl seine eigenen Gründe, sie aufzuheben. Ich kann ganz ehrlich sagen, dass Slater auf der *Northern Light* niemals verletzt oder schlecht behandelt worden ist. Er ist für sein Vorgehen bestraft worden, und das hoch verdient.

Kapitän Slocum ist ein ehrenwerter Mann, wie man sich keinen besseren wünschen kann. Er packt selbst mit an, und das erwartet er auch von allen anderen. Er kann Faulenzer nicht ausstehen, Schlendrian gibt es bei ihm nicht, aber er ist gütig, heiter und seinen Männern gegenüber großzügig. Ich habe von dem Beweismaterial gegen den Kapitän in den New Yorker Zeitungen gelesen, aber von den Zeugenaussagen zugunsten des Kapitäns war da wenig zu sehen. Es waren einseitige Berichte, und ich fand es widerlich, sie zu lesen.[15]

Mittlerweile verlangte es die Öffentlichkeit eher nach Geschichten von grausamen Kapitänen als nach solchen über meuternde Mannschaften – und das ganz besonders in San Francisco, der Hochburg der Schlepperbanden. Dort wurde 1888 von der Pazifiksektion der Matrosengewerkschaft eine Broschüre mit dem Titel *The Red Record: Ecce! Tyrannus* herausgebracht, in der es detailliert um Grausamkeiten auf Schiffen ging und Kapitäne namentlich genannt wurden, die vorher schon dem *Coast Seamans Journal* aufgefallen waren. Den Umschlag der Broschüre zierte eine Illustration: eine abgeschlagene, bluttriefende Hand, die einen Belegnagel umklammert.

Es wäre unsinnig, eindeutig festlegen zu wollen, wer auf See nun der Gute oder der Böse ist. Jeder Fall muss für sich genommen beurteilt werden, und wenn man sieht, wie die Protagonisten auf der *Northern Light* miteinander wetteifern, sich mit Anschuldigungen zu überbieten, so fühlt man sich weniger an eine Tragödie, sondern eher an eine Slapstickkomödie erinnert, wo jede Ohrfeige eine Ohrfeige nach sich zieht und jedes blaue Auge ein blaues Auge. Entsprechend folgte auf Slocums Klage eine Gegenklage von Slater, die wiederum eine Zeugenaussage von Everett Staples am 8. Dezember 1883 vor Gericht nach sich zog. Staples war Kapitän der *Charter Oak*. Slater hatte einst in seinen Diensten gestanden, und Staples gab zu Protokoll, Slaters Entlassungspapiere seien gefälscht und seine Arbeit als Offizier bloße Einbildung. Everett Staples war ein Seemann aus Maine und hatte eine tadellose Reputation. Er bezeichnete Slater als sogar für einen Matrosen außergewöhnlich inkompetent und faul: Er täusche vor, krank zu sein, um nicht arbeiten zu müssen, und gehöre in die Kategorie der sogenannten »sea lawyer«.[16] Staples schloss seine Aussage mit den Worten: »Ich hoffe, dass er sich moralisch gebessert hat, seit unsere Wege sich getrennt haben, denn damals war er meiner Meinung nach ein großer Gauner, aber kein Matrose.«

Der Ausdruck »sea lawyer« bringt uns dem Ende dieses unerfreulichen Kapitels näher – Henry Slaters Besessenheit in Bezug auf Joshua Slocum endet damit aber durchaus nicht. Einen Monat nach Kapitän Slocums Aussage vor Gericht gab Slater dem Herausgeber der einflussreichen *Nautical Gazette* ein bizarres Interview, in dem er im Beisein eines Notars beschwor, dass seine Beschuldigungen gegen Slocum falsch seien und er selbst Opfer eines hinterhältigen Rechtsverdrehers namens Isaac Angel. Er selbst sei, ohne es zu ahnen, Opfer einer Intrige geworden, mit der »diese hinterhältigen Personen« Geld von Slocum und den beiden Mitbesitzern der *Northern Light* erpressen wollten. Und um den Schurken-Jackpot vollzumachen, warf er die beiden Vollzugsbeamten, die ihn festgenommen hatten, auch noch mit hinein. Er widerrief seine Aussagen, die er im Ludlow-Street-Gefängnis unterschrieben hatte, »denn ich war völlig durcheinander und krank und hatte keine Ahnung, was ich da eigentlich unterschrieb«. Außerdem machte er geltend, es sei einfach dumm von ihm gewesen, ausgerechnet jemanden wie Kapitän Slocum, »einen Eins-a-Mann, einen echten Yankee-Kapitän von hoher Reputation«, zu verklagen.

Dieses neue bunte Allerlei von Anschuldigungen war am 13. Januar 1884 in der *New York Sun* zu lesen und brachte der Zeitung eine Zweitausend-Dollar-Verleumdungsklage seitens Isaac Angels ein. Die Klage wurde ein Jahr später abgewiesen, denn das Gericht hatte inzwischen erfahren, dass es um den Ruf von Mr Angel nicht zum Besten stand, schon bevor die *Sun* ihn den New Yorkern zu Bewusstsein gebracht hatte: Er war in Massachusetts bereits über fünfzigmal wegen Diebstahls, Falschspiels und Zigarrenschmuggels verurteilt worden.

Es ist nicht bekannt, ob Slaters Widerruf sich für ihn in Dollars bezahlt gemacht hat – und wenn ja, wer dafür aufgekommen ist. Doch Slocum war, ungeachtet seiner Rechtfertigung, von der größten Tageszeitung des Landes als »Rohling« gebrandmarkt worden. Und während er noch dabei war, sich gegen all die kriminellen Anschuldigungen zu verteidigen, war die *Northern Light* unter einem neuen Kapitän wieder auf See. Slocums Mehrheitsgesellschafter hatten ihren Zucker ins Meer fließen und den Hanf über Bord gehen sehen, sie waren außerdem für die Reparaturkosten in New London und Port Elizabeth aufgekommen. Jetzt zahlten sie Slocum seinen Anteil aus, allerdings mit einem happigen Abschlag. Bald darauf verkauften sie das großartige Schiff, das entmastet und dann – »ein schauderhafter Anblick«, wie ihr ehemaliger Kapitän in *Erdumseglung ganz allein* schreibt – als Kohlenkahn an der Nase von Hafen zu Hafen geschleppt wurde.

Dies ist ein guter Augenblick, um darüber nachzudenken, welch merkwürdiges und trauriges Bild die Biografen vom Joshua Slocum dieser Tage gezeichnet haben. Vielleicht ist es naiv, sich darüber zu wundern, dass selbst ein Autor wie Walter Teller, mit seinem ansonsten tiefen Verständnis für alles Menschliche, nie infrage stellt, ob Slocums Kommando der *Northern Light* wirklich der Höhepunkt seiner Karriere war. Dies zu behaupten ist so ähnlich, wie sich Howard Hughes' Wahnvorstellung anzuschließen, die *Spruce Goose* sei, allein wegen ihrer monströsen Abmessungen, das großartigste Flugzeug gewesen, das sich jemals (fast) in die Luft erhoben hat. Die Mängel und Defizite der *Northern Light* – ein schlecht konzipiertes Ruder, leckende Nähte zwischen den Planken, eine Mannschaft, die sich aus Kriminellen zusammensetzt, eine über Bord gegangene Ladung –, all das scheint nichts zu zählen angesichts des äußeren Erscheinungsbildes. Sie war nun einmal ein teures Schiff, das größte, das schönste. Man ist versucht zu schreiben: wie amerikanisch, wie imperial. Wie vulgär, wie traurig.

Die *Aquidneck*

## Kapitel 8

# Gestrandet

Diese Reisegeschichte ist voller Abenteuer, wie sie im Leben eines Matrosen nun mal vorkommen, und so ist es nur angemessen, dass ich offen und ehrlich erkläre, wie es dazu kam, dass ich sie allein unternahm. Es lief ungefähr so ab: Im Anschluss an die Ereignisse, von denen ich gleich berichten werde, suchte ich nach einer Begleitung auf meinem neuen Schiff, und die Person, die ich gerne dabeigehabt hätte, sagte: »Joshua, ich hab die Nase voll vom Reisen«, und das stimmte auch. Denn so dachte Madame über Schiffsreisen, nachdem wir in drei kurzen Jahren sämtliche Wechselfälle des Lebens auf See erfahren und bei sämtlichen Seuchen die Runde gemacht hatten, wie etwa Cholera, Blattern, Gelbfieber und Ähnliches; das Ganze endete mit Meuterei und Schiffbruch.

JOSHUA SLOCUM, *Die Reise der »Liberdade«*

Die Missgeschicke an Bord der *Northern Light* hatten Virginia im wörtlichen Sinne das Herz gebrochen. Es ist nicht bekannt, wann die Krankheit sich zum ersten Mal gezeigt hat, aber was das schwache Herz ihrer Mutter angeht, waren sich alle Kinder einig. Zu den Strapazen, die die raue See und die wechselhafte Witterung ohnehin schon an eine Frau stellten, kamen die jüngsten Ereignisse um Meuterer und Mordgesellen. In Victors Augen glich diese Reise einem »Leben auf einem Vulkan« und er glaubte, dass »die ständige Alarmbereitschaft (auf See) ihre Gesundheit stark angegriffen hatte«.[1] Zu der Schande, die ihr Ehemann hatte über sich ergehen lassen müssen, kamen jetzt finanzielle Sorgen. Ohne ein Heim an Land und von den Prozessen in New York verunsichert, reiste Virginia mit den Kindern nach Boston und verbrachte den Winter 1884 bei Joshuas verheirateten Schwestern, während ihr Mann sich nach einem neuen Kommando umsah.

Diese Suche war eine deprimierende Angelegenheit und bestätigte einmal mehr, dass die großen Tage der Segelschiffe vorüber waren. Zu den schon genannten Gründen kam erschwerend der Zoll hinzu, den die amerikanische Handelsflotte im Bürgerkrieg hatte zahlen müssen, aber auch die Eröffnung des Suezkanals im Jahr 1869, der es Dampfschiffen ermöglichte, von Europa aus direkt den Indischen Ozean anzusteuern, ohne den Weg über das Kap der Guten Hoffnung nehmen zu müssen. Trotzdem verachtete Slocum Dampfschiffe, wie er ein paar Jahre später betonte, und blieb stur den »Tramp«-Segelschiffen treu, denen jetzt nur noch die zweite Wahl der Handelswaren blieb, merkwürdige Frachtposten, bei denen es keine Rolle spielte, ob sie früher oder später an ihren weit verstreuten Zielhäfen eintrafen.

Vor diesem wirtschaftlichen Hintergrund fuhr Slocum mit dem Zug gen Süden nach Baltimore. Die hier vor Anker liegende Flotte von Handelsschiffen war berühmt für ihre schnellen Klipper. Dort erhielt er bei einer Auktion den Zuschlag für die *Aquidneck*, »ein schmuckes und stolzes Schiff«, wie er sagte, von 326 Tonnen und gut vierzig Metern Länge. Um das Schiff bezahlen zu können, musste er auf die ihm noch verbliebenen Goldstücke aus dem Verkauf der *Pato* zurückgreifen. Slocum hat die Geschichte vom Kauf der *Aquidneck* mehrfach in verschiedenen Versionen erzählt, aber Details erfährt man nur aus einem Artikel in der Zeitschrift *Outing: An Illustrated Magazine of Recreation* im November 1902: »Der Auktionator erging sich beim Verkauf der *Aquidneck* in Lobeshymnen über den Glück bringenden Charakter des Schiffs; und mit einem Augenzwinkern in meine Richtung rief er: ›Seeleute wissen, was es heißt, ein Schiff, das Glück bringt.‹ Sofort gab ich ein weiteres Gebot ab und erhielt den Zuschlag für die Bark.«

Dieses weitere Gebot sowie die Kosten, das Schiff wieder seetüchtig zu machen, verschlangen den letzten Rest seiner finanziellen Reserven; Slocum war so blank, dass er das Schiff nicht einmal versichern konnte. Die 1865 in Mystic, Connecticut, gebaute Dreimastbark war ein hübscher Segler mit schnittigem Bugspriet, »das es bei ausreichend Wind mit jedem Dampfer aufnehmen konnte«.[2]

Anfang März 1884 ging die Familie in Baltimore voller Erwartung an Bord. Viele Jahre später beschrieb Garfield Slocum Walter Teller die Ausstattung der *Aquidneck*: An Deck gab es Ställe für Schafe, Schweine und Hühner und darunter eine gut ausgestattete Schreinerwerkstatt sowie luxuriöse Privatkajüten. Der Salon war »ein wunderbarer Raum mit Parkettfußboden … In der Kapitänskajüte stand ein Doppelbett … und die anderen hatten Einzelkojen«. An der Decke hingen Öllampen. »Es gab einen langen Tisch, der um den Besanmast herumgebaut worden war, und bei rauer See wurden Schlingerleisten angebracht; drum herum waren Drehsessel am Boden festgeschraubt.« In die Decke war ein buntes Oberlicht eingelassen, und der Familie Gesellschaft leiste »ein Kanarienvogel, der den ganzen Tag zwitscherte – wunderschön. Sogar ein großes Hammerklavier war am Fußboden festgeschraubt … Es gab auch eine Vitrine mit Glastüren für Karabiner, Pistolen und Revolver sowie Munition.« Er erinnerte sich, dass sein Vater zu dieser Zeit sehr spendabel war und die Kinder mit Spielzeug und Büchern überschüttete. Aber er wirkte sehr ernst.

Heitere Erinnerungen, eng verknüpft mit unheilvollen Vorzeichen – der zwitschernde Kanarienvogel und Revolver samt Munition –, eine Grundkonstellation bei den Slocums. Virginia hatte den Landurlaub in Boston dringend gebraucht, um Abstand zu gewinnen, von herumbrüllenden Männern und Messerstechereien und Schüssen und dem Klirren der Eisenketten, mit denen dieser widerliche Kerl gefesselt worden war, der schweinische Texte zu ihren Kirchenliedern sang. Und schließlich würde die Crew der *Aquidneck* wesentlich kleiner sein als die auf der *Northern Light* – zehn Mann (womit sie allerdings unterbesetzt war) plus die Familie.

Es fing so gut an: Die Fahrt mit einer Ladung Mehl für Pernambuco in Nordost-Brasilien verlief angenehm. In der Nähe des Äquators herrschte ein heißes und feuchtes Klima, das durch die stetigen Passatwinde aber gut auszuhalten war. Während das Schiff hinter einer Mole ankerte und die Ladung gelöscht wurde, unternahm die Familie des Öfteren Picknicks in einem nahe gelegenen Kokoshain. Pernambuco sollte noch das eine oder andere Abenteuer für Slocum bereithalten, aber auf dieser Reise war es nur ein Zwischenhafen auf dem Weg der *Aquidneck* nach Buenos Aires. Kurz nachdem sie Mitte Juli an der üppigen Insel Santa Catarina vorbeigesegelt waren, sechshundert Meilen südwestlich von Rio und mehr als tausend Meilen nordöstlich von Buenos Aires, wurde Virginia plötzlich krank und ihr Zustand verschlechterte sich rapide. In einem Brief an Walter Teller erinnerte sich Garfield daran, dass seine Mutter die Hausarbeit vernachlässigte, apathisch wurde und die Stickarbeit zur Seite legte, an der sie gerade arbeitete; sie »ließ die Nadel dort stecken, wo sie aufgehört hatte«, und kroch in ihre Koje. Als die Kinder Jahre später über den plötzlichen Verfall ihrer Mutter nachsannen, waren sie sich einig, dass sie noch ein paar Tage zuvor bei einem Picknick so energiegeladen und frohgemut wie immer gewesen sei. Doch trotz ihrer Jugend war ihnen nicht verborgen geblieben, dass ihr Vater sich seit Kurzem Sorgen über Virginias nachlassende Kräfte machte.

Man stelle sich vor, wie es für Joshua gewesen sein muss, der ihr ein liebender Ehemann war: Er spürte, wie Virginia litt, und musste doch weiter nach Süden segeln, um in Buenos Aires Hilfe zu suchen. Während dieser Fahrt versprach er ihr, eine Fracht für Sydney zu finden, damit sie ihr Zuhause und ihre Familie wiedersehen könne. Am Rio de la Plata angekommen, musste die *Aquidneck* wegen des seichten Flussdeltas und der nicht immer verlässlich ausgebaggerten Fahrrinnen ein gutes Dutzend Meilen außerhalb der Stadt ankern. Virginia schien es etwas besser zu gehen; sie stand am 25. Juli auf und machte Butter. An diesem Morgen stieg Joshua in eine Barkasse und wollte sich an Land um Geschäfte kümmern; sie hatten vereinbart, die blau-weiße Flagge (der Buchstabe J) für den Fall zu hissen, dass er sofort zurück zum Schiff kommen sollte. Es dauerte nicht lange, bis der damals zwölfjährige Benjamin die Flagge aufzog. Kurz vor Mittag war Joshua wieder auf dem Schiff und am Abend rief er die Kinder zusammen. Sie knieten zusammen am Bett ihrer Mutter, und dann starb Virginia im Alter von vierunddreißig Jahren.

Ihr Bruder, George Walker, glaubte, sie sei an den Folgen einer Fehlgeburt gestorben, doch für diese Vermutung gibt es keine Beweise. Die Slocum-Kinder waren der Meinung, dass es das Herz war, vielleicht ein angeborener oder durch rheumatisches Fieber induzierter Defekt wie Aortenstenose oder eine Herzmuskelstörung: Herzversagen. (Unter Stress war sie schon häufiger ohnmächtig geworden.) Falls Joshua etwas wusste, so behielt er es für sich. »Ich hatte nie Lust, meinen Vater zu fragen«, vertraute Benjamin Walter Teller an. Es ist nicht so erstaunlich, dass Benjamin das Schweigen seines Vaters akzeptierte und respektierte. Umso bemerkenswerter ist es, wie viele Jahre nach Virginias Tod diese Mauer des Schweigens plötzlich zusammenbrach, als Vater und Sohn sich gemeinsam ein altes Foto ansahen und »Tränen über Vaters Gesicht liefen. Schließlich sagte er: ›Deine Mutter hatte die Augen eines Adlers und sie hat Dinge gesehen, von denen ich keine Ahnung hatte.‹«

Man denke etwa an Joshuas Bravourstück im Hafen von Hongkong, als er die *Amethyst* auf Handbreite genau durch eine Flotte britischer Kriegsschiffe steuerte, die sich an den Liegeplätzen drängten; damals stand Virginia an seiner Seite. Was immer sie zu ihm gesagt oder mittels Körpersprache ausgedrückt hat, er wählte genau den richtigen Augenblick – um nicht zu sagen, den einzig möglichen Augenblick –, das Ruder herumzureißen und seine Bark unter vollen Segeln mit einem Aufschießer perfekt am einzigen freien Liegeplatz zum Stehen zu bringen. Wenn er die Geduld (zu früh in den Wind) oder die Nerven (zu spät) verloren hätte, wäre es zu einem fürchterlichen Zusammenstoß gekommen. Dazu kam, dass seine Gelassenheit – unter den Augen der fähigsten Seeleute der Welt – darüber entschied, ob dieses Bravourstück als pures Glück eines Draufgängers oder angewandte Seefahrtskunst eines meisterlichen Kapitäns angesehen wurde.

Wer immer über Joshua Slocums Geschichte urteilt, darf Benjamins Einschätzung nicht aus dem Auge verlieren, dass seine Mutter den Vater »besser als jeder andere kannte. Sie wusste, dass Vater segeln konnte. Sie wusste sogar mehr über Vater als über sich selbst. Es gab viele Situationen, bei denen deutlich wurde, dass Mutter eine Veranlagung als Medium hatte … Vater begriff Stück für Stück, welche intuitiven Kräfte in ihr steckten, und dann verließ er sich völlig darauf, bis zu ihrem Tod.« Später fügte er noch hinzu: »Mit dem Tod von Mutter waren Vaters Tage gezählt. Die beiden waren unzertrennlich.«

Virginia wurde auf dem englischen Friedhof von Buenos Aires begraben. In ihre Bibel schrieb Joshua unter der Rubrik »Familiengeschichte« ihren Namen, Geburts- und Todesdatum sowie, in einer weiteren Zeile: »Dein Wille geschehe nicht unser!« Verdankt sich dieser ungestüme, satzzeichenlose Aufschrei mehr Trotz oder schon Resignation? Man weiß es nicht.

Peter, der Kanarienvogel, hörte auf zu zwitschern, und bei Victor kann man nachlesen, dass »Peter uns sonst in Flauten und bei Sturm mit seinem Gesang aufgeheitert hatte. Nun wurde er das Opfer einer streunenden Katze, die wenig Zeit später an Bord kam.«[3] Kurz darauf lichtete die *Aquidneck* Anker.

Ein paar Tage später setzte Slocum das Schiff hart auf eine Sandbank im Rio de la Plata; es war eine teure Angelegenheit, sie wieder flottzubekommen. Slocum brach anschließend sofort Richtung Baltimore auf und schrieb sechs Monate nach Virginias Tod aus Washington an seine Schwiegermutter, dass es der Familie in finanzieller Hinsicht sicher besser gehen würde, »wenn ich nicht durchgedreht wäre und mein Schiff hätte auflaufen lassen. Jetzt ist es so, dass ich mich mit geliehenem Geld freischwimme.« Die fantasievolle Redewendung vom »freischwimmen« zeigt aber nur, wie weit er vom Kurs abgekommen war.[4] Wie Bussarde kreisen seine Formulierungen über der Katastrophe: Garfield Slocum schrieb an Walter Teller, dass sein Vater sich von Virginias Tod »nie erholte. Er war wie ein Schiff mit gebrochenem Ruder.«

Viele Matrosen glauben, dass einem Seemann außer dem Tod nichts Schlimmeres passieren kann, als zu stranden. Joseph Conrad beschreibt diese Erfahrung in *Der Spiegel der See (The Mirror of the Sea):*

> Es ist, als ob sich unsichtbar aus dem Meeresboden eine unsichtbare Hand erhoben hätte, um den durch das Wasser gleitenden Kiel festzuhalten.
>
> Weit mehr als jedes andere Ereignis ruft eine Strandung in jedem Seemann ein Gefühl ausgesprochenen Versagens hervor. Es gibt Strandungen und Strandungen, aber ich kann ruhig sagen, dass ein Seemann dabei in neunzig von hundert Fällen am liebsten auf der Stelle tot wäre …
>
> Der Fachausdruck für eine Strandung unter mildernden Umständen heißt »Grundberührung«, aber man hat dabei mehr das Gefühl, dass der Grund das Schiff berührt hat. Die Leute an Deck fühlen sich völlig überrascht. Es ist, als wäre man mit den Füßen

in eine unsichtbare Falle geraten; das körperliche Gleichgewicht ist bedroht und die seelische Ausgeglichenheit mit einem Schlage zerstört …

Und das ist einfach fürchterlich. Denn eigentlich besteht der Lebenszweck des Seemanns darin, den Kiel des Schiffes frei vom Grund zu halten. Seine berufliche Existenz verliert daher im Augenblick des Strandens ihre Berechtigung. Es ist seine ihm anvertraute Aufgabe, das ihm anvertraute Schiff flottzuerhalten – und das ist die Grundformel all der unbestimmten Impulse, Träume und Illusionen, aus denen sich die berufliche Neigung eines Jungen entwickelt. Der Griff des Landes nach dem Kiel des Schiffs prägt sich im Gedächtnis des Seemanns unauslöschlich als Vorgeschmack einer Katastrophe ein … Das »Auflaufen« schließlich hat die ganze Kleinheit, Bitternis und Schärfe menschlichen Irrens und menschlicher Fehler.[5]

Auch in seinem Kummer war Joshua Slocum keiner, der Löcher in den Rumpf eines Schiffes bohrt, um es zum Sinken zu bringen. Seine größte Sorge galt den jetzt mutterlosen Kindern. Slocum brachte sie nach Boston zu seinen Schwestern, nur Victor blieb an Bord; er war jetzt vierzehn, stämmig wie eine Ankerwinde und – ganz der Stolz des Vaters – Erster Offizier.[6] Doch Benjamin schwor sich, als er sicher an Land bei seiner Tante Ella war, nie wieder auf See zu gehen, und blieb diesem Vorsatz ein Leben lang treu.

Die *Aquidneck* fungierte jetzt als Handelsschiff auf der Route nach Südamerika. Sie brachte Waren nicht nur zu den Ländern an der Atlantikküste, sondern führte auch lokale Frachtaufträge aus. Um sich mit Arbeit abzulenken, unternahm Slocum drei schnelle Retourtörns zwischen Baltimore und Pernambuco. Die aber hatten es in sich. Mit einer Ladung Maschinen und Klaviere geriet die *Aquidneck* in schwere See, und durch das heftige Rollen löste sich die Fracht und ging zu Bruch. Und auf der letzten Rückfahrt musste Slocum beim Erreichen des Golfstroms feststellen, dass das Eselshaupt des Groß-Untermasts gebrochen war. Um das Schiff zu retten, mussten sie auch die anderen Masten legen und Salinge sowie Rahen demontieren, ein unseliges Gewirr von Drahtseilen und Leinwand, von dem nur ein paar kleine Segel zur Weiterfahrt übrig blieben. Anschließend geriet das Schiff in einen zehntägigen Sturm. Danach war ein junger Matrose mit Namen Olaf verschwunden, der erst in Pernambuco angeheuert hatte; er musste über Bord gegangen sein. Am zehnten Tag trafen sie auf einen Hochseeschlepper, der vor der Küste von Delaware auf der Suche nach Havaristen war. Er bot an, die *Aquidneck* für einen exorbitanten Preis nach New York zu schleppen. Auf See ist das in aller Regel der Moment, wo der Kapitän, auf Drängen seiner Crew, sagt: »Nun gut, bring uns hier raus, einfach nur nach Hause!« Aber Slocum lehnte das Angebot ab, woraufhin der Skipper des Schleppers, in Victors Worten, »hart Ruder legte, seinen Maschinentelegrafen klingeln ließ«,[7] abdrehte und schon fast hinter dem Horizont verschwunden war, bevor er die Lage offenbar noch einmal überdachte und zurückkam. Jetzt bot er an, die *Aquidneck* für das, was die Kohle kostete, nach Brooklyn zu schleppen. Als das Schiff erst einmal bei den Pierrepont-Lagerhäusern in Brooklyn festgemacht hatte, tauchte auch der Geist des jungen Olaf aus dem Bauch des Schiffes wieder auf: Dort hatte sich der völlig verschreckte Norweger zu Beginn des Sturms versteckt und von Zucker ernährt.

Im Verlauf des Winters wurde die *Aquidneck* repariert und neu aufgetakelt, und Vater und Sohn fuhren mit dem Zug nach Boston. Dort traf Joshua seine junge Cousine Henrietta M. Elliot. Die beiden heirateten am 22. Februar 1886. »Hettie« war zu dieser Zeit vierundzwanzig Jahre alt; sie war eine von sieben Schwestern, hatte das Schneiderhandwerk sowie Spinnen und Weben gelernt und arbeitete als Zuschneiderin für ein Konfektionshaus. Sie kam aus Mount Hanley in Neuschottland, Slocums Geburtsort, aus dem er zwei Jahre vor der Geburt seiner zukünftigen Frau geflohen war. Fotos zeigen eine kräftige Frau mit etwas derben, aber freundlichen Gesichtszügen. Grace Murray Brown schreibt, sie sei zu dieser Zeit »sehr hübsch« und Joshua »freundlich und höflich« gewesen. Aber gleichzeitig war er, so Benjamin, »traurig und sehr einsam, er suchte Gesellschaft und ein Mittel gegen die Einsamkeit«.[8] An Land und unter dem Dach eines festen Hauses müssen die Reisen und Abenteuer eines seefahrenden Vaters und Witwers von zweiundvierzig Jahren, der zudem noch ein guter Erzähler war, für eine junge Frau aus den Seeprovinzen sehr verführerisch geklungen haben. Die Situation erinnert an Othello, der seiner jugendlichen Desdemona die Geschichte seines dramatischen Lebens erzählt, von »Schlachten, Belagerungen, Kriegsglück«, die er erlebt hat, den »furchtbaren Wechselfällen« und von »dem Tod, dem ich … um Haaresbreite nur entging«. »Da erzählte ich«, wie es bei Shakespeare heißt, »von Kannibalen, die einander auffressen … und Männern, denen die Köpfe unterhalb der Schultern wachsen.« Hetties Eltern waren zunächst gegen die Heirat. Gleichzeitig war leicht einzusehen, dass Slocum, ein Witwer mit vier Kindern, von denen zwei keine zehn Jahre alt waren, auf die Hilfe eine Frau angewiesen war. Aber natürlich ging Slocum davon aus, dass diese Frau mit ihm zur See fahren würde. Hettie schlug alle Bedenken in den Wind, und schon bald war der Handel perfekt. Geblendet, wie sie war, ahnte sie nicht, was auf sie zukommen sollte. Unmittelbar nach der Hochzeit fuhr sie nach New York und trat sechs Tage später auf dem Schiff ihres Mannes die Hochzeitsreise an. Die führte mit einer Ladung Petroleum-Kanistern nach Montevideo.

Sie segelten direkt in einen gewaltigen Wintersturm von der Stärke eines Hurrikans hinein. Schon als sie aufbrachen, blies der Wind mit vierzig Knoten. Es war nicht so, dass sie vom Sturm überrascht wurden. Er war, sogar in dieser Stärke, mit ungewohnter Genauigkeit vorhergesagt worden. Als Slocum Segel setzte, war es in New York so eisig und stürmisch, dass Schiffe von den Ankern gerissen wurden und der Hudson zufror. Warum schien ihn all das nicht zu kümmern? Schließlich hatte er den noch jugendlichen Victor an Bord, dazu den fünfjährigen Garfield und seine neue Braut. Oder war das aufgewühlte Atlantikwetter für ihn schon eine solche Normalität, dass diese Schikane ihn nicht weiter erschütterte? Tatsächlich ging es im Folgenden um nicht mehr und nicht weniger als den Untergang der *Aquidneck*. Sie segelten vor einem Wind, der mit achtzig bis neunzig Knoten in der Takelage heulte, und von achtern stiegen die schweren Seen ein. Es war so viel Wasser an Deck, dass es nicht schnell genug durch die Speigatten ablaufen konnte. Die Bark lag tief im Wasser, sie wurde langsamer und langsamer und damit leichte Beute für die nachfolgenden Wellen. Hettie und Garfield hatten sich seekrank unter Deck zurückgezogen, und alle anderen standen sechsunddreißig Stunden ohne Unterbrechung entweder an der Pumpe oder am Ruder. Victor erinnerte sich, dass »wir verzweifelt waren, denn wir pumpten, was das Zeug hielt, hatten aber das Gefühl, dass die *Aquidneck* uns unter den Füßen wegsackte. Es kam uns so vor, als pumpten wir den ganzen Atlantik durch unser Schiff.«[9]

Victors Vater maß das in den Frachtraum eingedrungene Wasser mit einem Peilstab und kam auf sechs Fuß, Tendenz steigend. Um ein Kentern zu verhindern, hätten die Masten gekappt werden müssen, und die Äxte wurden an Deck bereitgelegt. Dann sorgte Slocum dafür, dass die Rettungsboote mit Lebensmitteln, Wasser und Kleidern ausgerüstet wurden. Er war kurz davor, Familie und Crew in die Boote zu beordern und das Schiff zu verlassen, als er es sich plötzlich anders überlegte und sich noch einmal daran machte, nach einem Leck zu suchen. Er hatte bereits die Schiffswände von außen nach gesprungenen Planken oder undichten Fugen abgesucht, als er zufällig eine fast vier Meter lange Abdichtung zwischen Deckshaus und Deck bemerkte, die nicht richtig befestigt war. Durch dieses Leck strömte das Wasser in den Rumpf. Zusammen mit Victor stopfte er Hanftauwerk und Segeltuchstreifen in den klaffenden Spalt, und als das Leck geschlossen war, geruhte auch der Sturm nachzulassen.

Jeder Seemann, der zum ersten Mal hurrikanartige Winde auf See erlebt, wundert sich über die von ihnen verursachte Geräuschkulisse, das Röhren und Kreischen und Grollen. Hettie beichtete später ihrem Ehemann, dass sie auf dem Höhepunkt des Sturms glaubte – als der Wind kreischte und keine menschliche Stimme mehr zu hören war –, sie und Garfield seien die einzigen Überlebenden, nachdem die Wellen alle anderen entweder ins Meer gefegt hatten oder das Schiff aufgegeben worden war.

Zwei Monate nachdem sie New York verlassen hatte, warf die *Aquidneck* am 5. Mai am Nordstrand des Rio de la Plata vor Montevideo Anker. Auf das Grauen des Wintersturms waren freundliche Tage gefolgt, und die *Aquidneck* glitt wie von allein dahin – mit einem Zahnstocher im Mundwinkel, wie Seeleute die freundliche Bugwelle nennen, die anzeigt, dass das Schiff mit fast maximaler Rumpfgeschwindigkeit unterwegs ist. Um das Schiff herum spielten Delfine. Die nasse Kleidung trocknete, Shantys klangen über Deck. Schmerz wird glücklicherweise schnell vergessen – selbst wenn Hettie die Karten in ihrer Hand aufmerksam prüfte, sie blieb doch im Spiel. Und so segelte Slocum, nachdem er die Ladung in Montevideo gelöscht hatte, die *Aquidneck* in Ballast ins neunhundert Meilen weiter nördlich gelegene Antonina in Brasilien. Man sollte meinen, dass ein so umsichtiger Kapitän mit guten internationalen Kontakten wie Slocum ein Auge auf weltpolitische Ereignisse inklusive Kriegen hatte, wie etwa die aktuellen Auseinandersetzungen zwischen Argentinien und Brasilien; hatte er doch beschlossen, seine Familie als internationaler Handelsschiffer zu ernähren. Im Frühsommer 1886 transportierte er Matetee zurück nach Buenos Aires. Dort wurde er damit beauftragt, eine Ladung Bordeauxwein aus einem spanischen Schiff zu bergen, das im Plata-Delta gestrandet war, und anschließend den Wein in Rosario, zweihundert Meilen den Paraná hinauf, anzuliefern. Hettie bekam einen ersten Vorgeschmack auf die kommenden Meutereien, als ihr Mann den Wein im Frachtraum einschließen und bewachen lassen musste – sonst hätte die Mannschaft ihn bis auf den letzten Tropfen ausgetrunken.

Im Hafen von Rosario kam es zu einer jener Kollisionen von Anstand und Umstand, die Strafverteidiger glücklich machen und normale Menschen in den Wahnsinn treiben. Zunächst sollte Slocum für einen argentinischen Händler Luzerne (Schneckenklee) von Rosario nach Rio de Janeiro bringen, wo es einen Käufer dafür gab. Es schien ein normaler Auftrag zu sein, aber als die *Aquidneck* fertig beladen war und Segel setzen wollte, war in Argentinien soeben eine Cholera-Epidemie ausgebrochen. Weite Landstriche waren betroffen, darunter auch Rosario. Wie alle internationalen Handelsschiffer beantragte Slocum beim brasilianischen Konsul eine Genehmigung, die Ware nach Rio bringen zu dürfen – die vermutlich aus berechtigter Angst vor der tödlichen Seuche, aber auch politischer Boshaftigkeit nicht erteilt wurde. Stattdessen musste Slocum zur Ilha Grande fahren, der sechzig Meilen westlich von Rio gelegenen Quarantänestation von Rio. Dort sollte das Schiff desinfiziert werden, bevor es seine Ladung löschte. Das war zwar lästig, hinderte Slocum aber nicht, in Rosario Anker zu lichten und am 7. Januar 1886 im Hafen der Ilha Grande einzulaufen – eine wunderschöne Insel mit herrlichen Stränden und einem unberührten Regenwald, das ideale Ziel für die schon so lange verschobene Hochzeitsreise.

Doch obwohl seine Papiere in Ordnung waren, forderten die

Hafenbeamten Slocum auf, die brasilianischen Gewässer sofort zu verlassen; und um ihren Worten Nachdruck zu verleihen, richteten sich ein paar schwere Geschütze des Schlachtschiffs *Aquidiban* auf die *Aquidneck.*[10] Es wurde ihm nicht einmal erlaubt, an Land zu gehen und Lebensmittel und Wasser für die Mannschaft aufzustocken. Aus Slocums Sicht war ihm schweres Unrecht angetan worden: Man hatte ihn als Betrüger an den Pranger gestellt, um den Ertrag seiner Arbeit gebracht, in seiner Ehre gekränkt – und die amerikanische Flagge beleidigt.

Slocum musste sich jetzt entscheiden, was er mit der Ladung Luzerne anfangen wollte. Ein Kapitänskollege schlug vor, er solle die Ballen doch einfach über Bord werfen, aber Slocum – der Teufel soll ihn holen! – hatte noch immer genug trockenen Humor, um zu verkünden, der Heimathafen seines Schiffs sei Boston, und dort wisse man ein Lied zu singen von Frachtgut, das ins Meer geworfen wurde.[11] Aber er war nun einmal ein Dickkopf, also segelte er zurück nach Rosario, wo er das Luzerne-Heu seinem eigentlichen Besitzer hätte zurückgeben können. Doch auch das tat er nicht, sondern entschied sich in seiner Starrköpfigkeit, die Epidemie auszusitzen. Am 9. April wurden die brasilianischen Häfen wieder geöffnet und Slocum lichtete sofort Anker. Am 11. April traf er in Rio ein, um seine Ladung zu löschen, aber nicht, ohne vorher der Ilha Grande einen kurzen Besuch abzustatten und der dortigen »Obrigkeit« eine Nase zu drehen. Durch nichts als Pech hatte er viel Geld verloren. Noch fünfzehn Jahre später, als er *The Voyage of the Aquidneck* schrieb, scheint diese Wunde nicht verheilt gewesen zu sein: »Ein Blitz aus heiterem Himmel hätte uns nicht mehr überraschen oder größeres Unheil zufügen können. Es ist im Grunde kein Unterschied, ob man pleitegeht oder vom Blitz erschlagen wird.« (Ehrlich gesagt, es *ist* ein Unterschied.)

Die Crew, die die *Aquidneck* nach Rio segelte, wurde dort von einer Mannschaft ersetzt, die hauptsächlich aus Finnen bestand. Die randalierten, wie Victor berichtet, »nach einer durchzechten Nacht« derartig, dass sie von der argentinischen Polizei in den Knast gesteckt wurden. Die ersatzweise angeheuerte Mannschaft »erwies sich jedoch als noch schlimmer … Auf dem Höhepunkt der Cholera-Epidemie waren nämlich die Gefängnisse geöffnet und die Galgenvögel entlassen worden. Mindestens vier ehemalige Sträflinge kamen so auf die *Aquidneck*, die wegen Mord oder Straßenraub eingesessen hatten, alles üble Gesellen. Einer von ihnen, ein Kerl mit einer hässlichen Säbelnarbe, war bekannt unter dem Namen ›Dangerous Jack‹, während ›Bloody Tommy‹ lediglich ein mieser Kriecher war.«[12] Der Schiffsagent, der diese äußerst gemischte Truppe an Bord der *Aquidneck* schanghait hatte, war »Dutch Harry«, gegen den Slocum einen ausgemachten Hass entwickelte. Nachdem er ihn sich in *The Voyage of the »Liberdade«* richtig zur Brust genommen hatte, nannte er ihn den »niederträchtigsten Schlepper« von Rosario, unter dem nur noch einer stand, der »schlimmer war, ein gewisser ›Pete the Greek‹, der einem Rivalen die Ohren abgeschnitten … und in den Fluss geworfen hatte«. Dutch Harry wurde jedenfalls kurze Zeit später gehenkt.

In *The Voyage of the »Liberdade«* perlt Joshuas Prosa munter vor sich hin, während er sich – aus der sicheren Distanz der Jahre – ganz offensichtlich genüsslich daran erinnert, wie man diese unbeschreibliche Horde »aus den wenigen Bordellen geholt hatte, die während der Cholera nicht geschlossen worden waren, und von der Straße und den Feldern«. Diese Briganten kamen in Rio an Bord, wo die *Aquidneck* an den San-Pedro-Docks Pech, Teer, Kerosin, Wein und drei Klaviere lud. Auch bei den Ratten erfolgte ein »Crew-Wechsel«, und »Flöhe sprangen fröhlich wie Lerchen und fast genauso groß aus dem Heu«. Slocum meinte auch, dass Hettie an Land ein bisschen Spaß gehabt hätte. Sie kaufte sich einen »großen Hut, der des Nacht drohend wie ein schrecklicher Heuballen aufragte«, sodass er sich irgendwann entschloss, ihn ins Meer zu werfen.

Aber das war noch das harmloseste aller Komplotte, die in der Folgezeit an Bord der *Aquidneck* ausgeheckt wurden. Das Schiff nahm jetzt wieder Kurs Süd zum Paraná in Brasilien und dann den Fluss hinauf nach Antonina, um dort Matetee zu laden. Slocum nahm diese Fracht nur als Ballast an Bord und stellte den Transport nicht in Rechnung, was zeigt, wie schwierig es inzwischen geworden war, Frachtaufträge zu erhalten. Unter der Voraussetzung, dass er beim Segeln die angemessene Vernunft walten ließ, war er allerdings auch von jeder Schadensersatzpflicht freigestellt, sollte die Fracht beschädigt werden. Als die *Aquidneck* dann von einem *pampero* – einem bösartigen, ablandigen Wind, der aus den Pampas weht – erwischt wurde, stark Schlagseite bekam und einen Teil ihrer Masten verlor, war Slocum nicht verantwortlich für den Schaden an den Klavieren (die danach wohl leider verstimmt waren, wie er anmerkte), die er auch wieder transportierte.

Am 23. Juli 1887 lag die *Aquidneck* in Paranaguá Bay vor Anker. Slocum schlief und wurde von einer verängstigten Hettie geweckt, die Stimmen und Schritte von Crewmitgliedern weit achtern gehört hatte, ein Bereich des Schiffes – »hinter dem Hauptmast«, wie die Matrosen sagen –, der für die »vor dem Mast« arbeitende Mannschaft grundsätzlich tabu war.

Hettie rüttelte ihren Mann wach, und der ging mit einem geladenen .56-Karabiner an Deck. Am Tag zuvor hatte er ›Dangerous Jack‹ (James Aiken) und ›Bloody Tommy‹ (Thomas Maloney) wegen Befehlsverweigerung gemaßregelt. Nach den Erfahrungen auf der *Northern Light* wäre er ein Narr gewesen, hätte er nicht die möglichen Folgen dieser Entscheidung im Hinblick auf das

Überleben seiner Familie im Auge behalten. Auf Deck befahl er den Meuterern aufs Vordeck zu gehen, aber Maloney spottete nur, und Aiken griff ihn mit einem Messer an. Slocum feuerte und verwundete ›Dangerous Jack‹, während ›Bloody Tommy‹ sich mit dem Messer auf ihn stürzte und daraufhin von Slocum erschossen wurde.

Victor lieferte eine überzeugende Darstellung der Geschehnisse: »›Dangerous Jack‹ wurde von einer .56-Kugel getroffen. Als ich ihn gegen Mitternacht an Land schaffte, lamentierte und fluchte er immer noch. ›Bloody Tommy‹ ließen wir für die Polizei, die am nächsten Morgen eintraf, so an Deck liegen, wie er zusammengebrochen war. Er lag auf dem Bauch und hielt in der Totenstarre immer noch das Messer umklammert, mit dem er die Schafe geschlachtet hatte.«[13]

Slocum wurde verhaftet und wegen Mordes angeklagt. Er saß einen Monat lang in Antonina im Gefängnis und wartete auf seinen Prozess. Schließlich wurde er freigesprochen und entlassen. Drei Monate später erstattete der amerikanische Generalkonsul in Rio dem Außenministerium in Washington Bericht: Er bezeichnete das Verfahren in Brasilien als in jeder Hinsicht korrekt und wohlwollend, und »das Urteil ist meiner Meinung nach gerecht«. Slocum hatte in der Zwischenzeit versucht, Familie und Schiff über Wasser zu halten, und einen spanischen Kapitän angeheuert, der mit einer brasilianischen Crew und Victor als Erstem Offizier die Fracht nach Montevideo segelte; Hettie und Garfield blieben an Land. Als er aus dem Gefängnis in Antonina entlassen wurde, fuhr der Kapitän allein mit einem Dampfer nach Montevideo, um das Kommando über sein Schiff wieder zu übernehmen.

Die Entlassung des spanischen Ersatzkapitäns führte zu einer weiteren Auseinandersetzung zwischen Slocum und der Crew. Die Mannschaft bestand darauf, ausgezahlt und neu angeheuert zu werden – eine Forderung, an der der amerikanische Konsul in Montevideo nichts auszusetzen fand.[14] Die Zwangspause nutzten die protestierenden Angestellten, um Sehenswürdigkeiten zu besichtigen und Geschenke für die Familien zu kaufen. Interessanterweise war die gesamte Crew (fast ausschließlich Brasilianer) nüchtern, als sie an Land ging, und immer noch nüchtern, als sie wieder zurückkam – eine Tugend, für die brasilianische Matrosen damals bekannt waren. Die Tugend hielt sie aber nicht davon ab, sich beim Übernachten in einer Pension an Land die Pocken einzufangen. Nachdem die Mannschaft erneut angeheuert hatte, setzte Slocum Segel Richtung Norden zum Paraná – und die Pocken waren mit an Bord.

Der erste Hinweis auf den Albtraum, der das Ende der *Aquidneck* einleiten sollte, kam von einem der ansonsten zuverlässigen Matrosen: Er klagte über Schüttelfrost und Fieber, wollte sich aber nicht krankmelden, sondern bat nur um etwas Chinin, das er gegen den vermeintlichen Malaria-Rückfall nehmen wollte. Ein paar Tage später wurden er und drei Mannschaftskameraden von schweren Rückenschmerzen geplagt, die Slocum – wenn nicht gar die Männer selber – als Symptom der tödlichen Krankheit erkannte. Slocum nahm sofort Kurs auf Maldonado, östlich von Montevideo an der uruguayischen Küste. Mitten in einem heftigen Sturm aus Ost signalisierte die *Aquidneck* einen Notfall und bat um sofortige medizinische Hilfe. Es dauerte sechsunddreißig Stunden, bis die Hafenbeamten antworteten. Die Antwort bestand aus ein paar uniformierten uruguayischen »Yahoos«, die in Ruderbooten ankamen und dem Kapitän befahlen, den Hafen sofort zu verlassen, denn es war nicht zu übersehen, was die toten und sterbenden Crewmitglieder befallen hatte.[15]

Die drei verbliebenen gesunden Matrosen (einer von ihnen Victor!) lichteten unter großen Schwierigkeiten den Anker, und das Schiff nahm vor dem Wind Kurs auf Montevideo. Der Sturm ließ ihre Segel davonwehen »wie Blätter im Herbst«, so Slocum; es war »die trostloseste all meiner Nächte auf See«, in der sich auch noch der Anker in einem Unterseekabel vor der Leeseite von Flores Island verfing. Im Morgengrauen hissten sie wieder das Notsignal, worauf dieses Mal die Order kam, in den Hafen einzulaufen, was aber unmöglich war. Schließlich wurde ein betrunkener Arzt zur *Aquidneck* gerudert, der Karbolsäure zum Desinfizieren mitbrachte und vorschlug, die Opfer über Bord gehen zu lassen – aber bitte nicht im Hafen.

Tatsächlich bekamen alle ein Seebegräbnis, beschwert mit Steinen aus dem Ballast des Schiffs. Den dreien, die zunächst gestorben waren, gesellte sich schnell ein weiteres halbes Dutzend hinzu. Bei solch geballtem Leid werden häufig auch kleinste Details wichtig, und als Slocum sich später an die Ereignisse erinnerte, meinte er, das Schlimmste sei das »Einsammeln« und Vernichten des »Plunders« gewesen, den die Crewmitglieder ein paar Tage zuvor in Montevideo für ihre Frauen und Kinder gekauft hatten: »Hier ein Hut für einen kleinen Jungen, dort ein Paar Stiefel für seine Mama.« Dann ging ein weiterer Matrose über Bord, und Slocum und die Reste seiner Crew beschlossen, koste es, was es wolle, »keinen Augenblick länger an diesem schrecklichen Ort zu bleiben … Der Wind kam vom Landesinneren, so wie er es immer tun möge, wenn sich ein Freund von mir dieser Küste nähert.« Die *Aquidneck*, das »dahintreibende Pesthaus« (Slocum), nahm Kurs auf Montevideo, wo die wenigen Überlebenden ins Krankenhaus kamen. Sie trugen ihr Leben lang furchtbare Pockennarben im Gesicht. Die *Aquidneck* desinfizieren zu lassen, kostete Slocum tausend Dollar. Dann machte er dort weiter, wo er nach dem Monat im Gefängnis aufgehört hatte: Mit neuer Crew setzte er ein weiteres Mal Segel Richtung Antonina, wo Hettie und Garfield auf ihn warteten und von all den Ereignissen nicht die geringste Ahnung hatten. Nicht weit von der Mündung des Rio de la Plata entfernt geriet die *Aquidneck* in eine völlige Flaute und kam »praktisch zum Stillstand«. Sie befanden sich an einem Fleck im Ozean, der Slocum nur allzu deutlich in Erinnerung war. »Ein Fluch schien auf uns zu liegen … Ich erinnerte mich an diesen Ort … Ein sehr guter Freund von mir hatte hier neben mir auf Deck gestanden, vor ein paar Jahren, und auf die Insel geschaut. Es war das letzte Stück Land, das er je zu Gesicht bekommen hat.«

Vom Geiste Virginias heimgesucht, dem Tod, dem Gefängnis sowie der Meuterei mit knapper Not entkommen – wie nahm Slocum dies alles auf? Wie sollte es weitergehen?

Es ging gar nicht weiter. In einem allerletzten Versuch wandte Slocum sich wieder dem Holzhandel zu und nahm riesige Stämme aus Eisenholz an Bord. Während der Weihnachtstage 1887 wurde die *Aquidneck* an einem Seitenarm der Paranaguá Bay mit Nutzholz beladen und brach kurz danach, mit Hettie und den Jungen an Bord, Richtung Atlantik auf. Aber noch während sie in der Bucht waren, wurde das Schiff »von der Strömung und den Winden bös erwischt«, wie Slocum schrieb, und strandete, »mit der Breitseite voll dem offenen Meer ausgesetzt. Die starke Dünung brandete drei Tage lang über den ächzenden Rumpf der *Aquidneck* … bis schließlich das Heck zerbrach … und auch ihr Herz, hätte man hinzufügen können!«

VIRGINIA SLOCUMS Grab in Buenos Aires

JOSHUA SLOCUM

Die *Spray*

## Teil 2

# *Um die Welt segeln*

Die *Liberdade*

JOSHUA, HETTIE, GARFIELD und VICTOR an Bord der *Liberdade*

## Kapitel 9

# Rettung

Ein Schiffbruch pflegt völlig unerwartet einzutreffen.

STEPHEN CRANE, *Im offenen Boot*

Ich hatte Fracht um Fracht befördert, aber einen Berg, den konnte ich nicht bewegen. Und so war ich an dem Punkt angelangt, wo mir auch meine besten Fähigkeiten und alle Energie nicht mehr weiterhalfen. Was blieb zu tun? Was konnte man tun? Wir sahen tatsächlich wie Schiffbrüchige aus, und wir waren außerdem ohne ein Zuhause.

JOSHUA SLOCUM, *The Voyage of the »Liberdade«*

Die gestrandete und von der See zerschlagene *Aquidneck* kostete die Slocums nicht nur all ihr Geld, sondern auch, wie Garfield es beschrieb, »unser wunderschönes Zuhause«. Für die Wrackteile bekamen sie gerade mal tausend Dollar, und nach Ausbezahlung der Crew blieb davon nur ein Bruchteil übrig. Der amerikanische Konsul in Antonina bot an, die Familie per Dampfschiff nach Boston oder Baltimore bringen zu lassen, aber Slocum lehnte das Angebot kurzerhand ab. Stattdessen begann er einen endlosen Feldzug, um Wiedergutmachung zu erlangen für all die Unbill, die er durch die brasilianische Regierung erfahren hatte, wobei er seine Klage über die Dienststellen der Regierung – jawohl, der Regierung! – der Vereinigten Staaten vortrug. Es ist unbegreiflich, wie ein Mann mit einem feinen Gespür für Ironie diese in seiner eigenen Vorgehensweise nicht erkannte. Aber haftet nicht allen solchen Schadensersatzklagen etwas von einer Donquichotterie an, einem naiven Aufbegehren gegen den Lauf der Welt? Slocums dringliche Bitte um Wiedergutmachung – sowohl für den Verlust der *Aquidneck* als auch seiner Aufträge und der verlorenen Zeit aufgrund der selbstherrlichen Vorschriften in brasilianischen und argentinischen Häfen – wird sich die nächsten Jahre hinziehen. Er schrieb wortreiche und immer wortmächtigere Reklamationen von 1887, dem Jahr des Schiffbruchs, bis Ende 1893, als schließlich das US-Außenministerium dem Ganzen ein Ende bereitete und der Fall abgewiesen wurde.

Aber das Jammern, Klagen und Schreiben gepfefferter Briefe war nicht das Einzige, was Slocum in diesen sechs Jahren beschäftigte. Seine fünftausend Meilen lange Fahrt in einem selbst gebauten, gut zehn Meter langen Segelkanu (die Crew bestand aus seiner jungen Frau, einem Kind und einem Heranwachsenden) vom Paraná bis nach Washington, D.C., war eine wahre Meisterleistung, ein Akt der Selbstrettung, der sich seiner Erfahrung im Schiffsbau verdankte und von handwerklichem Können und Trotz vorangetrieben wurde, ein Beweis, wie weit einen die eigene Vorstellungskraft voranbringen kann.

Die Entstehungsgeschichte des Bootes ist nicht ganz einfach nachzuzeichnen, denn die Berichte Joshuas und Victors unterscheiden sich in mehrfacher Hinsicht grundsätzlich: Wurde zum Beispiel mit dem Bau erst nach dem Schiffbruch der *Aquidneck* begonnen, oder geht die Konstruktion auf ein einfaches Transportkanu für schwere Baumstämme zurück, die am Saum der wassernahen Wälder entlang der Paranaguá Bay gefällt wurden? Fest steht jedenfalls, dass Vater und Sohn die primitiven, aber bunt angemalten und durchaus seetüchtigen Kanus der Einheimischen bewunderten, die als Leichter fungierten und schwere Eisenholzstämme längsseits brachten, damit sie an Bord der *Aquidneck* geladen werden konnten. Aber das Schiff der Slocums war größer, es hatte mehr von einem Dory der Fischer von Cape Ann bei Gloucester – wenn dieses sich vorher mit einem japanischen Sampan gepaart hätte, der seinerseits – mit ein bisschen Makah-Kanu aus dem Puget Sound im Blut – eine Verbindung mit einer chinesischen Dschunke eingegangen wäre.

Das Segelkanu wurde auf den Namen *Liberdade* getauft, weil es am 13. Mai 1888 vom Stapel lief, dem Tag, an dem in Brasilien kraft des »Goldenen Gesetzes« die Sklaverei abgeschafft wurde.[1]

*Liberdade*, das portugiesische Wort für Freiheit, ist ein wohl angemessener Name für ein Schiff, das innerhalb von sechs Monaten aus Wrackteilen der *Aquidneck* gebaut wurde, zusammengeklaubten Bruchstücken und Planken und Instrumenten. Wahrscheinlich hat Slocum zunächst gar nicht realisiert, wie Thoreau-mäßig das Experiment war, zu dem ihn die Umstände zwangen: »Vereinfache! Vereinfache!« Hatte er eine andere Wahl? Er saß hier fest, von der Außenwelt abgeschnitten, mit nichts als einem Klappmesser.

In Antonina gab es eine primitive Werft, die ihnen der wohlwollende Besitzer zur Verfügung stellte, da er auch schon die *Aquidneck* überholt hatte. Die Werkzeuge der Werft waren besser als ein Klappmesser, aber auch nicht viel besser. Aus dem Wrack hatten Joshua und Victor Schrupphobel geborgen, mit denen sie die gut zehn Meter langen Planken bearbeiteten, die sie von den Einheimischen kauften. Die Bodenplanken waren aus Eisenholz, robust und schwer und ein natürlicher Garant für die Stabilität des Schiffs. Für die Seiten und das Deck wurde Zedernholz verwendet. Metallkrampen holten sie sich aus dem Wrack der *Aquidneck* oder stellten sie aus eingeschmolzenen Kupfer- und Messingteilen her. Menschen haben jahrtausendelang Schiffe aus Holz gebaut; das Verfahren ist zwar arbeitsintensiv, aber ein einzelner Fehler fällt auch nicht so sehr ins Gewicht (man muss ihn allerdings erkennen). Diese Fehlerunempfindlichkeit stärkte die Zuversicht von Vater – der hier von seinen Erfahrungen als Schiffszimmermann am Columbia River und auf den Philippinen profitierte – und Sohn, der seinem Vater als Werftarbeiter, Zimmermann und Seiler zur Hand ging und dabei lernte. Garfield, damals sieben, passte genau auf, und Hettie hatte zwar noch nie ein Segel gefertigt, kannte sich aber mit Notfällen aus; sie nähte.

Als sie fertig waren, hatten die Slocums hundertzehn Dollar für den Bau der *Liberdade* ausgegeben. Sie segelten ein paar Tage in der Paranaguá Bay herum, um ein Gefühl für das Schiff zu bekommen und »damit sich alles an seinen Platz ruckelte«, wie Joshua schrieb. Es gefiel ihm, wie sich die *Liberdade* unter Segel verhielt. Am 24. Juni 1888 querten sie die Barre und segelten auf den Atlantik hinaus: »Da war sie wieder, diese besondere Stimmung beim Segeln, die Liebe zu der Sache an sich, die mich überkam, als das kleine Schiff auslief; und meine Mannschaft sagte wie aus einem Munde: ›Weiter!‹«

Auch der Pulitzerpreisträger und Literaturkritiker Van Wyck Brooks gehörte zu den Bewunderern von Slocums Prosa; er schlug eine Brücke von Thoreau zu Slocum und bezeichnete *Erdumsegelung ganz allein* als »nautisches Äquivalent« zu *Walden*. Was Umstände und Temperament angeht, waren die beiden Autoren so verschieden, wie sie sich thematisch ähnelten. Hinter Slocums Formulierung »die Liebe zu der Sache an sich« steht jedenfalls eine Erkenntnis, hinter die es kein Zurück gibt. In seinem Schlusswort zu *Walden* fordert Thoreau seinen Leser auf, »zum Columbus völlig neuer Kontinente und Länder in dir selbst« zu werden, »neue Fahrwasser zu erkunden, die dem Denken, aber nicht dem Handel gelten«. Auch wenn Thoreau zuweilen elegisch wird und sich zu sehr dem Wunschdenken hingibt: Es ist ein inspirierender Appell, und er entspricht Slocums anfeuernden Worten, wenn er, um die Stimmung seiner kleinen Schar zu heben, »diese besondere Stimmung beim Segeln« ins Feld führt, was mit einem Halleluja-artigen »Weiter!« beantwortet wird.

Die ersten Stunden auf See hoben die Stimmung der Abenteurer in der Tat. Die *Liberdade* jagte hundertfünfzig Meilen hinaus aufs Meer, bevor sie nordwärts auf Rio zuhielt. Dann gerieten sie in eine der ablandigen Sturmböen, für die diese Küste berüchtigt ist. Die von Hettie sorgsam genähten Segel gingen in Fetzen, und Slocum schaffte es irgendwie, das Schiff unter blanken Masten in den Hafen von Santos zu steuern – ernüchternd nahe am Startpunkt ihrer Reise. Was mag Hettie durch den Kopf gegangen sein? Und beim Gedanken an Victor und Garfield ist es fast unmöglich, sich nicht an Joshua zu erinnern, wie er – völlig abhängig von seinem Vater – auf Brier Island Stiefel zusammenschustert und doch ganz woanders sein wollte.

Über die Gemütslage seiner Familie verliert Slocum kein Wort; erst in dem viel später erstellten Bericht erwähnt er ihren Stoizismus und ihre Unerschrockenheit.[2] Auch keine Zeile darüber, ob Hettie die Segel reparierte oder noch einmal von vorne anfing. Ausführlich berichtete er dafür vom Wiedersehen in Santos mit einem alten Freund, Kapitän Baker vom Passagier- und Postdampfschiff *Finance,* der auf dem Weg nach Rio war und nicht nur anbot, die *Liberdade* in Schlepp zu nehmen, sondern auch Hettie und Garfield auf seinem Schiff unterbrachte. Joshua und Victor blieben auf der *Liberdade;* Joshua stand am Steuerruder und Victor kauerte sich im Bug mit einer Axt in der Hand zusammen, um im Falle einer Katastrophe das Schlepptau zu kappen. Diese Möglichkeit war gar nicht so weit hergeholt: Die See war rau, Wellen türmten sich, und die *Finance* war mit erstaunlichen dreizehn Knoten unterwegs. Die *Liberdade* absolvierte eine künstliche »Nantucket-Schlittenfahrt« und hing am Ende eines neunzig Faden, also hundertfünfzig Meter langen Hanfseils. Die Fahrt dauerte zwanzig Stunden. Joshua am Steuer hatte eine Leine um das Fußgelenk seines schlotternden Sohns geschlungen, um ihn mit einem Ruck wecken zu können, sollte er eindösen; aber Victor hielt durch. Die

Wellen gingen schließlich so hoch, dass Kapitän Baker achtern Öl aufs Wasser gießen ließ, um die See zu beruhigen. Die Wirkung dieser Maßnahme war zu vernachlässigen, zog allerdings die Crew und die nagelneue *Liberdade* in Mitleidenschaft. »Das Schiff war vom Kiel bis zum Flaggenkopf und ich von oben bis unten eingeölt.« Slocum protestierte, er sei noch nie auf Walfischblubber aus gewesen. Und weiter ging's – »Away, Rio«, wie in dem gleichnamigen Shanty – mit der »aufregendsten Bootsfahrt meines Lebens«, wie Slocum berichtete. Als sie sicher im Hafen angekommen waren und man die Sache nüchterner betrachten konnte, fügte er hinzu, dass er »entschlossen war, das Tau nicht zu kappen; und ich wusste, dass Kapitän Baker es auch nicht gekappt hätte, denn es war ja sein Tauwerk«.

Die *Liberdade* blieb bis zum 23. Juli 1888 in Rio, wo die Crew sich erholte und auf die Heimreise vorbereitete. Hoffen wir mal, dass Hettie und ihre Stiefsöhne am Strand ihren Spaß hatten, denn Joshua war schwer damit beschäftigt, den amerikanischen Konsul zu bewegen, ihn bei seinen Bemühungen um Wiedergutmachung für die durch brasilianische Behörden entstandenen Schäden zu unterstützen; diese Wunden schmerzten noch immer. Außerdem benötigte er gültige Papiere, um in brasilianischen Gewässern segeln zu dürfen, und das stellte sich als schwieriges Unterfangen heraus. Hinter vorgehaltener Hand wurde ihm immer wieder bedeutet, dass Schmiergelder hilfreich sein könnten, aber Slocum gab vor, nicht zu verstehen. Doch schließlich zermürbte er die Beamten und bekam nach einiger Zeit von »Seiner Exzellenz, dem Marineminister, einen ›Passe Especial‹ mit einem Siegel so groß wie ein Suppenteller«.

Abgesehen von einem kleinen Zusammenstoß mit einem Wal – »er rempelte uns an und versetzte uns einen gehörigen Schrecken« – waren die drei Wochen nach Pernambuco und weitere neunzehn Tage nach Barbados eine angenehme Reise: Segeln, wie es sein soll, wenn man einmal davon absieht, dass sie von rauer See, Regenstürmen, Gegenwind, Kreuzseen, Flauten, Nebel und Beinahezusammenstößen heimgesucht wurden – und fast verloren gingen. Aber dem Kapitän öffnete diese Heimreise den Blick für etwas, das er seit seinem ersten Tag auf See zwar immer vor Augen gehabt, aber einfach nicht richtig wahrgenommen hatte: Er konnte so etwas tun! Er allein! Ohne Crew, ohne Schiffsfahrpläne, ohne die Intrigen und Böswilligkeiten meuternder Mannschaften, ohne gefährliche Frachtstücke, die nicht sicher zu stauen waren auf der Fahrt zu Häfen, in denen es von Krankheiten wimmelte … Wenn er einfach nur segeln konnte! All dies hinter sich lassen, die »offene See« erreichen. Die pure Notwendigkeit dieser Reise mit minimalen Mitteln führte ihm vor Augen, wie er sicher und glücklich durch den Rest seiner Tage navigieren konnte.

Von Rio an hellt sich der Ton von Slocums Prosa in *The Voyage of the »Liberdade«* merklich auf. Man spürt den frischen Mut und die Neugier, je mehr er seine Aufmerksamkeit der eigentlichen Aufgabe zuwendet: die *Liberdade* auf Kurs, sie in Balance und trocken zu halten. An Bord der *Northern Light* und auch der *Aquidneck* hätte er sich jetzt um Papierkram kümmern müssen, doppelte Buchführung, die Stimmung innerhalb der Mannschaft, die Launen des Marktes für geräucherten Kabeljau oder Weizen, Einkünfte und Ausgaben. Aber hier und jetzt meditierte er über Wale, die seiner Familie Gesellschaft leisteten: »Nachts allein am Ruder verspürte ich oft das aufregende Gefühl, dass eine schmerzhafte Stille durchbrochen wurde, wenn einer dieser Leviathane ziemlich nah und mit einem Geräusch wie dem Brüllen einer großen See durch die Meeresoberfläche brach … In einer dunklen, nebligen Nacht wurde das besonders deutlich, als Victor mir aufgeregt zurief, dass irgendetwas Furchtbares voraus rasch näher käme und ihn erschreckt hätte.«

Die Dunkelheit und der Nebel, ja sogar die Angst animierten Slocum und erinnerten ihn auf heilsame Weise daran, dass er, trotz aller Fähigkeiten und Kenntnisse, die aus einem Landbewohner einen Matrosen machen, auf See doch immer ein Fremder in einem fremden Land blieb. Einige dieser Wale hatten die doppelte Länge der *Liberdade.* Zu hören, wie sie prusten und schnaufen, wenn sie die Wasseroberfläche durchstoßen, sie zu *riechen,* wenn sie blasen – das war ebenso erregend wie Angst einflößend. Anthropomorphismus war in Slocums Glaubenssystem kein logischer Trugschluss oder bloß die fantasievolle Übersetzung einer Sprache in eine andere; hier ging es um eine ebenso lebenswichtige Ausdeutung wie bei der Navigation nach den Gestirnen. Und so brach es angesichts der Seen, die sich brüllend über den Korallenriffen brachen, aus ihm heraus: »Wie ungeheuer einsam diese Korallen waren! Kein Lebewesen war zu sehen, manchmal nur der phosphoreszierende Streifen, den ein hungriger Hai im Wasser zurückließ: Zeichen der schlechten Gesellschaft in unserem Kielwasser.« Man bekommt eine Vorstellung von dem Respekt, den Slocum den großen Bewohnern der Meere entgegenbrachte, wenn man sich seine Scheu vor den »zerstörerischen Kräften« des Schwertfischs vergegenwärtigt; wie die meisten Seeleute seiner Generation glaubte er, ein Schwertfisch könne ein Loch durch die Bordwand seines Schiffes stoßen und die Mannschaft von unten aufspießen.

Noch immer vor der brasilianischen Küste legten sie auf dem Weg nach Pernambuco in einem kleinen Dorf am Strand an. Es war eine der seltenen Gelegenheiten, dass Slocum sich in seiner Muße unter die Einheimischen mischte und angeregt mit den Küstenbewohnern plauderte, die bislang für ihn nur als Crewmitglieder oder Stauer oder Zimmerleute oder Schiffsagenten oder Konsular- und Hafenbeamten von Interesse gewesen waren. Allerdings war seine neue Weltordnung nicht ausschließlich mit harmlosen Swift'schen Houyhnhnms bevölkert – es gab immer noch jede

Menge Yahoos. Im nächsten Hafen, in der »Allerheiligenbucht«, den die *Liberdade* als Schutz vor einem Sturm anlief, fand Slocum nichts als einen Haufen »ungehobelter« und bösartiger Fischer vor, die »in großer Ärmlichkeit lebten und ihre Tage damit verbrachten, auf das Fallen der Tide zu warten, wenn sie hereinkam, und auf deren Steigen, wenn Ebbe war«. Die schlimmsten ihrer Nachbarn waren »grobe, angetrunkene Burschen, die unverschämt an Bord drängten, uns anrempelten und herumquasselten«. Um ihrer unerwünschten Aufmerksamkeit zu entgehen, setzte Slocum sofort Segel Richtung offene See, »deren Eigenarten ich allerdings besser kannte und mehr vertraute als einem Hafen mit gefährlichen Eingeborenen«.[3]

Während die *Liberdade* in der Nähe des Äquators segelte, »sahen wir Sternbilder aus beiden Hemisphären, doch da wir nach Norden segelten, ließen wir die des Südens schließlich hinter uns, und auch das Kreuz des Südens – das schönste Sternbild am Himmel –, das über einen Freund wacht«. Joshuas Hommage an Virginia, eine für Leser, die mit der Familiengeschichte nicht vertraut sind, bewusst kryptisch gehaltene Bemerkung, ist gleichwohl von unmittelbarer Emotionalität. Als er ein paar Sätze weiter noch immer über seinen großen Verlust nachsinnt, kommt es ihm plötzlich vor, als sei er selbst schon Vergangenheit; woran eines Nachts auch nicht viel gefehlt hätte, als zum Greifen nah ein großer Klipper vorbeirauschte, »wie die stattliche *Aquidneck* im Schmuck all ihrer Segel, die an den Sternen entlangstreiften«. Diese geisterhafte Erscheinung »ließ noch lange Zeit ein Gefühl der Einsamkeit zurück«.

Der Schlusssatz von Stephen Cranes Kurzgeschichte *Im offenen Boot* – eine überwältigende Darstellung der großen Gleichgültigkeit der Natur allem Menschlichen gegenüber –, er klingt, als hätte der Autor ihn bei Slocum gelesen. (Allerdings wurde seine Kurzgeschichte 1897 veröffentlicht, als Slocum gerade am anderen Ende der Welt war, irgendwo im Indischen Ozean.) Nachdem vier hilflose und verletzte Schiffbrüchige es geschafft haben, in einem Rettungsboot bis an die Atlantikküste Floridas zu rudern, werden sie dort an Land gespült, und der Zäheste von ihnen ertrinkt in der Brandung. Der letzte Satz des Erzählers enthält die Moral von der Geschicht': »Als es Nacht wurde, rollten die weißen Wellenkämme im Mondlicht vor und zurück, und der Wind trug die großartige Stimme des Meers zu den Männern am Ufer, und sie hatten das Gefühl, sie könnten die Stimme jetzt deuten.«

Während die *Liberdade* vom Passat getrieben auf Barbados zuhielt, landete so mancher Fliegende Fisch auf dem Deck des Schiffs, der darum bettelte, zum Frühstück in Butter gebraten zu werden. Und dann tauchte die Insel genau dort auf, wo sie hatte sein sollen, die satten grünen Hügel fielen sanft zu den weißen Sandstränden hin ab, und die Korallenriffe schimmerten grün und braun durch das Küstenwasser. Von See aus bot die Insel einen so erhebenden Anblick, dass die Slocums weiter als eigentlich nötig segelten, bevor sie in der Carlisle Bay im Hafen von Bridgetown Anker warfen. Seit dem Aufbruch in Pernambuco hatte die *Liberdade* im Schnitt mehr als hundert Meilen pro Tag zurückgelegt.

Die Familie blieb von Ende August bis Anfang Oktober 1888 auf Barbados, und Slocum widmete sich ganz dem gesellschaftlichen Leben. Es gab ein Wiedersehen mit vielen Kapitänen, die er während seiner Fahrten rund um die Welt kennengelernt hatte, darunter auch jenen des Dampfers *Finance,* mit dem er erst kürzlich zusammengetroffen war. Hettie befreundete sich besonders mit Alfred McNutt, Kapitän der *Condor,* und seiner Frau, die beide aus Neuschottland stammten. In Hetties Briefen an das Paar begegnet uns eine junge Frau, warmherzig und gut gelaunt, die kein Blatt vor den Mund nimmt und hungrig nach Freundschaften ist.[4]

Fünf Tage nachdem die Slocums Bridgetown verlassen hatten, liefen sie in Mayagüez an der Westküste Puerto Ricos ein. Allmählich gewöhnten sie sich sogar an die »gute Presse«, die sie schon zumindest seit Rio de Janeiro begleitet hatte. Sie waren bei verschiedenen Konsulaten zu Gast, und Zeitungen fragten um Interviews nach. Und während die Familie sich bei einer Kutschfahrt an Land amüsierte, tauchte unangemeldet ein Fotograf am Dock der *Liberdade* auf. Er meinte wohl, dass das Foto eines unbemannten und eher grobschlächtigen Segelkanus nicht pittoresk genug sei, also heuerte er einen Schwarzen an, den er übermäßig auftakelte und ans Steuer stellte. Wie Slocum in *The Voyage of the »Liberdade«* schreibt, erschien dieses Foto an so weit entfernten Orten wie Paris oder Madrid. Und es wurde gesagt, dass der Kapitän ein »gut aussehender Bursche sei, aber schrecklich verbrannt ...«.

Wohl angestachelt durch den allgegenwärtigen Hurrapatriotismus wetterte Slocum gegen die spanischen »Laffen« und ihre Truppen, die die puerto-ricanischen Einheimischen knechteten: »Über allem hing eine militärische Atmosphäre«, schrieb er, »die Luft war wie Pestgestank verseucht. Mit Musketen, Säbeln und ausgepolsterten Uniformen, von den Einwohnern gehasst und ohne Selbstachtung, marschierten die Soldaten verbissen hin und zurück und wussten dabei, dass sie auf der Insel verhasst und ihre Tage in der Neuen Welt gezählt waren.«[5] Könnte ein Lehrstuhlinhaber postkolonialer Theorien seiner Verachtung nachdrücklicher Ausdruck verleihen?

Mitte Oktober waren die Slocums bereits unterwegs zu den Bahamas, segelten östlich an Hispaniola und der Nordküste von Kuba vorbei; sie hatten es jetzt eilig und wollten den Polarstern höher über ihren Köpfen am Himmel stehen sehen. Das Wetter nahm zeitweilig dramatische Formen an – Wasserhosen und Gewitterstürme, »Donnerschlag auf Donnerschlag ballerte die Artillerie der Natur ... begleitet von grellen Blitzen«, wie sich Slocum erinnerte –, aber meistens war es prachtvoll. Nassau ließen sie links liegen – was stets eine gute Idee ist, die Slocum aber Jahre später an

Bord der *Spray* dummerweise nicht beherzigte –, dann machte die *Liberdade* im Lee eines Riffs einer jener kleinen Inseln fest, die den Weg von der Great Bahama Bank nach Bimini pflastern. Von dort ist es nur ein Katzensprung nach Florida, aber jeder, der sich schon einmal mit einem kleinen Schiff in den Golfstrom begeben hat, weiß, dass dies kein alltägliches Unternehmen ist. Und so stürzte sich die *Liberdade* in den Golfstrom und ritt auf ihm, ließ sich von der mächtigen Strömung nach Norden schieben: »Die Bewegungen waren hier alles andere als poetisch oder angenehm«, schreibt Slocum, aber sie kamen schnell voran. Mithilfe des Golfstroms legte die *Liberdade* in vierundzwanzig Stunden rekordverdächtige zweihundertzwanzig Meilen zurück, was eine Durchschnittsgeschwindigkeit von mehr als neun Knoten bedeutet; da kann ein Kapitän schon mal damit angeben, dass dies »ein Riesenetmal für das kleine Kanu (war)«.[6]

Am 28. Oktober, dreiundfünfzig Tage nach ihrem Aufbruch in Paranaguá Bay, sahen die Slocums – gleichsam wie Entdecker – die Hügel South Carolinas hinter dem Leuchtfeuer von Kap Romain voraus. Sie waren auf der Höhe des Santee River, nördlich von Charleston und südlich von Georgetown. In den Hafen von Georgetown schleppte sie das Dampfschiff *Planter*,[7] aber vorher deckten sie sich am Santee noch mit Vorräten ein. Von diesen und vielen anderen Begegnungen wird in *The Voyage of the »Liberdade«* im Slang der Region erzählt – eine eher unglückliche Eigenwilligkeit des Autors; man merkt, dass in seinem Bücherregal Mark Twain neben Swift und Richard Hakluyt steht. »Da sagt der Farmer: ›Und mit dem Ding kommen Sie ganz aus Brasieljen? Meine Alte, die würd nich' ma' nach Georgetown fahrn in so 'nem Kahn. Der bockt ihr zu sehr.‹«[8]

Nach der Ankunft in Amerika strahlt Slocums Prosa ein Gefühl von Erleichterung, ja Erneuerung aus. Jetzt interessiert er sich für das Leben anderer Menschen, sitzt mit seiner Familie am Strand um das Lagerfeuer, hört sich gutmütig manches Seemannsgarn an und erzählt zweifellos auch selbst von Begegnungen mit Haien, Schwertfischen und gewaltigen Leviathanen.

Slocum war immer und überall ein Pionier, und nachdem sie den New River in North Carolina erreicht hatten, entschloss er sich, auf dem Weg nach Norden den Atlantic Intracoastal Waterway (oder Inland Waterway) zu befahren – in Slocums Tagen schlicht und ergreifend »der Graben« genannt, ein »Labyrinth von Tümpeln und Bächen«. Um hier navigieren zu können, war er jeden Tag erneut auf das Wissen der Einheimischen angewiesen, und das führte dazu, dass noch mehr Geschichten erzählt und gemeinsame Mahlzeiten verspeist wurden. Als Lotsen heuerte er einen Mann an, dessen Großvater an der Wasserstraße mitgegraben hatte und der ihm versprach, »wenn een di dor den Graben bring' kann, also, dann ich … Ik heff ja noch nich davon ghört, dat hier een Schipp von Brasilien door'sailt is. Aber wenn du durchmusst, dann musst du eben durch.«[9] Wenn man bedenkt, was Slocum durchgemacht und erlebt, was er erlitten und ausgehalten hatte, dann war das hier gewiss die reinste Spazierfahrt.

Sie überwanden Untiefen und durchdrangen das Schilf, die Schaufeln gezückt, schreckten Enten auf und ängstigten das Vieh auf den Weiden. Und erlebten allerlei Lustiges: Eines Abends saßen sie zusammen mit dreißig Fischern am Lagerfeuer und erzählten »die Abenteuer ihres Lebens«. »Mein Lotse«, schreibt Slocum, »war der beste Erzähler und brachte das ganze Lager immer wieder zum Lachen. Ich selbst war stets für einen Spaß zu haben, doch in dieser Nacht stand ich heiser vor Lachen vom Feuer auf.« Schließlich erreichten sie in Norfolk die Chesapeake Bay und segelten am 27. Dezember, beflügelt von einem Südwind, den Potomac River hinauf zu den Docks von Washington, D. C.

Slocum konnte zu Recht stolz darauf sein, dass seine Familie in allerbester Verfassung war, wie auch schon auf der gesamten

Reise. »Ich liebe immer noch das Leben an Bord mit all seinen Wechselfällen, den offenen Ozean, und habe meine Berufswahl nie bereut.« Diese Erklärung klingt zunächst einmal völlig selbstverständlich. Was eher ins Auge fällt auf der letzten Seite von *The Voyage of the »Liberdade«*, ist das zögerliche Bekenntnis zu Hettie: »Meine Frau war nicht nur so mutig, den wildesten Stürmen zu trotzen, wie Frauen dies auf See und auch an Land tun, sie erfreute sich außerdem bester Gesundheit und hatte sogar eine gesündere Hautfarbe bekommen.«

JOSHUA SLOCUM (im weißen Anzug) mit der Crew der *Destroyer*

Die *Destroyer*

## Kapitel 10

# »Destroyer« und Poverty Point

Die See kennt keine Großmut – diese Wahrheit kann nicht geleugnet werden. Ihr skrupelloses Machtbewusstsein hat noch keine der vielen guten männlichen Eigenschaften, wie Mut, Kühnheit, Ausdauer und Treue, zu rühren vermocht.

JOSEPH CONRAD, *Der Spiegel der See*[1]

Während die *Liberdade* in Washington überwinterte, fotografierte Mathew Brady[2] die Slocums, ein Zeichen für ihre Prominenz (das Foto ging leider verloren). Joshua »bombardierte« das Außenministerium mit Eingaben »betreffend den Fall *Aquidneck*«, wie sich ein untergeordneter Staatssekretär auf die Frage nach seiner Einschätzung der Klage ausdrückte. Damit begann ein unvermeidlicher Papierkrieg zwischen Washington und Brasilien; Schreiben gingen an die amerikanischen Konsulatsbeamten in Rio und Antonina sowie die brasilianische Zollbehörde und Quarantäneverwaltung, die die Anfragen und Antworten ins und aus dem Portugiesischen übersetzen lassen mussten … Slocum wurde aufgefordert, seine Verluste so genau wie möglich aufzulisten – den Wert der Fracht, der *Aquidneck* und seine zeitliche Aufwendung – und die Schlüssigkeit seiner Behauptung darzulegen, dass Brasilien für den Schaden verantwortlich zu machen sei. Berichtigungen wurden angefordert. Unterlagen wurden verlegt oder falsch zugestellt. Es war wie in Dickens' Roman *Bleak House,* nur ohne den Nebel.

Mit dem Frühling segelten Joshua, Hettie, Garfield und Victor die *Liberdade* nach New York; dort gab die Frau des Kapitäns am 19. Mai 1889 der *New York World* ein Interview:

> Weit und breit ist über Kapitän Slocum und sein wunderbares kleines Boot, La Libertad (!), berichtet worden. *The World* wollte wissen, was des »Kapitäns Käpt'n« dazu zu sagen hat, und schickte einen Reporter zu dem kleinen Boot, das auf den kleinen Wellenkämmen von Ebbe und Flut rund um die grauen Mauern des »Barge Office«[3] tanzt, ganz in der Nähe des Ankerplatzes von La Liberdad (!!).
>
> »Schaffen Sie's hier rein?«
>
> Das war Mrs Slocums Begrüßungsfrage, nachdem ihr Mann dem Reporter an Bord geholfen und ihn ihr vorgestellt hatte. Jetzt stand er vor dem Einstieg zu einem niedrigen, mit Segeltuch überspannten Deckshaus, dem einzigen Unterschlupf, den die beengten Unterkünfte auf dem Schiff boten. Die Gastgeberin saß in der winzigen Kajüte auf einem Brett, das sich durch die ganze Kajüte zog. Die Behausung war so niedrig, dass man nur sitzen konnte, wenn man nicht gleich beschloss, sich hinzulegen.[4]

Hier fällt einem natürlich sofort jenes Interview ein, das sieben Jahre zuvor im selben Hafen die *Tribune* mit einem anderen »Käpt'n« jenes speziellen Kapitäns geführt hatte, damals an Bord der *Northern Light.* Der Kontrast zwischen Virginia, die in einer getäfelten Kajüte mit Klavier sitzt und stickt, und Hettie könnte kaum größer sein. Beiden gemein war, dass sie einen positiven Eindruck auf ihren Interviewer machten.

> Hettie Slocum ist jung und kräftig, hat volle Augenbrauen, helle, haselnussbraune Augen, eine formvollendete Nase und trägt ein stetes Lächeln auf den Lippen; ihr Kinn drückt Festigkeit und Zartheit gleichermaßen aus … Die Monate unter der tropischen

Sonne und in den Ozeanwinden haben ihr Gesicht gebräunt. Es ist das Gesicht einer Frau, die der aufopferungsvollsten, kühnsten Taten fähig ist, und das ruhig und nüchtern, ja ohne groß ein Wort darüber zu verlieren.

Gestern trug sie ein dunkelblaues Kleid aus Denimstoff mit kurzem Rock und einer taillierten, mit weißer Borte besetzten Bluse, dazu einen blauen Matrosenstrohhut, den sie abgenommen hatte und in ihrer schlanken, braunen Hand hielt.

Mrs Slocums Stimme ist tief und volltönend, obwohl sie sagt, sie sei aus Boston – eine Gegend, deren Frauen eher für ihre dünnen, hellen Stimmen bekannt sind. Ihre Umgangsformen sind vorbildlich, und sie sprach mit einer gewissen Zurückhaltung von ihrer Reise.

»Es ist eine Erfahrung, die ich nicht unbedingt noch einmal machen muss, aber jetzt, da ich sie gemacht habe, finde ich sie auch befriedigend.«

»Fühlten Sie sich nicht erschöpft und einsam während der langen Fahrt?«

»O ja. Als wir Rio verließen, standen eine Menge Menschen am Kai, um uns zu verabschieden, und jubelten uns begeistert zu. Das war sehr aufregend. Aber als das Land am Horizont immer kleiner wurde und schließlich gar nicht mehr zu sehen war, da kam mir das Meer ziemlich trostlos vor.«

»Werden Sie eine weitere Reise unternehmen, Mrs Slocum?«

»Oh, ich hoffe nicht. Ich bin jetzt drei Jahre lang nicht zu Hause gewesen, und das hier war meine Hochzeitsreise.«

Mrs Slocum sagte, sie werde anschließend zu Besuch nach Boston fahren, und fügte hinzu:

»Ich werde wohl die Bahn nehmen. Gesegelt bin ich für die nächsten Jahre erst mal genug.«

Victor verließ New York und das Battery Basin an Bord des Dampfers *Finance* und startete damit seine eigene Karriere als Seemann. Joshua Slocums Bilanz sah im Alter von fünfundvierzig Jahren so aus: Er hatte seine erste Frau und drei Kinder im Kleinkindalter durch Tod verloren. Er hatte zwei Klipper durch Schiffbruch verloren, hatte wegen grausamer Haftbedingungen eines Crewmitglieds und Tötung eines weiteren vor Gericht gestanden. Slocum war pleite. Das Zeitalter der Segelschiffe war vorüber. Der Kapitän saß gewissermaßen auf dem Trockenen.

Er fuhr nach Boston, lebte dort im Osten der Stadt bei der Schwester seines Vaters und versuchte von hier aus, einen Weg aus der Armut zu finden. Die Situation wäre für niemanden einfach zu ertragen gewesen, aber für einen so stolzen Mann, der sich noch vor Kurzem auf dem Höhepunkt seiner Karriere wähnte, war es besonders bitter, abhängig zu sein von der Unterstützung und dem Wohlwollen von Verwandten. Er tyrannisierte weiter das Außenministerium wegen der Schadensersatzforderungen für seine desaströsen Unternehmungen in Brasilien. Er schrieb *The Voyage of the »Liberdade«* und ließ die Broschüre auf eigene Kosten drucken. Niemand weiß, woher das Geld dafür kam oder wie hoch die Auflage war oder wie viele Exemplare auf welchem Weg verkauft wurden. Sicher ist nur, dass der Text vor lauter Heldentaten fast aus den Nähten platzt; aber darüber hinaus diente er Slocum als Fingerübung für *Erdumseglung ganz allein.* Zu Recht sagt Walter Teller von Slocums Tonfall, er sei »völlig eigen« gewesen, die Stimme »eines Yankee-Kapitäns und Handelsschiffers, der den genauen und prägnanten Gebrauch von Worten gewohnt war … Er wusste, dass es eine Verbindung zwischen Navigation und Schreiben gab.« Das ist in gewisser Weise hilfreich, lässt aber Slocums Witz, seine Schlitzohrigkeit und Cleverness außen vor, die Ausweichmanöver, mit denen er emotional gefährliche Gewässer umschifft.

Am 5. Juli 1890 erschien in der einflussreichen Literaturzeitschrift *The Critic* eine Besprechung von *The Voyage of the »Liberdade« – Descriptions of a Voyage »Down to the Sea«*, wie Slocum das Buch untertitelt hatte. Der Rezensent war Joseph B. Gilder, der Mitherausgeber der Zeitschrift, und er schätzte sowohl den Text als auch die Tatsache, dass Slocum die Broschüre selbst herausgegeben und verlegt hatte. Aber sonst schien niemand davon Notiz zu nehmen, und Slocum blieb nichts anderes übrig, als das Bostoner Hafengebiet nach Arbeit abzuklappern. Doch für Segelkapitäne gab es keine Jobs. Garfield Slocum will wissen, die White Star Line hätte seinem Vater angeboten, als Kapitän auf einem ihrer Schiffe vor Anker zu gehen, was dieser aber ablehnte. Auf Garfields Frage nach dem Warum »antwortete er mir: ›Ich bin der See auf Segelschiffen treu geblieben, seit ich vierzehn Jahre alt war. Wenn ich dieses Angebot annehme, dann muss ich mich an Dampfschiffe gewöhnen, und ich mag keine Dampfschiffe.‹«[5]

Das klingt ganz nach dem Joshua Slocum, den wir kennen, und genau so verhält es sich mit seinem Bericht über einen Job als Zimmermann auf der McKay-Werft in Boston, den er kündigte. Er sollte fünfzig Dollar zahlen, um einer Gewerkschaft beizutreten – ein nahezu abstruses Ansinnen, das noch absurder durch den Pflichtcharakter dieses Beitrags wurde. Jahre später erinnerte er sich in einem Interview mit einer Zeitung von Rhode Island an diese trostlose Zeit. »Eines Tages hatte ich einen Gelegenheitsjob auf einem Schiff, bei dem mir eine volle Ladung Dreck und Kohle ins Gesicht und über den Nacken rieselte – ›Kap-Horn-Beeren‹ nennen sie dieses Zeug. Da hatte ich genug. Ich dachte daran, dass ich einmal Kapitän der *Northern Light* war, und kündigte.«

Und genau in diesem trostlosen Moment kam es zu jener Begegnung, die alles verändern sollte – ein Glücksfall für die Literatur. Denken wir nur an Melvilles Ismael, dem auf den Gehwegen Manhattans durch den Kopf geht: »Wann immer in meiner Seele nasser, niesliger November herrscht; wann immer ich bemerke, dass ich vor Sarglagern stehen bleibe und bei jedem Leichenzug, der mir begegnet, die Nachhut bilde, und insonderheit, wann immer meine Chondrien so sehr die Oberhand über mich gewinnen, dass nur starke moralische Grundsätze mich davon abhalten können, mit Vorsatz auf die Straße zu treten und systematisch den Leuten die Hüte runterzuschlagen – immer dann ist es höchste Zeit, sobald ich kann, zur See zu gehen.«[6] Doch lassen wir Slocum selbst sprechen:

> Es war nicht meine Art, lange an Land herumzulungern. Die feste Erde war mir schließlich fast fremd geworden. Als nun die Zeiten für den Frachtenfahrer schlecht wurden, wie es zuletzt der Fall war, versuchte ich, die See zu lassen. Aber was sollte ein alter Seemann anfangen? Ich war in Stürmen groß geworden, ich hatte das Meer ergründet, wie es vielleicht nur wenige Menschen ergründet haben – unter Hintansetzung fast alles anderen … Es war Mitte Winter 1892 in Boston, wo ich sozusagen ein oder zwei Jahre vorher vom alten Ozean wieder ausgespien worden war, und da sann ich nun darüber nach, ob ich mich nach einem neuen Kommando umsehen und wieder mein Brot und meine Butter auf See essen oder ob ich auf einer Schiffswerft arbeiten sollte. Da traf ich einen alten Bekannten, einen Walfängerkapitän. Er sagte: »Komm nach Fairhaven, ich geb dir ein Schiff. Aber«, fügte er hinzu, »es muss etwas überholt werden.«[7]

Der alte Bekannte war Kapitän Eben Pierce aus New Bedford, der Stadt, von der aus Melville seinen Ismael in See stechen lässt. Slocum und Pierce kannten sich schon seit einer Ewigkeit, sie waren bereits miteinander befreundet, als die *Pato* im Ochotskischen Meer zu einem Besuch und dem Austausch frischer Lebensmittel an Pierce' Walfänger *James Allen* längsseits ging. Pierce hatte als Walfänger großen Erfolg gehabt und durch die Erfindung und

Vermarktung einer teuflisch treffsicheren Harpune, die wie ein Gewehr abgefeuert wurde, sein Vermögen noch vermehrt. In den lokalen Zeitungen wurden diese Geräte als »Pierce' Spreng-Harpune und Harpunen-Büchse« beworben; Letztere kostete fünfundvierzig Dollar und »Waljäger«, so wurde hervorgehoben, »sagen, der Rückstoß sei kaum zu spüren«. In der Literatur über die *Spray* findet sich häufig der Vorwurf, Pierce hätte Slocum einen bösen Streich gespielt, indem er ihm das Kommando über eine mausetote, uralte Austernslup angetragen hätte, die auf einer Weide in Poverty Point nahe Fairhaven rottete, vis-à-vis von New Bedford. Vielleicht hat Slocum dieses harte Urteil selbst durch eine Bemerkung in *Erdumseglung ganz allein* in Gang gesetzt, wo er schreibt, beim Anblick dieses Wracks sei ihm allerdings der Gedanke gekommen, dass »mein Freund sich einen ziemlichen Witz mit mir erlaubt hatte«.

Aber mitnichten. Hier wurde eine geniale Ehe gestiftet, und um Slocum weiter zu bestärken, sich auf das Abenteuer seines Lebens einzulassen, bot der Junggeselle Pierce ihm freie Kost und Logis an, und Hettie und die Kinder waren herzlich eingeladen, ihn zu besuchen, während der neue Kapitän der *Spray* sich daranmachte, das Wrack in einen Weltumsegler zu verwandeln. Slocum bezahlte nur das Material, das er brauchte, um wieder aufzubauen, was er in Anführungszeichen »das Schiff« nannte. In *Erdumseglung ganz allein* beschreibt er den Prozess des Wiederaufbaus (der mit einer Rekonstruktion vor dem geistigen Auge einherging) in allen Details: wie er seine Anforderungen an das Schiff, nämlich Robustheit, eine möglichst einfache Handhabung der Segel sowie Schutz vor den Elementen, miteinander zu verbinden suchte – all das, was er in Jahrzehnten als Kapitän besonders zu schätzen gelernt und was seine jüngsten Erfahrungen als Erbauer und Kapitän der *Liberdade* bestätigt hatten.

Die Herkunft der *Spray* ist unklar. Der Marinehistoriker Claude

Berube behauptet auf der ersten Seite seiner vor Kurzem erschienenen Biografie über Charles Stewart, einen Marinekapitän im frühen 19. Jahrhundert, dass die *Spray* 1789 in Philadelphia gebaut wurde. Robert H. Perry hingegen, ein angesehener zeitgenössischer Designer von Hochseeyachten, hat in der Zeitschrift *Sail* geschrieben, dass die *Spray* 1810 in Australien als Fischerboot gebaut wurde, und fügt hinzu, dass sie »vielleicht schon als Neubau eine bizarre Form hatte«; mit ihren 4,30 Metern Breite war sie extrem wuchtig für eine Wasserlinie von knapp zehn Metern. Mit Bugspriet war sie 11,30 Meter lang, und für ein Boot ihrer Größe war die Verdrängung von achtzehn Tonnen enorm.

Der Bau der *Spray* wirft die interessante Frage auf, ab welchem Punkt ein Schiff, das mit neuen Materialien und Spezifikationen wieder aufgebaut wird, noch das ist, was es mal war, oder ab wann es zu etwas Neuem geworden ist. Sicher ist, dass ihre ursprünglichen Konstrukteure keinen Anlass sahen, sie so auszubauen, wie Slocum es tat – mit einem Kiel aus dem Holz einer Weißeiche, die einsam auf einer Weide gewachsen war und den harten Stürmen von Poverty Point trotzte, bis Slocum sie fällte und aus dem Stamm in seinem Dampfkasten den Kiel formte. Diese Eiche, die der Wind gebeugt und gekrümmt hatte, war so vorgespannt und hart, dass der Kiel der *Spray* bei einem Malheur nahe den Cocos Islands im Indischen Ozean eine große Korallenbank spaltete und das Schiff praktisch keinen Kratzer davontrug.

Während Slocum bei der Arbeit war, kam der ein oder andere Walfängerkapitän auf einen Schnack mit Eben Pierce vorbei, und immer ging es darum, ob der Schiffsbauer wohl »auf seine Kosten« kommen würde. Alle waren sich einig, dass die *Spray* ein robustes Schiff war und Victors Erinnerungen zufolge durchaus in der Lage, als »Eisbrecher« zu fungieren oder vor Grönland auf die Jagd nach den gleichnamigen Walen zu gehen. Ihre Gesamtkonstruktion war ebenso solide wie der Kiel, Planken und auch die massiven Deckbalken waren aus gelber Georgia-Kiefer. Der Mast bestand aus New-Hampshire-Fichte. Slocum arbeitete fleißig, »jeden Tag kam ich ein Stückchen weiter, und die Nachbarn sorgten dafür, dass mir die Zeit nicht lang wurde«. Die *Spray* hatte zwei Kajüten, beide hinter dem Mast; Slocum hatte noch allzu deutlich vor Augen, wie die *Aquidneck* während der Hochzeitsreise mit Hettie fast gesunken wäre, also legte er besonderen Wert auf das Kalfatern und verbaute mehr als tausend schwere Bolzen, um das Schiff zusammenzuhalten.

Während die Arbeit an der *Spray* voranging, kam Hettie am Wochenende aus Boston zu Besuch, wo sie bei ihrer Familie lebte, als Maßschneiderin arbeitete und sich außerdem um Jessie und Garfield kümmerte. Es ist nicht mehr zu ermitteln, woher das Geld kam, aber der Bau der *Spray* kostete $ 553,62, damals immerhin das Jahresgehalt eines Lehrers, und abgesehen davon, dass Slocum den ein oder anderen Gelegenheitsjob auf den Werften von Fairhaven und New Bedford annahm, war er mal wieder pleite. Der Börsencrash von 1893, bei dem eine weitere Spekulationsblase auf Eisenbahnaktien geplatzt war und ein Sturm auf die Banken einsetzte, verbesserte die Aussichten für eine Damen- und Maßschneiderin keinesfalls, und sollte die *Spray* jemals wieder schwimmen, so war die Familie Slocum jedenfalls abgesoffen.

Aber halt! Wie immer gibt es noch eine Geschichte hinter der Geschichte. Im November begann in Brasilien ein Aufstand gegen die gewählte Regierung, mit der Slocum – durch das Außenministerium – so viel Ärger hatte. Den Bürgerkrieg hatte ebenjener Admiral Custodio de Mello angezettelt, der sechs Jahre zuvor der *Aquidneck* mit ihrer Ladung Heu die Einfahrt in den Hafen von Rio verwehrt und seiner Anordnung mit der Artillerie eines Kanonenbootes Nachdruck verliehen hatte. Jetzt hatte de Mello die Marine Brasiliens unter seine Kontrolle gebracht und forderte – aus Gründen, die damals vielleicht eingeleuchtet haben mochten – den Rücktritt des brasilianischen Präsidenten, General Floriano Peixoto.

Das hatte zur Folge, dass Peixotos Regierung Kriegsschiffe brauchte, um de Mello entgegentreten zu können, und zu diesem Zweck aufkaufte, was Waffenhändler und der Markt marschfertig hergaben. Die USA halfen nur allzu gern und boten die *Destroyer* zum Verkauf an, ein skurriles, gepanzertes Torpedoboot von fast fünfzig Metern Länge, das in mancher Hinsicht – und nicht immer mit Absicht – die Eigenschaften eines U-Bootes hatte. Ersonnen hatte dieses Schiff der Konstrukteur der *Monitor* (Gegner der *Merrimac* in der berühmten Schlacht der Panzerschiffe auf der Reede von Hampton), John Ericsson, der 1889 gestorben war, ohne dass die *Destroyer* in einer Kampfsituation erprobt oder auch nur für seetüchtig befunden worden war. Zum Kuriositätenkabinett der neuen brasilianischen Flotte gehörte auch die *Nictheroy*, die mit zwei riesigen pneumatischen Zalinski-Geschützen ausgestattet war – die größten, jemals gebauten Luftdruckwaffen; sie sollten mit dynamitbestückten Projektilen die Forts an der Küste eindecken, erzielten dabei aber eine absurd niedrige Trefferquote.[8]

Warum Slocum einer Regierung kein Unbekannter war, die er seit Jahren mit Klagen und Beschimpfungen überzogen hatte, ist leicht einzusehen; ein Rätsel bleibt allerdings, warum ausgerechnet er auserkoren wurde, die *Destroyer* von New York nach Bahia zu überführen. Vielleicht hatte die Reise mit der *Liberdade* sein Ansehen bei Präsident Peixoto gestärkt. Doch darüber hinaus war die Aussicht, mit einem so neumodischen Gefährt in See zu stechen oder vielleicht sogar in den Krieg zu ziehen, für einen Seemann, der Pro und Contra abwägte, nicht gerade erhebend. Versicherungsgesellschaften lehnten es ab, für die Mannschaft zu haften. Die angeheuerten Matrosen zeichneten sich besonders dadurch aus, dass sie den möglichen Gefahren dieser Unternehmung völlig ahnungslos gegenüberstanden; außerdem wurden sie mit einer hohen Heuer geködert – und das in Zeiten der Wirtschaftskrise. Und schließlich wurde ihnen gesagt – wie Victor berichtete –: das Meer südlich des Golfstroms sei »wie ein Teich«. »Allerdings«, fügte er hinzu, »vergaßen sie zu sagen, wie welcher Teich.«

Peixotos Agenten hatten hunderttausend Dollar für die *Destroyer* gezahlt und boten Slocum zwanzigtausend für die sichere Überführung des Schiffes an. Die Art der Überführung war recht unorthodox, denn das Schiff hing die ganze Strecke über am Tau des Hochseeschleppers *Santuit*. Das Torpedoboot hatte nämlich, bis oben hin mit Munition bestückt, keinen Laderaum mehr für Kohle. (Das Buch *Ironclads in Action* nennt einen simpleren Grund: Die Maschinen des Kriegsschiffs waren kaputt, und auch deshalb war die amerikanische Marine froh, es verkaufen zu können.) Mit Sicherheit hat Slocum eher freudlos an jenes Tau gedacht, mit dem sechs Jahre zuvor die Asche und Öl speiende *Finance* seine *Liberdade* in den sicheren Hafen von Pernambuco geschleppt hatte. Unter Berücksichtigung der Tatsache, dass die *Destroyer* an einem gut sechshundert Meter langen Kabel hing und der *Santuit* folgte, wohin auch immer sie fuhr, durfte Slocum sich jetzt »Kommandierender Steuermann« nennen – ein hierarchischer Abstieg, der ihn eher amüsierte als ärgerte.

Und das war gut so, denn sein Beitrag zum brasilianischen Bürgerkrieg war von Anfang bis Ende ein Witz – eine Komödie, die allerdings täglich in eine tödliche Katastrophe umzuschlagen drohte. Joshua Slocums zweites Buch, *The Voyage of the »Destroyer« from New York to Brazil* (wie das erste im Selbstverlag erschienen), ist ein außergewöhnlicher und manchmal urkomischer Bericht einer zweimonatigen Reise, die am 13. Februar 1894 in Bahia zu Ende ging. Auf den fünfundzwanzig Seiten des Heftchens erstellt Slocum ein vollständiges Verzeichnis aller Gefahren und Grausamkeiten, die das Meer und auch die Menschheit bereithält, und gleichzeitig der Segnungen der Natur und der Wohltaten, zu denen die Menschen fähig sind. Odysseus hätte seine Freude an der Moral von der Geschicht' gehabt.

Zwei Tage nachdem die *Destroyer* Sandy Hook im Kielwasser gelassen hatte, schickte das Außenministerium einen abschließenden Brief zur Sache »Slocum gegen Brasilien« an Hetties Anschrift in Boston. Das Archivmaterial der Korrespondenz an und von Slocum und Bezug nehmend auf seine Verluste, von Walter Teller zusammengetragen, umfasst dreißig eng beschriebene Seiten und beginnt mit dem 31. Oktober 1887. Kurz gefasst, war das Außenministerium in diesem Fall mit Brasilien einer Meinung (das ungehobelte Auftreten der Beamten seinerzeit einmal beiseitegelassen), dass die Gefahr der Übertragung und Ausbreitung von Cholera durch eine Fracht aus Argentinien höher zu bewerten sei als Rücksichtnahme auf »kaufmännischen Profit«. Der Kläger erhielt den Bescheid, es sei »anzunehmen, dass diese Regierung in einem ähnlichen Fall die gleichen Maßstäbe anlegen würde. Deshalb fühlt sich diese Behörde nicht berechtigt, in diesem Fall weiter aktiv zu sein.«[9]

Jedenfalls verließ die *Destroyer* mit dem »Kommandierenden Steuermann« und dreizehn Matrosen an Bord am 7. Dezember 1893 das Erie Basin. Es dauerte nicht lange, bis das Schlepptau sich an einer vorspringenden Mole verfing und diese zerstörte. Und auf offener See geriet das Schiff – gebaut, um in ruhigeren Gewässern den Gottlosen Angst einzujagen – sofort in einen jener atlantischen Winterstürme, die schon die *Aquidneck* bei Hetties Hochzeitsreise fast versenkt hätten. Ihre Dampfmaschinen waren zwar für den Antrieb nutzlos, ließen sich aber immerhin für die Signalpfeife und (Dank sei dem Herrn!) für die Pumpen einsetzen. Es war ein Wunder, dass der Koloss nicht sank, denn innerhalb von vierundzwanzig Stunden drang über das Deck und durch undichte Torpedorohre so viel Wasser ein, dass man auf das Absaufen nicht mehr allzu lange hätte warten müssen!

Als er Monate später komfortabel auf einem Dampfer nach Boston zurückkehrte, und erst recht in der gemütlichen Kajüte der *Spray*, die in Fairhaven vor Anker lag, schwelgte Slocum in Erinnerungen an das Abenteuer:

> Schwere Seen überspülen das Schiff. Es macht immer noch Wasser, taucht häufig unter, wie eine große Ente, der das Tauchen Spaß macht. Alles ist nass. Auf dem ganzen Schiff gibt es keinen trockenen Fleck mehr. Es war buchstäblich eine Unterwasserfahrt … Glaubt mir, in jener Nacht war die *Destroyer* kurz davor, ihren letzten Tauchgang zu erleben und tiefer einzutauchen als jemals zuvor.

Sie hielten das Schiff über Wasser, indem sie das Feuer unter den Pumpen mit allem fütterten, was brennbar war, darunter Öl aus der Kombüse, Tische und Stühle aus der Offiziersmesse und pfundweise geräuchertes Schweinefleisch – denn statt Kohle hatte die *Destroyer* Schießbaumwolle und Pulver geladen. Eine Woche nachdem die *Santuit* sie in Schlepptau genommen hatte, brach es aus Slocum heraus: »Uns geht es schlecht!« Zwischenzeitlich hatten ihn die Kreuzseen fast vom Steuer des Schiffs gerissen. Die Crew kämpfte heldenhaft. Dann flaute der Sturm ab, die See beruhigte sich, »und wir suchten im Lee einer kleinen Insel Schutz und Erholung – bei Gott! – Erholung«.

Für Slocum war diese Fahrt über und unter Wasser »der härteste Törn meines Lebens, ohne jede Ausnahme«. Aber nach einem kurzen Aufruhr, der nach den Erlebnissen auf der *Northern Light* und *Aquidneck* allerdings harmlos war und bei der ein Matrose ein Stück seiner Leber durch das Messer eines anderen Crewmitglieds einbüßte (es ging um eine Flasche Rum), erreichte das Schiff am 14. Februar 1894 tatsächlich seinen Bestimmungsort Bahia – wo angeblich Krieg herrschte.

Überall herrschte Grabesstille … Nur ab und zu war das Knallen eines Champagnerkorkens aus dem *Paris* auf dem Hügel zu hören und der Salut einer Kanone zum Sonnenuntergang … Der normale brasilianische Marinesoldat ist an Land genauso zu Hause wie auf See, teilt seine Zeit zwischen Hotel und Hafen auf und ist nicht weiter gefährlich.

Ich wunderte mich über die Ruhe in Bahia, es wurden nicht einmal Schießübungen veranstaltet. Und wirklich, je weiter wir uns vom geschäftigen New York entfernten, umso weniger schien in Brasilien Krieg zu herrschen.[10]

Präsident Peixotos Offiziere waren überhaupt nicht begeistert, dass die *Destroyer* eine derart kriegerische Atmosphäre verbreitete.

Wie sich schließlich herausstellte, bestand keinerlei Gefahr, mit dem Feind aneinanderzugeraten oder Alarm zu schlagen. Es war allgemein bekannt, dass die Schiffe von Peixoto mit harmlosen Leuten bemannt waren, die sich so friedlich wie Lämmer benahmen. Mellos Truppe sah nicht anders aus. Warum sollten sie einander also umbringen? Daher musste die martialische *Destroyer*, das formidabelste Kriegsschiff von allen, verschwinden. Darüber war man sich ohne langes Reden einig. Andererseits gingen, als das Schiff in Bahia einlief, Gerüchte um, dass dies das lange erwartete »Geldschiff« sei, das der Flotte folgen und Sold wie Rechnungen bezahlen würde. Die Größe des schweren »Panzerschranks«, in dem die *Destroyer*-Crew lebte, entsprach etwa den allgemeinen Erwartungen an eine Schatzkiste, die alle reich machen würde. Es kamen viele Besucher und nannten sie ein sehr ansehnliches Schiff, machten Komplimente über »ihre Linien« und so weiter. Als aber statt funkelnder Goldmünzen nur schmutzige Seebären und, schlimmer noch, Fässer voller Schießpulver aus dem »Panzer« quollen, da sagten sie »Não mães«, es reicht![11]

Slocum hat die Sichtweise dieser Krieger, die der See so überdrüssig waren, schönstens eingefangen: »Lasst uns alle eines natürlichen Todes sterben. Lasst uns als Freunde an Deck sterben, denn es gibt niemanden, der uns ins Wasser hilft, und lasst uns die Kriege beenden.« In der Tat versenkten Peixotos Soldaten ihr eigenes Schiff, und da es jetzt für keine der beiden kriegsführenden Parteien mehr zu gebrauchen war, weigerte sich Brasilien, Slocum auch nur einen einzigen Penny der zugesagten zwanzigtausend Dollar zu zahlen. Man weiß nicht, wer für seine Rückreise per Dampfer aufgekommen ist, aber die Ereignisse versorgten ihn wenigstens mit einer wunderbaren Geschichte, von deren Verkauf er sich einiges erhoffte. Aber auch daraus wurde nichts, da seine selbst verlegte Broschüre von so schlechter Qualität war, dass er sie nur an Freunde und ein paar Rezensenten verschenken konnte.

Die Bostoner Zeitungen freuten sich an Slocums Spott über die Habgier und absurde Großmannssucht anderer Staaten. Sie spendeten kräftig Beifall, besonders den letzten Sätzen des Büchleins:

> Die Revolte hatte im September 1893 in Rio begonnen, wobei das Datum unwichtig ist. Der »komische Krieg«, wie er von der Marine genannt wurde, endete jedenfalls ganz von allein im März 1894. Auch ein Historiker hätte nicht mehr darüber zu sagen.
>
> Man kann von heißen Feuergefechten berichten oder Bränden, aber die meisten Tode forderte die heiße Sonne oder der Unrat, in dem das Gelbfieber zu Hause ist. Davon wurden auch einige Mitglieder unserer Expedition dahingerafft. Wenn es diesen dunklen Schatten nicht gäbe, dann könnte ich mit ungetrübtem Vergnügen auf die Fahrt der *Destroyer* zurückblicken; eine Reise, deren Mühsal inzwischen der Vergangenheit angehört. Eine Reise, die mir und der Crew, außerdem, endloses Vergnügen bereitete.[12]

Aber das war noch nicht das Ende der Geschichte, denn die zustimmenden Kommentare der Zeitungen drangen bis zu einem Plappermaul und eitlen Laffen durch: Lieutenant Carlos A. Rivers war ein junger Söldner, der bei der britischen Marine als Artillerist gedient hatte, mit einem mächtigen Schwert bewaffnet war und »vom Lametta und von den diversen Orden für seine Heldentaten« geradezu erdrückt wurde. Er war der Crew der *Destroyer* als Militärberater aufgedrückt worden, und als Matrose war er, in Slocums Worten, »eher ein guter Hotelkenner«. Der Dummkopf – selbst ernannter »Held des Sudans«, wie Slocum nicht müde wird, seine Leser zu erinnern – hatte die Neigung, andere Crewmitglieder zum Duell zu fordern. Und derweil er dabei war, seine Ehre als Gentleman zu verteidigen, weil der Koch der *Destroyer* (»Big Alec aus Salem«) ihn angeblich beleidigt hatte, zog der Schwarze ihm eine gusseiserne Bratpfanne über den Kopf.

Nun also fühlte der »Held des Sudans« sich durch die Rezensionen beleidigt und forderte den Kapitän der *Spray* zu einem Duell heraus. Vom Korrespondenten der *Boston Sun* auf diese Herausforderung angesprochen, entgegnete Slocum: »Ich muss an die Gefühle meiner Frau denken. Ich war immer der Meinung, Duellanten sollten sich von ihren Frauen beraten lassen.«

Der Reporter fragte Slocum, der in der Werft von Fairhaven neben der *Spray* saß und eine Angelschnur entwirrte, ob er sich Sorgen mache, dass Rivers ihm »auf der Spur« sei.

»Ich wäre nicht überrascht«, antwortete der Kapitän. »Er ist zu allem entschlossen und ein Heißsporn. Wenn er eines Tages kommt, dann wickele ich mich in meine amerikanische Flagge und fordere ihn auf zu tun, was immer er tun will … Es ist besser, ich gehe fischen, als mit ihm zu kämpfen. Sagen Sie einfach, ich habe eine starke Faust. Tun Sie alles, um ihn von einem Duell abzuhalten. Guten Tag.«

Tatsächlich landete Slocum mit der *Spray* keinen großen Fang. Er hatte sein letztes Pulver in Richtung Brasilien verschossen: Die Klage auf dem Rechtsweg war erfolglos geblieben, seine Schmähschrift verkaufte sich nicht – also versuchte er, die *Spray* im Sommer 1894 für Firmenpicknicks und Angelausflüge zu verchartern und ihr so einen Lebensunterhalt abzutrotzen. »Aber ich merkte«, schrieb er in *Erdumseglung ganz allein,* »dass ich wohl doch nicht recht verstand, einen Angelhaken zu beködern. Aber endlich kam die Zeit, wo es ankerauf ging – auf große Fahrt.«[13]

Und genau das tat er, auf große Fahrt gehen, wobei er sich erst in Boston die nötige Ausrüstung und Proviant besorgte und gleichzeitig versuchte, verschiedene Zeitungen dafür zu gewinnen, sein solitäres Unternehmen zu unterstützen; im Gegenzug bot er an, Berichte aus all jenen Häfen zu schicken, die er zwischenzeitlich anlief. Zu Slocums Zeiten überfielen Scharen von Reportern die Häfen nicht weniger als die Polizeireviere, immer auf der Suche nach einer Geschichte, die die übersättigte Leserschaft packen könnte; und eine Einhandweltumseglung hatte die richtige Mischung aus Draufgängertum, Aberwitz und latenter Katastrophe, um Aufmerksamkeit zu erregen. Es ist auch nicht schwierig zu verstehen, warum Slocum dieses Abenteuer so verlockend schien. Er war einundfünfzig Jahre alt, hatte die Welt fünfmal umsegelt, gefährliche Situationen gleich serienmäßig überlebt, er war ein genialer Navigator und hatte gerade nichts Besseres vor. Aber was war mit Hettie? Am 16. April 1895 bekannte er in einem Interview mit dem *Boston Herald,* er hoffe, durch die Reise mit der *Spray* genug Geld zu verdienen, um eine kleine Farm zu kaufen und sich dort mit Frau und Kindern niederlassen zu können – und diese Farm kaufte er Hettie tatsächlich. Da er in seinen öffentlichen Statements zu Familiendingen immer auf Anstand bedacht war, erzählte er dem *Boston Herald,* er würde durchaus mit Hettie lossegeln, »wenn sie ihre Meinung ändert und nicht an Land bleiben will«. Aber eigentlich wusste er es besser. Der größte Unterschied zwischen den beiden Fassungen (1956 und 1971) von Walter Tellers *In Search of Captain Slocum* findet sich in seinem Urteil über die Heirat von Joshua und Henrietta. In der zweiten Fassung ist er vorsichtiger, vielleicht aufgrund der längeren Erfahrung mit den Mysterien alles Zwischenmenschlichen. 1956 war er sich sehr viel sicherer, und seine Deutlichkeit – wiewohl unbarmherzig – klingt recht überzeugend:

> Bei Hettie fühlte sich der Kapitän nicht zu Hause; sie mochte ihn einstmals geliebt haben, aber verstanden hatte sie ihn nie. Sie war keine Virginia, an Deck mit blitzenden Augen und brillanter Intuition seine Mitspielerin und Lesekameradin in der Kajüte. Hettie war dazu verdammt, zu enttäuschen und enttäuscht zu werden … Auf der einen Seite stand die immer noch junge, aber inzwischen ratlose Damenschneiderin, auf der anderen ein meersüchtiger »Entfesselungskünstler« an einem entscheidenden Punkt seines Lebens. Man kann ihre Unvereinbarkeit bedauern, aber sie hatte auch gute Seiten.

In der zweiten Fassung seines Buches hat Teller diesen Abschnitt ersatzlos gestrichen, war aber wohl weiterhin der Meinung (wie sich an Briefen in seinen Unterlagen in New Bedford zeigen lässt), dass die Welt Hettie für die Reise ihres Mannes und für *Erdumseglung ganz allein* danken solle. Denn was ihn jetzt hinaus auf See trieb – wie immer bei ihm ein Fluchtreflex mit autistischen Unterströmungen –, war der Wunsch, ihr zu entkommen. »Vielleicht schuldet die Welt ihr etwas – will sagen, wäre sie ein wenig geselliger gewesen, wäre der Kapitän vielleicht nie allein losgesegelt«, schrieb Teller an Grace Murray Brown. Und Garfield hat an den Rand eines Briefes an Teller gekritzelt: »Ich spürte förmlich, wie sich ein Sturm über Hettie und Joshua zusammenbraute.«

Aber wie immer es um seine Ehe stand, im *Boston Herald* wurde er eine Woche vor seinem Aufbruch am 24. April als »verrückter Salzbuckel«, »lebhaft wie ein Kätzchen und flink wie ein Affe« beschrieben. Und die Freiheiten, die er jetzt hatte: keine Terminpläne mehr, keine Zollbestimmungen, keine Verträge, keine Schleppboote, kein aufrührerisches Gemurre unter Deck, keine Launen nationaler und internationaler Politik … Schon seine ersten Sätze auf See, noch keine zwanzig Meilen Nordost von Cape Ann, singen das Hohelied der Einsamkeit:

> Dann hörte ich die traurige Warnglocke von Norman's Woe; ich kam dicht an dem Riff vorbei, wo der Schoner *Hesperus* aufgelaufen war. Das »Gerippe« eines Wracks war von der See ans Ufer geworfen worden … Ich lief in den geschützten Teil des guten Hafens von Gloucester ein, um die *Spray* nochmals gründlich nachzusehen, ebenso, um die große Fahrt zu überprüfen, meine Gefühle und was alles damit zusammenhing … Es war mein erster Versuch, allein mit einem Fahrzeug von doch gewisser Größe mitten zwischen anderen Schiffen in einen Hafen hineinzukommen. Alte Fischer liefen den Kai hinunter, auf den die *Spray* zuhielt, die augenscheinlich die Absicht hatte, sich hier den Schädel einzurennen … Ich ließ das Steuer los, rannte schnell nach vorn und barg den Klüver. Die Slup schoss natürlich in den Wind und legte ihre Wange so sanft an den Belegpfahl, dass sie kein Ei zerbrochen hätte.[14]

In diesem Abschnitt werden präzise ein Ort, ein Gefühl, Umstände und Handlung beschrieben. Norman's Woe ist ein Felsenriff nahe Gloucester, und der Name ließ bei Seeleuten alle Alarmglocken klingen. Hier hatte es die fürchterlichsten Schiffbrüche gegeben, den schlimmsten vielleicht während der Winterstürme 1839, als die *Favorite* unterging und zwanzig Leichen bei Cape Ann an Land gespült wurden. (Longfellow inspirierte dieser Vorfall zu seinem epischen Gedicht »Wreck of the *Hesperus*«.)

»Dann hörte ich die traurige Warnglocke von Norman's Woe; ich kam dicht an dem Riff vorbei, wo der Schoner *Hesperus* aufgelaufen war.« Als ich vor fünfzig Jahren zum ersten Mal auf Joshua Slocum stieß, erwartete ich nicht mehr als Seemannsgarn und salzgetränkte Abenteuer; umso verblüffter war ich, als ich diese Worte las. Ein Freund hatte mir sein Exemplar von *Erdumseglung ganz allein* mit den Worten in die Hand gedrückt, diese »ziemlich gute Geschichte« könnte mir wohl gefallen. Er sollte recht behalten.

JOSHUA SLOCUM an Bord der *Spray*

Kapitel 11

# Das große Abenteuer

Am Tag meiner Abreise aus Gloucester war das Wetter mild. Als die *Spray* an der Spitze der Bucht vorübersegelte, zeigte sich ihr ein bewegtes Bild: Die ganze Stirnseite einer Fabrik war ein einziges Gewinke von Taschentüchern und Mützen. Hübsche Gesichter schauten aus den Fenstern vom Dach bis zum Erdgeschoss des Gebäudes, und alle lächelten: Glückliche Reise! Einige riefen mir zu: »Wohin? Und warum allein?« Als ich so tat, als wolle ich landen, streckten sich hundert Arme nach mir aus, »komm doch zu uns!« Aber das Ufer war gefährlich. – Die Slup kreuzte gegen einen leichten Südwestwind aus der Bucht heraus; um die Mittagsstunde lag Eastern Point querab. Hier entbot man ihr einen herzlichen Abschiedsgruß. Es war die letzte Freundlichkeit von den vielen in Gloucester. Der Wind frischte hinter der Spitze auf, und die *Spray* schipperte gemütlich weiter und hatte bald das Feuer von Thatchers Island achteraus. Von hier aus nahm ich ostwärtigen Kurs; ich wollte nördlich an den Cashes-Riffen und den Amen-Felsen vorbeiziehen. Angesichts der Riffe und Felsen traten mir noch einmal alle Gefahren der See vor Augen. Aber ich fühlte mich vor mir selbst verpflichtet, die Fahrt mit der *Spray* durchzuführen.[1]

*Erdumseglung ganz allein*

Man freut sich immer, unversehens auf einen Schatz zu stoßen, selbst wenn man in gewisser Weise danach gesucht hat. Eine wunderbare Passage in einem Musikstück oder einem Film. Irgendwas aus einem Buch oder einem Stück, das man vortragen kann, gern mit dem nötigen Pathos: wie Falstaff Prinz Heinrich anlügt, als es um den Überfall der Aufständischen geht (»In Steifleinen?«), oder die Stelle in *Erinnerung, sprich,* wo Nabokov erzählt, wie die örtlichen Kleinbauern seinen Vater hochleben ließen, indem sie ihn in die Luft warfen. Im Nachhinein kann ich nicht einmal behaupten, überrascht gewesen zu sein, in »jenen Hügeln« Gold zu finden. Aber als ich auf die oben zitierte Passage stieß und weiterlas, war ich einfach überwältigt, und ich möchte aus bloßer Begeisterung jeden daran teilhaben lassen. Ich war darauf gefasst, von Abenteuern auf See zu lesen, erwartete all die Yankee-Tugenden anzutreffen, von denen die Bewunderer dieses Autors sprachen – trockenen Humor, stoischen Gleichmut, detailgenaue Beschreibungen. Doch dann geriet ich in diesen Sprachfluss hinein, der alles Schwere so leicht erscheinen lässt, der alle emotionalen Untiefen so sicher umschifft. Es verschlug mir den Atem, und was ich empfand, kann ich eigentlich nur »Liebe« nennen.

Schön und gut. Aber *warum?* Die oben zitierte Passage ist mit den wichtigsten Logbucheintragungen so stramm gestaut wie der Laderaum der *Spray:* Wetter, Ortung, Windrichtung und -stärke, berechnete Position und angepeilter Kurs. Der Leser oder die Leserin weiß jederzeit, wo an Bord der *Spray* er oder sie gerade ist. Aber was ist mit dem »bewegten Bild«? Slocums Perspektive ist an die *Spray* gebunden, aber sein Blick bewegt sich im Rhythmus des Schiffs, reagiert nervös und empfindsam wie die *Spray* auf Windböen und emotionale Wirbelstürme. Die Gesichter in den Fenstern der Fabrik, die Arme der winkenden Sirenen – *Komm doch zu uns! Komm doch zu uns!* – sind höchst verführerisch, gleichsam erotisch aufgeladen. »Einige riefen mir zu: ›Wohin? Und warum allein?‹« Welcher Leser könnte genauer und freundlicher fragen? »Aber das Ufer war gefährlich.« Dieser Aussagesatz enthält sowohl eine einfache Tatsache als auch eine höchst komplexe Beschreibung der einzigartigen Ambitionen, aber auch Grenzen der Persönlichkeit des Autors.

Doch wo ein weniger inspirierter Seefahrer und Autor, jetzt endlich auf See, erst einmal tief durchatmen und den Tag genießen würde, den frischen Wind jenseits von Gloucester Point und das »gemütliche Dahinschippern« der *Spray*, da behält Slocum die Risiken im Auge: die »Cashes-Riffe und Amen-Felsen«, die genau so gefährlich sind, wie ihr Name besagt, eine ständige Mahnung – sie können den Rumpf eines Schiffes aufreißen. Und die an sich selbst gerichtete Frage, ob »es überhaupt gut ist, sich über die Felsen hinaus zu wagen«, beantwortet er mit: Ja!

Kein Autor kann eine solche Dichte, einen solchen Anspielungsreichtum über Hunderte von Seiten aufrechterhalten, und so finden sich in *Erdumseglung ganz allein* auch viele Passagen, bei denen es um das Handwerk des Segelns an sich geht: Namen und Daten, Längen- und Breitenangaben, einiges zur Geschichte von Inseln und Kolonien, die Slocum auf seiner Fahrt streift, Meteorologie und Geografie. An ihren besten Stellen ist Slocums Prosa von hoher Qualität und hat einen ganz außergewöhnlichen Fluss; es ist traurig, aber auch nicht gerade überraschend, dass sein größter geschäftlicher Fehlschlag bei der vor ihm liegenden Unternehmung ausgerechnet den Autor Slocum betraf.

Nun ja, kein Autor im emphatischen Sinn, eher ein freischaffender Journalist. Mit Blick auf das Machbare und um die Finanzierung des Unternehmens auf eine solide Basis zu stellen, änderte Slocum den Heimathafen der *Spray* von Fairhaven in Boston, obwohl in Fairhaven und New Bedford die größten Walfangflotten der Welt zu Hause waren, und beide Orte weltweit mindestens ebenso bekannt wie Boston.[2] Dann ging er daran, eine ganze Reihe von Zeitungen für seine Berichte zu interessieren, die er unterwegs schreiben wollte und die in Fortsetzungen abgedruckt werden sollten. Er verpflichtete den Bostoner Verleger Eugene Hardy als Agenten, der immerhin unverbindliche Zusagen des *Boston Globe* und des *Louisville Courier-Journal* einholen konnte. Die Geschichte seines Scheiterns als Reiseschriftsteller und die anhaltende Unzufriedenheit seiner vermeintlichen Schirmherren ist eine bittere Fußnote zu *Erdumseglung ganz allein.* Es lief kurz gesagt darauf hinaus: Die Zeitungen ärgerten sich, dass Slocum keine Eile zu haben schien, überhaupt loszufahren; aus ihrer Sicht schien er erst in Boston, dann Gloucester und anschließend auch noch in der Bay of Fundy herumzutrödeln. Es dauerte Wochen, bevor die *Spray* Sable Island achtern hinter sich ließ und Kurs auf die Azoren und Gibraltar nahm.

Aber abgesehen davon, dass er in Neuschottland das Boot für die Reise präparierte und in Halifax in eine Auseinandersetzung geriet, die in Handgreiflichkeiten auszuarten drohte, besuchte Slocum seine Familie und versuchte seinem Agenten und den Zeitungen zu erklären, dass ein so kleines Boot nicht nach einem festen Fahrplan um die Welt gesegelt werden könne. Daran schloss sich eine Diskussion über seine Reiseroute an, die die Blätter gerne als verbindlich abgedruckt hätten. Slocum hatte angekündigt, quer über den Atlantik nach Gibraltar zu segeln, dann durch das Mittelmeer und den Suezkanal ins Rote Meer, weiter durch den Indischen Ozean und um Kap Horn und dann mit Nordkurs aus dem Südatlantik Richtung Heimat. Er rechnete mit einer Reisedauer von zwei Jahren.

Er brauchte drei Jahre, zwei Monate und zwei Tage, um von zu Hause wieder nach Hause zu kommen. Und nach seiner Ankunft in Gibraltar blieb von der ursprünglichen Planung nicht mehr viel übrig. Noch bevor er sich mit Eugene Hardy über den beschriebenen Kurs einig wurde, hatte er in Fairhaven angekündigt, sich nach New York schleppen zu lassen und von dort aus an der Küste von Südamerika entlang um Kap Horn von Ost nach West und dann … mal sehen. Im Nachhinein scheint alles zwangsläufig und richtig gewesen zu sein – war er nicht dafür bekannt, das, was er tun musste, stets auf seine ganz spezielle Weise zu tun? Aber im Grunde hatten all seine Pläne einen wunderbaren Ad-hoc-Charakter.

Doch gerade am Anfang der Reise war Slocum in großen Geldnöten; wieder und wieder betont er, dass er auf dem Weg nach Gibraltar noch 1,50 Dollar in der Tasche hatte. Erst im Verlauf der Fahrt stellte sich heraus, dass er in fremden Häfen mit großem Hallo empfangen und großzügig mit allem versorgt werden sollte, was er brauchte; auch waren seine Vorträge, die er mithilfe einer Laterna magica illustrierte, ein großer Erfolg.

Aber als er erst mal auf dem Wasser war, da segelte er, was das Zeug hielt! Und beobachtete und lauschte und meditierte und wusste schließlich, was es heißt, allein in einem kleinen Boot zu segeln, das ein eigener komplexer Kosmos war, dessen Probleme eine einzelne Person nur mit aller Demut und Erfahrenheit und Wachsamkeit zu meistern hoffen konnte. Er war schließlich doch, in einem gleichsam religiösen Sinn, der Schöpfer der *Spray.* Wenn der Ruderkopf abdreht oder sich zwischen Deck und Kajüte eine Fuge auftat, dann wusste er, wer das zu verantworten hatte. Und dieses Gefühl einer großen Leichtigkeit, von dem er immer wieder berichtete, wenn die Sonne achtern versank und es ihn immer weiter trieb: »Dann wandte ich meinen Blick nach Osten, und dort, genau über dem Bugspriet, erhob sich der lächelnde Vollmond aus dem Meer. Selbst wenn Neptun über den Bug zu mir heraufgeklettert wäre, hätte mich das nicht freudiger stimmen können. ›Guten Abend, Sir‹, rief ich, ›schön, Sie zu sehen!‹«[3]

Später vor Sable Island kam der bekannte schreckliche Nebel auf. Joshua Slocum geriet nicht zum ersten Mal in eine dichte Nebelbank, aber hier war er doch beeindruckt: »Man konnte fast darauf stehen. So blieb es eine Reihe von Tagen, und der Wind schwoll zum Sturme. Die Wellen türmten sich immer höher, aber ich hatte ein gutes Schiff. In diesem trübseligen Nebel kam es mir allerdings vor, als triebe ich in endlose Einsamkeiten hinein –, ein Insekt auf einem Strohhalm inmitten der Naturgewalten.«[4] Slocums Ton ähnelt hier auf bemerkenswerte Weise dem des Erzählers in Stephen Cranes *Im offenen Boot:* »Der Berichterstatter … hielt den Blick auf die Wellen gerichtet und fragte sich, was er hier eigentlich sollte.« Immer wieder hatte Slocum die Gelegenheit zu beobachten, was Crane die pure große Gleichgültigkeit der Natur nannte: »Sie schien ihm weder grausam noch heilsam oder tückisch oder weise zu sein.«

Wenn aber Slocum sich auf dem Meer wie »ein Insekt auf einem Strohhalm« fühlte, dann kann es nicht überraschen, dass mit Rückkehr des schönen Wetters sich auch »das Gefühl der Verlassenheit wieder ein(stellte), das ich nicht recht abschütteln konnte. Ich gebrauchte oft meine Stimme, zuerst um Befehle über Schiffsmanöver zu geben, denn man hatte mir gesagt, dass ich vom langen Schweigen das Reden verlernen würde … Und so fragte ich aus meiner Kajüte einen nur in meiner Fantasie vorhandenen Rudergänger: ›Liegt sie auf Kurs?‹ Aber da ich keine Antwort erhielt, wurde ich noch fühlbarer an meine Lage erinnert. Meine Stimme klang in der leeren Luft hohl und ich gab es auf.«[5]

Auf den Klang der eigenen Stimme zu verzichten, muss für einen Kapitän, der daran gewöhnt ist, dass seine Kommandos willige Ausführende finden, eine ernüchternde Erfahrung gewesen sein. Aber wohl auch bewegend, denn die Demut vor dem Klang der eigenen Stimme ist nicht mit dem Hass auf den Lärm der Welt zu vergleichen, und sich als Insekt auf einem schwimmenden Strohhalm zu sehen, heißt nicht, das Staunen im Angesicht des gigantischen Ozeans zu verlernen. Vielleicht messe ich der so exakt beschriebenen Epiphanie, die direkt auf den Nebel folgt, zu viel Bedeutung bei: »Das anfangs so quälende Gefühl der Einsamkeit kam nicht mehr wieder. Ich hatte das Mysterium der See durchdrungen und war, ganz nebenbei, durch den Nebel gesegelt.« Die

Ausdrucksweise ist ein deutlicher Hinweis: Das »quälende Gefühl« ist stark genug, um jenes »Mysterium« zu »durchdringen«, das jenseits der verblendeten Bilderwelt liegt. Slocums Diktion haucht abgedroschenen Formulierungen neues Leben ein: Wer hätte gedacht, dass ein beiläufig eingeworfenes »ganz nebenbei« so lebendig klingen kann?

Am 20. Juli 1895, neunzehn Tage nach der Abfahrt in Neuschottland, betrat Slocum wieder Land, und der Leser merkt, wie die Überquerung des Atlantiks aus dem vereinsamten Segler ein soziales Wesen gemacht hat. Auf der Azoreninsel Faial genoss er die Gastfreundschaft der Insulaner sowie den Ausflug mit einer jungen Frau, die von ihrem Bruder als Dolmetscher begleitet wurde. Bevor er vier Tage später gen Gibraltar ablegte, wurde er von Gratulanten mit Geschenken überhäuft. Antonio, sein Übersetzer, wollte unbedingt mit ihm kommen. »Antonio sehnte sich nach einem gewissen John Wilson, und er war bereit, um beide Kaps herum nach Amerika zu segeln, um seinen Freund zu finden. ›Kennen Sie John Wilson aus Boston?‹, rief er. ›Ich kenne einen John Wilson‹, antwortete ich, ›aber er ist nicht aus Boston.‹ ›Er hatte eine Tochter und einen Sohn‹, erklärte mir Antonio, um dadurch seinen Freund besser zu kennzeichnen. Wenn der richtige John Wilson das lesen sollte, so bin ich beauftragt, ihm zu sagen, Antonio aus Pico lasse ihn grüßen.«[6]

Nachdem Slocum sich den Bauch mit frischen Pflaumen und Ziegenkäse aus Horta vollgeschlagen hatte, bekam er in der folgenden Nacht fürchterliche Magenschmerzen; die See ging hoch, was sich in der Kajüte, auf deren Boden er sich wand und krümmte, doppelt bemerkbar machte. Durch den Niedergang der *Spray* »sah (ich) zu meinem Erstaunen einen gewaltigen Mann am Ruder stehen«. Der Bursche trug eine rote Kappe, die ihm verwegen übers Ohr hing. Mit seinem »struppigen schwarzen Backenbart … hätte man ihn überall auf Erden für einen Seeräuber gehalten«. Der Seemann verkündete: »Ich bin der Steuermann der *Pinta* (aus Columbus' Mannschaft) und komme, um Ihnen zu helfen.« (Slocum hatte kurz zuvor Washington Irvings 1828 erschienene Biografie *Life and Voyages of Christopher Columbus* gelesen.) Der Geist diagnostizierte sodann Slocums Krankheit als »calentura« – Fieber durch Sonnenstich auf hoher See – und schalt ihn wegen seiner Ernährung. Auf seine typisch jähzornige Art antwortete Slocum: »Jetzt reicht's aber, für Moralpredigten habe ich gar nichts übrig.«[7]

Indem Slocum zwischen zu durchdringenden (der Nebel) und undurchdringlichen Mysterien (allein auf See die Stimme eines Fremden hören) unterscheidet, ist es ihm möglich, das Geistige und das Rationale miteinander zu verbinden. Was seinen Glauben an eine höhere Macht betrifft, so lag er im Großen und Ganzen auf einer Linie mit den Rationalisten des 18. Jahrhunderts, er glaubte an den »Großen Uhrmacher«. Viel später auf seiner Weltumseglung beschwört er ein göttliches Wesen, als er seine Route durch die unendliche Weite des Pazifiks beschreibt: »Einen ganzen Monat lang hielt mein Fahrzeug getreulich seinen Kurs … Jede Nacht sah ich das ›Kreuz des Südens‹ querab am Himmel. Die Sonne ging jeden Morgen achtern auf, jeden Abend voraus unter. Ich brauchte mich von gar keinem anderen Kompass leiten zu lassen, denn dieser war zuverlässig. Wenn ich nach langer Zeit auf See an meiner Berechnung Zweifel hatte, so berichtigte ich sie, indem ich auf die große Uhr da droben schaute, die der Weltenbaumeister geschaffen hatte, und es stimmte.«[8] Aber bei seiner Begegnung mit dem knarzigen Steuermann der *Pinta* nimmt das Übernatürliche in seiner sehr menschlichen und streitbaren Manifestation fast antike Züge an.

Nachdem er sich von Sturm und Lebensmittelvergiftung, so es denn eine war, erholt hatte, versöhnte er sich mit seiner Einsamkeit. Slocum ließ sich nicht gerne helfen, und umso mehr ist die Überzeugung zu würdigen, mit der er berichtete: »Ich war mit dem

Koch während der ganzen Reise sehr zufrieden, sodass auch der Koch mit mir zufrieden war. Niemals hat sich eine Schiffsmannschaft so gut miteinander vertragen.« In entsprechend fröhlicher Stimmung passierten Slocum und die *Spray* am 4. August 1895 die Säulen des Herakles, hundertzwei Tage nach Fairhaven und neunundzwanzig seit Kap Sable. In Gibraltar wurde er fürstlich von der britischen Marine bewirtet, man übernahm seine Hafengebühren, ließ die Takelage der *Spray* überholen und feierte ihn ob seines Wagemuts. Der Kontrast zur Reaktion des *Boston Globe* auf seinen ersten Reisebericht hätte kaum größer sein können – den fand man auf der anderen Seite des Atlantiks altmodisch und betulich, sowohl stilistisch als auch inhaltlich, und war entsprechend sauer. Letztendlich druckte die Zeitung nur drei seiner Reiseberichte ab; der erste datiert vom 21. August in Gibraltar und trug den Titel: »Spuk auf der *Spray*. Geisterhafter Steuermann von Columbus lenkt das Boot … Der Unerschrockene Matrose entbot den Stürmen ein fröhliches Willkommen.«

Aber das reichte nicht. Die Welt allein zu umsegeln war ein Kinderspiel im Vergleich mit der Arbeit als freischaffender Autor. Es dauerte nicht lange, bis Slocum einen Brief an Eugene Hardy schrieb und sich bitter über die Bostoner Zeitungen beschwerte, die mit dem Honorar knauserten und ihre Zusagen nicht einhielten; was er von unterwegs berichtete, schien sie offenbar nicht zu interessieren. »Ich vermute, dass ein Mordfall oder eine Vergewaltigung mit allen Details in allen Zeitungen einen Platz finden würde.« Da er nur noch 1,50 Dollar sein Eigen nannte, nahm er ein Angebot des Hafenkapitäns an, ihm fünfzig Dollar zu borgen. Als Slocum ein Jahr später sein erstes Honorar für einen Vortrag erhielt, zahlte er diesen Kredit sofort zurück. Der herzliche Empfang in Horta und Gibraltar sollte symptomatisch sein: In fremden Häfen wurde er als Held gefeiert, und zu Hause wollte man ihm nicht glauben und ignorierte ihn.

Die Offiziere der britischen Marine warnten Slocum ausdrücklich vor den Gefahren, die ihm bei einer Weiterfahrt durch das Mittelmeer durch die Piraten an der nordafrikanischen Küste drohten. Er vertraute ihrer Erfahrung und ließ sich zurück auf den Atlantik schleppen, um dort Segel in Richtung Brasilien zu setzen und dann weiter »falsch herum« um Kap Horn zu segeln, von Ost nach West.[9] Doch kaum hatte er die Schlepptrosse gelöst und eine steife Brise füllte die Segel mit Wind, da bemerkte er achtern ein sich schnell näherndes marokkanisches Schiff, eine Feluke, die offensichtlich mit jenen Piraten bemannt war, denen er doch gerade mit so großem Aufwand aus dem Weg gehen wollte. Die Seiten, auf denen Slocum die Verfolgungsjagd beschreibt, sind großartige Abenteuerliteratur; die Geschichte gipfelt in einer riesigen Welle, die im letzten Augenblick über beide Schiffe hereinbricht und die Feluke entmastet, während Slocum und die *Spray* fast ungeschoren davonkommen.

Nach einem dreitägigen Sturm und in Sichtweite der Kanarischen Inseln segelte er in einen Staubsturm, der von der afrikanischen Küste her aufs Meer blies. Dann hatte er endlich die Passatwinde erreicht und die *Spray* segelte munter an den Kapverdischen Inseln vorbei. In diesen Tagen, die Einsamkeit hatte ihn wieder gepackt, kreuzte er leewärts den Kurs eines Frachters, der Ochsen aus Argentinien geladen hatte. »Das war wirklich ein alter Kasten! Und die armen Rinder, wie sie brüllten!«[10] Es war bereits der zweite Viehfrachter, dem er in diesen Gewässern begegnete; der erste hatte auf Slocums Signale nicht geantwortet, und dieses Mal zeigte er keine Flagge.

> Wohin sind die Zeiten, in denen die sich begegnenden Schiffe auf See ihre Toppsegel brassten, sich gegenseitig besuchten und beim Abschied ihre Kanonen abfeuerten? Ach, diese guten alten Tage sind dahin. Heutzutage haben die Menschen kaum noch Zeit, um

> auf dem weiten Ozean miteinander zu sprechen, wo Neuigkeiten doch wirklich noch Neuigkeiten sind, an einen Salut mit Kanonen gar nicht zu denken, für den sie das Pulver nicht mehr bezahlen können. Es gibt heutzutage keine mit Zauberglanz umkleideten Frachter mehr auf See. Das Leben ist recht nüchtern geworden, und man lässt sich nicht einmal mehr Zeit, einander Guten Morgen zu sagen.[11]

Dieses Lamento hat durchaus seine Berechtigung und zeigt die gesunde Balance, die Slocum auf seiner Reise zwischen Einsamkeit und dem Kontakt mit Menschen hielt. Wenn er von Einsamkeit spricht, dann ist es fast immer den äußeren Umständen geschuldet und keiner inneren Entfremdung. Slocum betont immer wieder, wie wichtig es war, die *Spray* so zu trimmen, dass sie sich selbst steuerte und ihm damit die Zeit ließ, sich in der Kajüte zu erholen, nahrhafte Mahlzeiten zu kochen und sich in Bücher zu vertiefen, mit denen er in Kontakt mit der geschäftigen Welt blieb. Unnatürliche lange Wachen am Ruder machen jeden Seemann dösig, und nach einer Weile fängt er schließlich an zu halluzinieren. Jüngste Studien über die psychischen und physischen Auswirkungen von Isolationshaft[12] haben Langstreckensegler, die allein unterwegs sind, als besonders anfällig für diese »seelenzerfressende Einsamkeit« ausgemacht, wie eine der beteiligten Forscherinnen, Emma Richards, schreibt. Und die kann zur Sucht werden, wie sich bei Sir Francis Chichester und Bernard Moitessier zeigen sollte: Beide entwickelten eine derartige Antipathie gegen Menschenansammlungen, dass Chichester von Panik übermannt wurde, als er nach einem siegreich bestrittenen Einhandrennen um die Welt in seinen Heimathafen Plymouth einlief, und Moitessier, kurz bevor er sein Rennen als Sieger beendete, einfach weiter und dann in die Gegenrichtung noch einmal um die Welt fuhr.

Wenn Slocum jemals vorhatte, zu einem misanthropischen Einsiedler zu werden, dann hätte sein nächster Zielhafen, Pernambuco, den perfekten Anlass dazu geboten. Die Vorstellung, dass die brasilianische Regierung Slocums geänderte Reiseroute in noch stärkerem Maße beeinflusst hatte als die Piraten, hat etwas Bestechendes. Wie er selbst seine Leser wissen lässt:

> Ich hatte viele Fahrten hierher und in andere brasilianische Häfen gemacht. Im Jahr 1893 hatte man mir das berühmte Ericsson'sche Schiff, die *Destroyer,* anvertraut, das ich von New York nach Brasilien führen sollte, wo man gegen den Rebellen Mello und seine Partei vorgehen wollte. Übrigens besaß die *Destroyer* eine Unterwasserkanone von gewaltiger Länge ... Die Brasilianer versenkten (das Schiff) in ihrem merkwürdigen Krieg selber in Bahia. Mit ihr sank auch meine Hoffnung, jemals meine Löhnung zu erhalten. Ich konnte sie ja freilich einklagen; denn ich mochte sie nicht so ohne Weiteres verschmerzen. Aber das Wechselspiel der Zeiten hatte innerhalb von zwei Jahren die Mello-Partei an die Macht gebracht. Und obwohl ich im Dienst der rechtmäßigen Regierung gestanden hatte, fühlten sich die sogenannten Aufrührer mir gegenüber weniger verpflichtet, als ich gewünscht hätte.[13]

Slocums letzte Chance, bei dieser Partie »Esel-Baseball« einen Homerun zu landen, ergab sich am 5. November 1895 in Rio. Er schreibt: »Ich hatte (mich) um ein Treffen mit der Admiralität und (verschiedenen) Ministern bemüht«, um der Forderung nach Auszahlung der nicht gezahlten Löhnung Nachdruck zu verleihen, musste sich aber sagen lassen: »Kapitän, von uns aus können Sie das Schiff gerne haben.« Sie boten sogar an, ihm die Stelle zu zeigen, wo die *Destroyer* gesunken war; mittlerweile war das Schiff so tief im Schlamm versunken, dass vom Schornstein nur noch ein kleines Stück herausragte.

Schließlich verließ er Brasilien, und dieses Mal für immer. Am 28. November war er seit 218 Tagen auf See, war fünftausend Meilen von Boston entfernt und hatte achttausendfünfhundert Meilen zurückgelegt. Aber auf dem Weg nach Buenos Aires setzte er die *Spray* an der Küste Uruguays auf Sand; Ursache war eine klassische Wahrnehmungsverschiebung, durch die er einen nahe gelegenen kleinen Hügel für eine weiter entfernte Erhebung gehalten hatte. »Das glänzende Mondlicht hatte mir die Sandhügel ganz anders erscheinen lassen; jetzt fluchte ich, dass ich überhaupt irgendwelchen Erscheinungen getraut hatte.«[14] (Man bedenke: Auf seiner ganzen Reise um die Welt hatten Slocum und die *Spray* nur zwei Mal »Bodenberührung«, hier in Uruguay und später im Indischen Ozean, als sie über eine Korallenbank rumpelten.) Slocum sicherte die *Spray* durch einen Wurfanker, den er mit seinem kleinen Beiboot in tieferem Wasser ausbrachte; als das Dory kenterte, wäre er fast ertrunken, aber bei Flut kam die *Spray* wieder frei. Zwischendurch musste er sich noch eines jungen Gauchos erwehren, der das Boot wohl als Beute betrachtete und mit seinem Lasso an Land ziehen wollte.

Weihnachten verbrachte er in Montevideo. Die örtlichen Vertreter der Royal Steam Ship Company hatten ihm angeboten, die *Spray* im Dock kostenlos zu überholen. Außerdem schenkten sie ihm zwanzig Pfund Sterling und installierten einen großartigen Ofen an Bord. Auch wenn Slocum Dampfer verachtete – die Dampfer schienen ihn immer sehr zu schätzen.[15] Von Montevideo aus wagte Slocum sich den Rio de la Plata hinauf nach Buenos Aires. Entgegen seinen sonstigen Gewohnheiten hatte er dieses Mal einen Gast an Bord, einen gewissen »Kapitän Howard aus Cape Cod«, den er als »alten Freund« bezeichnete, doch keinen Vornamen nennt. Walter Teller meint, dass Slocum seinen Gast »ganz sicher nicht« mitnahm, um ihm »vorzuführen, wie die *Spray* sich selbst steuerte«. Ich bin mir da nicht so sicher. Allerdings sollte die Frage später, nach Slocums Rückkehr, als Zeugen gesucht wurden, die diese Eigenschaft des Schiffs bestätigten, von großer Wichtigkeit für Slocums Glaubwürdigkeit werden.

Vielleicht nahm Slocum auch deshalb einen Gast auf diesem kurzen Stück seiner Odyssee mit, weil er wusste, wie schmerzhaft es sein würde, an jenem Ort vorüberzusegeln, wo Virginia gestorben war, oder ihr Grab auf dem englischen Friedhof von Buenos Aires zu besuchen. In *Erdumseglung ganz allein* fällt kein einziges Mal Virginias Name, wie stets erlaubt der Autor sich keinerlei Sentimentalitäten, manchmal geradezu auf herzergreifende Weise wie in dem folgenden Abschnitt:

> Seit vielen Jahren war ich nicht mehr südlich von diesen Gewässern gewesen. Obwohl ich wusste, dass mir keine leichte Fahrt auf dem geradlinigen Kurs zum Kap Horn bevorstand, dachte ich beim Trimmen von Segel und Takelwerk nur: vorwärts, vorwärts! Während ich an einsamen Plätzen ankerte, verspürte ich doch hin und wieder ein leichtes Grauen. Beim letzten Ankerplatz auf dem eintönigen und schmutzigen Fluss erlag ich einmal – so schwächlich es erscheinen mag – meinen Gefühlen. Ich beschloss, nördlich der Magellanstraße nicht mehr zu ankern.[16]

Ach, die Magellanstraße! Hier beginnt das große Abenteuer innerhalb des großen Abenteuers der Weltumseglung mit der *Spray* innerhalb des großen Abenteuers des Lebens von Joshua Slocum. Er hatte sich dazu entschlossen, »Cape Stiff« von der falschen Seite her zu umrunden, wo die Winde so mächtig bliesen, dass sie die Nägel aus dem Boot hätten hauen können. Aber während er sich mit gehörigem Abstand von der Küste Patagoniens der Einfahrt zur Magellanstraße näherte, brach eine gewaltige Woge über ihn herein, ein Kaventsmann, der durch einen weit entfernten Hurrikan oder ein Erdbeben entstanden war. Er hatte sich auf dem Rücken anderer hoher Wellen immer weiter aufgebaut, bis er »mit einem gewaltigen Donnern herankam«, der »mächtige Wellenkamm turmhoch über dem Masttopp«,[17] und die *Spray* von achtern überrollte. Das war in der Tat, wie Slocum schrieb, die »Krönung«, eine Monstrosität, denen die meisten Seemänner ihr ganzes Leben lang nicht begegnen. Es wäre nur natürlich gewesen, angststarr auf dieses Ding da hinter ihm zu schauen, das wie eine Lokomotive angebraust kam. Aber mit all der Erfahrung, die er im Laufe der Jahre auf den Ozeanen gesammelt hatte und die aus Panik zielgerichtetes Handeln machte, kletterte er in einem Reflex den Mast hoch und löste die Segel. Die Erfahrung, dass die *Spray* intakt und sicher aus dem Wasserberg wieder auftauchte, nachdem sie »in jedem Spant erzitterte« und »unter dem Gewicht des Wassers taumelte«, bestärkte Slocum noch mehr darin, dass er auf einem rundherum sicheren Boot unterwegs war.

Slocum ging am Valentinstag 1896 in Sandy Point oder Punta Arenas an Land und befand sich damit weiterhin im östlichen Bereich der Magellanstraße; er hatte nur noch etwas mehr als dreihundert Meilen bis nach Kap Pillar am Pazifik vor sich, aber die sollten es in sich haben. Punta Arenas gehört zu Chile und ist die am südlichsten gelegene Stadt der Welt, berühmt für ihr entsetzliches Klima und die Feindseligkeit der Einheimischen. Hier füllten die Dampfer ihre Kohlevorräte auf, und die europäischen Siedler versuchten mühsam, von ihrer Schafzucht zu leben. Aber die Einheimischen – Patagonier und Feuerländer – waren von anderem Schlag, wie Slocum uns wissen lässt:

> (Sie) waren so verkommen, wie die Berührung mit gewissenlosen Händlern nur machen konnte. Einen großen Anteil an ihrem Verdienst machte der Handel mit Feuerwasser aus. Falls es ein Gesetz

> gegen den Verkauf dieses Giftstoffes an die Eingeborenen gab, so wurde es nicht befolgt. Schöne Vertreter der patagonischen Rasse, die am Morgen, als sie in die Stadt kamen, stattlich und edel aussahen, hatten es noch vor Dunkelwerden tief bereut, jemals einen weißen Mann gesehen zu haben, so viehisch betrunken waren sie, ganz zu schweigen von den Pelzen, die man ihnen abgegaunert hatte.[18]

Über die Reputation dieser einheimischen Küstenbewohner hatte es allerdings auch schon lange vor Slocum keinen Zweifel gegeben. Charles Darwin verbreitete sich im Reisetagebuch seiner fünfjährigen Forschungsfahrt auf der *Beagle* mit ausgesprochener Verachtung über die jämmerliche Hilflosigkeit der Einheimischen angesichts europäischer Feuerwaffen:

> Während unseres Aufenthaltes in Port Famine belästigten uns die Feuerländer zweimal. Da sich eine Menge Instrumente, Kleidung und auch Männer an Land befanden, hielten wir es für angeraten, sie abzuschrecken. Als sie noch weit entfernt waren, wurden ein paar Kanonen abgefeuert. Es war grotesk, durch ein Fernglas zu beobachten, wie die Indianer bei jedem Schuss, der über das Wasser strich, nach Steinen griffen und sie aus trotzigem Stolz in Richtung des eineinhalb Meilen entfernten Schiffs schleuderten. Dann wurde ein Boot mit dem Befehl ausgeschickt, aus großer Distanz ein paar Schüsse aus den Flinten auf sie abzugeben. Die Feuerländer gingen hinter den Bäumen in Deckung und schossen bei jeder Salve ihre Pfeile ab; die das Boot aber keinesfalls erreichten, und der Offizier lachte sie aus. Das machte die Feuerländer rasend vor Wut, und sie schüttelten in vergeblichem Zorn ihre Umhänge.[19]

Slocum kannte das Buch und orientierte sich darüber hinaus beim Segeln in diesen Gewässern grundsätzlich an der zweiten Auflage von *The West Coast of South America, Including Magellan Strait, Tierra Del Fuego and The Outlying Islands,* herausgegeben vom amerikanischen Amt für Hydrografie, einem Vorläufer des heute jedem Seemann geläufigen Werks *The Coastal Pilot.* Slocums Ausgabe listet der geografischen Reihenfolge nach all jene Situationen und Gegebenheiten auf, mit denen man bei der Durchquerung der gefährlichsten Wasserstraße der Welt rechnen muss.[20] (»Westlich von Kap Froward ist das Wetter ohne Frage äußerst schlecht, und vielleicht gibt es auf der ganzen Welt keinen anderen, von Menschen betretenen Ort, an dem das Wetter das ganze Jahr hindurch noch schlechter ist.«) In betont sachlichem Stil warnt der Küstenführer vor heftigen Strömungen, Nebel, Eisregen, Schnee, Hagel, trügerischem Ankergrund und regelmäßig auftretenden Williwaws, jenen heftigen und völlig unvorhersehbaren Fallwinden, die von den Bergen mit dämonenhaftem Brüllen in die Fjordschluchten der Magellanstraße hinabbrausen und auch große und seetüchtige Schiffe flach aufs Wasser drücken konnten. Es waren ebenjene Winde, die Antoine de Saint-Exupérys Flugzeug rückwärtsfliegen ließen. Bruce Chatwin berichtet von einem englischen Matrosen, der im 16. Jahrhundert in der Magellanstraße festsaß: »Als er sich die erfrorene Nase putzte, fiel sie einfach ab.«

Die im Allgemeinen sehr sachlichen Autoren des Amts für Hydrografie fanden allerdings einige harsche Worte für die einheimischen Feuerländer, von denen meistens nichts zu sehen war, »aber es ist unglaublich, wie schnell sich hundert oder mehr von ihnen zusammenrotten können, wenn sich eine Möglichkeit ergibt, Boote, kleine oder gestrandete Schiffe zu attackieren«. (So kamen die Inseln im Süden Patagoniens beziehungsweise die Feuerländer auch zu ihrem Namen: Sie benutzten Rauchzeichen – *fuego* –, um Nachrichten zu verbreiten, die für europäische und amerikanische Matrosen immer Unheil bedeuteten.) Wie im Rausch strömten sie zusammen, um zu plündern. Aber das war noch nicht alles: »Ihre jämmerlichen Boote gleiten nicht wie die amerikanischen oder neuseeländischen Kanus ruhig dahin. Anstatt mit Paddeln werden sie von Rudern vorangetrieben, rohe Bretter, die ans Ende einer Stange gebunden werden … (Die Feuerländer) laufen meistens nackt herum, und die Frauen scheint das noch weniger zu kümmern als die Männer.«

Oder sollen wir Charles Darwin das letzte Wort in dieser Angelegenheit überlassen? Die Beobachtungen des gefeierten Manns der Wissenschaft und der Vernunft, dieses glühenden Verfechters der empirischen Forschung, wären Slocum sicher nicht fremd vorgekommen:

> Während wir eines Tages in der Nähe der Wollaston-Insel an Land gingen, ruderten wir neben einem Kanu mit sechs Feuerländern. Es waren dies die verächtlichsten und elendsten Geschöpfe, die ich irgendwo gesehen habe … Diese Feuerländer aber in den Kanus waren völlig nackt, und selbst eine ganz erwachsene Frau war völlig nackt … An einem anderen nicht weit entfernten Hafenplatze kam eines Tages eine Frau, welche ein vor Kurzem geborenes Kind stillte, an die Seite des Schiffes und blieb dort aus bloßer Neugier, während die Schloßen herabfielen und auf ihrer nackten Brust, ebenso wie auf der Haut ihres nackten Säuglings tauten. Diese armen elenden Geschöpfe waren in ihrem Wachstum verkümmert, ihre hässlichen Gesichter waren mit weißer Farbe beschmiert, ihre Haut schmutzig und fettig, ihre Haare verwirrt, ihre Stimme misstönend und ihre Gebärden heftig. Erblickt man solche Menschen, so kann man sich kaum zu dem Glauben bestimmen, dass sie unsere Mitgeschöpfe und Bewohner einer und derselben Welt sind. Es ist ein sehr gewöhnlicher Gegenstand der Betrachtung, was für Freuden manche niederen Tiere in ihrem Leben genießen können. Um wie viel verständiger könnte man die Frage in Bezug auf diese Barbaren aufwerfen! Des Nachts schliefen fünf oder sechs nackte

> und kaum vor dem Wind und Regen dieses stürmischen Klimas geschützte Wesen auf der Erde, wie Tiere zusammengekrümmt … Sind die verschiedenen Stämme miteinander im Krieg, so sind sie Kannibalen. Nach den übereinstimmenden (Berichten) ist es gewiss richtig, dass, wenn sie im Winter von Hunger geplagt werden, sie eher ihre alten Weiber töten, ehe sie ihre Hunde schlachten. Als der Knabe von Mr Low gefragt wurde, warum sie dies täten, antwortete er: »Hunde fangen Otter, alte Weiber nicht.« Dieser Knabe beschrieb die Art und Weise, in welcher sie durch Halten über Rauch und daher durch Ersticken getötet werden; er machte ihr Geschrei zum Scherz nach und beschrieb die Teile ihres Körpers, welche als die am besten zum Essen betrachtet werden.[21]

Während die *Spray* in Punta Arenas vertäut lag, versuchte der Hafenkapitän, ein chilenischer Marineoffizier, Slocum von der Notwendigkeit einiger Leibwächter zu überzeugen, die ihn vor der Heimtücke der Feuerländer in der Meerenge schützen sollten. Es hieß, sie hätten erst vor Kurzem die Mannschaft eines Schiffs massakriert, worüber aber nichts Genaueres zu erfahren war. Als Vergeltungsmaßnahme hatte der Gouverneur einen »Trupp junger Heißsporne« – einen Lynchmob – losgeschickt, »um eine Siedlung der Feuerländer zu überfallen und alles, was dort herumläuft, niederzumetzeln«. Slocum war zwar skeptisch, wie es sich mit der Verteilung von Gut und Böse zwischen den Einheimischen und ihren chilenischen Herren verhielt, trotzdem war er froh, ein Martini-Henry-Gewehr, Kaliber .577, an Bord zu haben, das eine Reichweite von gut fünfhundert Metern hatte. Bevor er sich alleine aufmachte, bekam er von Kapitän Pedro Samblich[22] einen Sack Reißzwecken mit der Warnung geschenkt, dass man »sie unauffällig zum Einsatz bringen muss«. (Die rätselvolle Angelegenheit wird sich noch auflösen.) Außerdem drängte er ihn, wie Victor berichtete, »genau zu zielen und rechtzeitig mit dem Schießen anzufangen«.[23]

Am 19. Februar 1896 legte die *Spray* aus dem Hafen von Punta Arenas ab und nahm Kurs Westen durch die Meerenge. Aber sie kam nur schleppend voran: Der labyrinthartige Kanal wirkte wie ein Trichter für die unbeständigen Winde aus dem Pazifik, die wiederum urplötzlich von unberechenbaren Williwaws hinweggefegt wurden. Slocum rannte gegen dieses raue Stück See an, »nicht mal ein Vogel war in Sicht«; in trügerischem Fahrwasser schrammte er an unsichtbaren Felsblöcken entlang. Am nächsten Morgen blieb er lange genug vor Anker liegen, um seinen zweiundfünfzigsten Geburtstag mit einer Tasse Kaffee zu feiern. Doch kaum war er wieder unterwegs, als er auf Höhe von Kap Froward »Kanus, mit Wilden bemannt«, entdeckte, die ihm offensichtlich folgten. Es war ein absurder Nebeneffekt dieser höllischen Wetterlage, dass die Einheimischen bei Sturm und Nebel an Land blieben, unter besseren Bedingungen aber sofort wieder Flagge zeigten. Und so kam es, dass Slocum aus den näher kommenden Kanus jetzt das aufdringliche »Jammerschuner! Jammerschuner!« zu hören bekam. Es war ihr Bettelruf, hatte er gelernt, und er brüllte ein entschiedenes »Nein!« zurück.[24] Außerdem installierte er auf dem Vorschiff eine Vogelscheuche, um ein weiteres Crewmitglied vorzutäuschen, eine Maßnahme, die eher seiner Beruhigung diente, als dass sie Black Pedro beeindruckte. Denn just dieser Übeltäter war es, der den Angriff gegen die *Spray* führte. Slocum feuerte ein Mal in seine Richtung, aber mit Absicht weit daneben. »Sogar meine fehlgegangene Kugel bedeutete eine Meile Abstand von Mr ›Black Pedro‹. Denn er war es und kein anderer, ein berüchtigter Anführer in mehreren blutigen Gemetzeln. Er hielt jetzt auf die Insel zu, und die anderen folgten ihm. Ich erkannte ihn an seinem spanischen Kauderwelsch und an seinem Vollbart, diesen Schurken, einen abtrünnigen Mischling und den schlimmsten Mörder von Feuerland.«[25]

Bei dieser ersten Passage durch die Magellanstraße – es sollte eine zweite, sehr viel anstrengendere folgen – versuchte Slocum, den Einheimischen aus dem Weg zu gehen, und blieb nie länger als eine Nacht an einem Ort vor Anker liegen. Am 3. März kam er erschöpft in Port Tamar an, Kap Pillar und den Pazifik schon in Blickweite. Er hatte jetzt schon dreizehntausend Meilen zurückgelegt.

> Hier konnte ich bereits den Pulsschlag des Großen Ozeans spüren, der nun vor mir lag. Ich wusste jetzt, dass ich die eine Welt hinter mir ließ, um eine andere Welt, die sich vor mir auftat, zu betreten. Ich hatte die Schlupfwinkel der Wilden hinter mir gelassen. Die öden und leblosen Gipfel der granitenen Berge blieben achtern; auf einer Reihe von ihnen war nicht einmal ein Fleckchen grünen Mooses. Das ganze Land wirkte unfertig. Auf einem Hügel hinter Port Tamar stand ein kleiner Leuchtturm, der anzeigte, dass Menschen hier gewesen waren. Aber konnte es anders sein, dass der Wächter aus Einsamkeit und Kummer gestorben war? Dies öde Land ist nicht der Ort, sich an der Einsamkeit zu erfreuen … Ich sah eine Art Schwan, der kleiner war als eine Moschusente und den ich mit dem Gewehr leicht hätte erlegen können. Aber bei dem Fehlen allen Lebens in diesem öden, einsamen Land war es mir unmöglich, ein Leben auszulöschen, es wäre denn in Selbstverteidigung gewesen.[26]

Die folgenden Ereignisse ließen aus Slocums jetzt schon außergewöhnlicher Reise eine Art Mirakel werden. Denn als er pazifische Gewässer erreicht hatte, trieb ihn ein grausamer Nordweststurm vor Topp und Takel zurück. Es war unmöglich, umzukehren und Schutz in der Magellanstraße zu suchen, »(mir) schien nichts anderes übrig zu bleiben, als auf östlichem Kurs weiter durchzuhalten«.[27]

Hier gilt es einmal tief Atem zu holen. Selbst ein begabter Autor wie Slocum kann mit den Mitteln der Prosa nicht annähernd die real vergehende Zeit einfangen. Auch wenn er seinen Hang zu knappen Schilderungen einmal abgelegt hätte, wäre er als Autor nicht darum herumgekommen, zu verkürzen: Auf Seite zehn liegt die *Spray* noch in Fairhaven vor Anker, und dreizehntausend Meilen später, auf Seite neunundsechzig, schreibt er davon, dass er – na *prächtig* – den Atlantik noch einmal queren muss! Doch wir lesen nicht rückwärts, auch wenn Slocum – getrieben von Wind und Gezeiten – jetzt wieder dorthin segeln musste, woher er gerade hergekommen war. Das dem zeitlichen Nacheinander verpflichtete Medium lässt dem Leser keine Chance zu verstehen, wie die *Spray* im Vor- und Seitwärts und Zurück vorankam; oder welche Belastung das gewaltige Tosen der Natur für Slocums Sinne bedeutete, Stunde für Stunde und manchmal Tag für Tag, die Aggressivität des Meers, die Betäubung jeglicher Wahrnehmung, von der Feuchtigkeit in Kleidung, Lebensmitteln, Koje und Körper gar nicht zu reden. Slocum musste einen Umweg durch die äußersten Breitengrade des südlichen Ozeans nehmen, ein paar Tausend Meilen zusätzlich, und sein Richtungswechsel, der durch einen Wechsel der Winde erzwungen wurde, nimmt in seinem Buch nicht mehr als eine magere Seite ein, braucht nicht mehr als eine Handvoll Worte.

Und was für ein Wind das war! Mit welcher furchtbaren Gewalt er zuschlug! Die *Spray* wurde nach Südost getrieben, zwei lange Trossen achteraus, um ihren Lauf ruhiger zu machen und die nachlaufenden Sturzseen zu brechen, so »erduldete sie die schlimmste See, die Kap Horn und seine wilde Umgebung hervorbringen konnte«. Seinem Grundsatz getreu, auch auf See immer eine warme Mahlzeit zu sich zu nehmen, hatte Slocum zwischenzeitlich ein Irish Stew gekocht, aber »ich hatte keinen richtigen Appetit … (Um ehrlich zu sein, ich war seekrank)«. Ein Mann, der seiner Geschichte ein solches Geständnis anvertraut, hatte alle Chancen, gut durchzukommen. Und Slocum kam durch. »Selbst als der Sturm am schlimmsten wütete, blieb mein Schiff wohnlich und hielt sich tapfer. Mein Glauben an seine Seetüchtigkeit wurde in mir von Neuem bestärkt.«[28]

Aber Seetüchtigkeit allein bewahrt ein gut elf Meter langes Boot nicht davor, an einem Felsen zerschmettert zu werden, und dieses Schicksal hätte die *Spray* fast ereilt. Am fünften Tag des Sturms, dem 8. März 1896, kam Slocum zum schlimmsten Abschnitt dieses schlimmsten Gewässers der Welt. Ein halbes Jahrhundert zuvor war Darwin hier gewesen und hatte diese Stelle »Milky Way« getauft: eine Milchstraße von kaum überspülten kleinen und großen Felsen, eine Barrikade zwischen der Magellanstraße und den Gewässern südlich von Kap Horn: »Ein Blick auf diese Küste reicht aus, um einen Landbewohner wochenlang von Schiffswracks, Gefahr und Tod träumen zu lassen.« Slocum lässt seine Leser das in allen Einzelheiten miterleben:

> Die Nacht brach herein, ehe die Slup das Land erreicht hatte. Ich überließ es ihr, sich durch die pechschwarze Dunkelheit hinzutasten. Bald sah ich Brecher voraus. Hier wendete ich und hielt vom Lande ab, war aber kurz darauf entsetzt, wiederum – voraus in Lee – das furchtbare Gebrüll der Brandung zu hören. Wo ich zu sein glaubte, sollte es eigentlich keine Brecher geben. Ich hielt ein gutes Stück ab … aber da ich auch dort brandende Seen hörte, warf ich die Slup herum, um wieder in die freie See zu kommen. Auf diese Weise verbrachte ich, von Gefahren umlauert, den Rest der Nacht. Hagel und Graupel zerschlugen mir in den wilden Böen die Haut, bis mir das Blut über das Gesicht lief. Aber was machte das? Der Tag graute, und die Slup lag inmitten der »Milchstraße« des Meeres, die sich nordwestlich von Kap Horn hinzieht. Die weißen Brecher der sich wild auftürmenden See, die über blinde Klippen schäumte, hatten in der Nacht mein Schiff zu verschlingen gedroht … Das war das größte Seeabenteuer meines Lebens. Gott allein weiß, wie mein Schiff der Gefahr entrann.[29]

Am 10. März ging Slocum in der Meerenge an der St. Nicholas Bay vor Anker – dort, wo er vor achtzehn Tagen einen Kaffee auf seinen Geburtstag getrunken hatte. Er brauchte weitere dreiundvierzig Tage, um sich durch dieselben Gewässer zu kämpfen, die er seit seinem Aufbruch am Valentinstag bereits einmal durchkreuzt hatte. Ganz oben auf der Liste möglicher Gefahren standen weitere Überfälle in »Jammerschuner«-Manier. Es braucht nicht allzu viel Fantasie, um sich eine Menge von Gründen vorzustellen, warum die unfreundlichen Gastgeber etwas gegen jene Weißen hatten, die sich in ihrem Lebensraum breitmachten. Ich hoffe aber, dass auch der Leser Slocum lieber lebendig und auf dem Weg zu weiteren Abenteuern wissen möchte als tot und ausgeraubt in den Händen von Black Pedro. Dieser Meinung war auch Slocum, als er – vor Anker in der, *nomen est omen,* Thieves Bay – unter Deck schlief und oben Samblichs Geschenk ausgestreut hatte:

> Nun ist es eine allgemein bekannte Tatsache, dass man nicht auf eine Reißzwecke treten kann, ohne seinen Gefühlen Luft zu machen. Ein guter Christ pfeift, wenn er auf das spitze Ende einer Reißzwecke tritt, ein Wilder heult und zerreißt mit seinem Geheul die Luft. Genau das geschah in jener Nacht um etwa 12 Uhr herum, während ich in der Kajüte schlief und die Wilden meinten, sie hätten mich, die Slup und alles, was dazugehörte. Aber sie änderten ihre Meinung, als sie an Deck kamen … Ich brauchte keinen Hund; sie heulten wie eine Meute von Hunden. Ich hätte kaum ein Gewehr gebraucht. Sie sprangen wild durcheinander, einige in ihre Kanus, andere ins Wasser – wohl um sich abzukühlen. Sie erhoben ein Mordsgezeter, als sie abzogen. Ich gab mehrere Schüsse ab, als ich an Deck kam, um die Schurken wissen zu lassen, dass ich zu Hause war. Dann ging ich wieder in die Koje; ich wusste genau, dass mich eine Bande, die in so großer Eile verduftet war, nicht mehr stören würde.[30]

Die Geschichte ist fast zu gut, um wahr zu sein, und mit der ihm eigenen Gewissenhaftigkeit interviewte Walter Teller Slocums Schwager George Walker, der sie aus erster Hand gehört hatte. Da es aber niemanden gab, der die Ereignisse bezeugen konnte, mochte auch Teller sich nicht dafür verbürgen; was sie aber für ihn »durchaus nicht weniger interessant« machte. In seinen Notizen findet sich dazu eine Anmerkung in Klammern: »So geht es mir auch mit dem obigen Absatz aus der Feder des Kapitäns.« Und mir nicht anders.

Nach tagelangem harten Segeln überkam Slocum das Gefühl gegen Windmühlenflügel zu kämpfen. Angesichts der ständigen Attacken, denen er ausgesetzt war, wäre es falsch, hier von Resignation zu sprechen. Man stelle sich nur vor, wie er jeden Morgen einen schweren Anker samt Kette an Bord hievt; wie er schwere Segel setzt und birgt, sie dichtholt und refft, ausbessert und flickt; und das ständige Reparieren gebrochener Spieren mit dem primitiven Werkzeug, das er an Bord hatte.

Rockwell Kent, der den Bericht seiner Reise auf den Spuren der *Spray* großartig selbst illustriert hat,[31] weiß ein Lied von Williwaws und gefährlichen Strömungen, grausamer Kälte und Erschöpfung zu singen. Ihm war schon im Vorfeld klar, was in einer Gegend auf ihn zukam, die auch »Friedhof der Matrosen« genannt wird: »Wellen so hoch wie Berge, die für alle Ewigkeit an die Ufer aus Granit donnern« und es nur zu wahrscheinlich sein ließen, dort »Schiffbruch zu erleiden, zu ertrinken oder aufgefressen zu werden«. Das verlieh Feuerland »den alle Sinne verwirrenden Ruch des Schrecklichen«. Kent war mit einem Freund auf einem kleinen Boot unterwegs, und nach tagelangem Gegenwind, der sie immer wieder zurückgetrieben hatte, waren sie gerade so weit, den Törn von Punta Arenas nach Kap Pillar aufzugeben, als ihn plötzlich eine Art Wut übermannte:

Mit zunehmender Erschöpfung schwindet auch der Glanz des Abenteuers, wir fühlen zunehmend die Einsamkeit und dass nichts von dem übrig geblieben ist, was uns im Leben Kraft gegeben hat. Wir haben einen so weiten Weg zurückgelegt und so viel von dem zurückgelassen, was uns im Leben mit all seinem Durcheinander und Reichtum das Liebste war – und alles wegen der quälenden Einzigartigkeit unserer Sehnsüchte. Aber niemand mag darüber sprechen – so höchst persönlich und deutlich ist diese Sehnsucht. Und als ich schließlich, inmitten der dunklen Nacht, meinen Begleiter frage, was von allen Dingen auf der Welt er sich jetzt am meisten wünschen würde – er zuckt zusammen in der erschöpften Stille, und dann, ganz langsam, wie von ganz weit weg, behält er seine eigentlichen Gedanken für sich und sagt: »Einen günstigen Wind, der uns durch den Gabriel Channel bringt.«

Aber trotzdem hat alles mal ein Ende. »Kumpel«, sage ich eines Nachts, als wir uns schlafen legen, »jetzt schlagen wir ein neues Kapitel auf. Morgen setzen wir Segel, egal was passiert.«

Vergeblich, wie sich zeigen sollte.

Victor Slocum, der wohl wie keiner Zweiter begriffen hatte, wie sehr sein Vater ein Mann der See war, gibt ein treffendes Bild von jener Wildheit, die sich Joshuas kompromissloser Zielstrebigkeit verdankt: »Als der Sturm ihn nach Süden verschlagen hatte, war seine ganze Einstellung zur Magellanstraße eine andere geworden. Es hieß nun: ›Wenn du mit mir Ball spielen willst, nur zu! Ich bin bereit und kann dich auf deinem eigenen Feld schlagen.‹«[32] Oder, wie Joshua schreibt: »Inzwischen freute ich mich sogar über die Sturmböen. Die *Spray* wurde auch, während sie sich um Kap Horn herumkämpfte, niemals lange von ihnen verschont. Ich hatte mich allmählich an die Verhältnisse gewöhnt; wenn ich etwa noch einmal von einem Sturm gezwungen werden sollte, die Straße zu durchkreuzen, ginge ich vielleicht gar zum Angriff über …«[33] Und wenn Rockwell Kent schreibt, »die unerbittliche Raserei des Winds machte uns wütend«, dann klingt darin vielleicht die Wut von König Lear auf der Heide nach.[34]

Nachdem er Wein und Talg aus einem Schiffswrack im Langara Cove in der Borgia Bay geborgen hatte, füllte Slocum noch seine Wassertanks auf und segelte durch einen Schneesturm nach Port Angosto, einem Hafen, der als Sprungbrett für Kap Pillar fungierte. Er versuchte sechsmal vergeblich, weiter vom Hafen weg in Richtung Pazifik zu kommen, und ein chilenisches Kanonenboot erbot sich, ihn zurück nach Punta Arenas zu schleppen; was für den Kapitän dann aber schon zu viel des Guten war. Wenn das hier ein Spiel war, dann wollte er auch spielen! Ihm ging es weder um Macht noch Reichtum; er hatte die Welt bereits gesehen. Dieses hier war ein Wettkampf, und Fairness das oberste Gebot. Er entwickelte eine neue Eigenschaft, eine Art extremer Geduld. »Nachdem ich es sechsmal versucht hatte und jedes Mal zurückgeschlagen worden war, hatte ich gar keine Eile mehr, die Segel zu setzen.« Aber am 13. April 1896 schaffte er es beim siebten Versuch, den Hafen zu verlassen, wandte sich nach rechts und segelte nach sechsundneunzig hart umkämpften Tagen hinein in den Pazifik, wo eine riesige »Schönwettersee« (wie er es nannte) »sich decklängs über die Slup wälzte … Es war die letzte, die vor Kap Horn über die *Spray* flutete. Sie wusch all meinen Kummer mit sich weg. All meine Sorgen blieben nun achtern. Voraus winkte der Sommer; die ganze Welt lag wieder lockend vor mir.«[35]

Dreizehn Tage später erreichte er Land, die Juan-Fernández-Inseln. Er verbrachte zehn Tage an dem Ort, wo Alexander Selkirk nach seinem Schiffbruch von aller Welt verlassen in einer Höhle gehaust und dessen Geschichte Daniel Defoe das Material für seinen *Robinson Crusoe* geliefert hatte. Slocum steuerte auf seiner Reise um die Welt immer wieder Orte an, die sich seiner Begeisterung für Literatur verdankten. Eine der wichtigsten Stationen sollte Apia auf Samoa werden, wo er sich mit Fanny, der Witwe des von ihm verehrten Robert Louis Stevenson, traf, der erst achtzehn Monate zuvor verstorben war. Slocum hatte eine recht umfangreiche Büchersammlung an Bord, die er unterwegs durch Tausch, Geschenke und Neuerwerbungen immer wieder auffrischte. Grundstock dieser Bibliothek war ein Geschenk von Mabel Wagnalls, der jungen und unverheirateten Tochter des Verlagseigners von Funk & Wagnalls. Bevor der Kapitän in Boston in See stach, war sie mit einer Kiste voller Bücher an Bord gekommen und hatte in Slocums Logbuch geschrieben: »Die *Spray* wird zurückkehren.« Slocum war von diesem Vertrauen so gerührt, dass er ihr später *Erdumseglung ganz allein* widmete.[36]

Von den Kindern auf Juan Fernández war Slocum geradezu verzückt, und diese Zuneigung setzte sich auf anderen Stationen seiner Reise fort. Er konnte nicht aufhören den Kindern zu erzählen, wie Früchte und Bäume auf Englisch hießen, und alberte mit ihnen herum. Schließlich war er selbst mit einem Haufen Geschwister aufgewachsen und hatte für sie sorgen müssen, und auch mit seinen eigenen Kindern hatte er glückliche Stunden verlebt, sofern es die zeitlichen und finanziellen Möglichkeiten zuließen. Jeder, der Kinder im Südpazifik erlebt hat, weiß, wie ansteckend fröhlich sie sein können. Die kleinen Mädchen tanzen völlig selbstvergessen vor sich hin, und die Jungs – die wissen, dass ihr Volk bei den zivilisierten Fremdlingen einen gewissen Ruf genießt – reiben sich schon mal die Bäuche und rufen »hm, lecker«, bevor sie lachend wegrennen (aber nie sehr weit und auch nicht schnell). Es wundert daher nicht, dass Slocum seinen letzten Tag auf Juan Fernández als den »schönsten Tag ... der ganzen Reise« bezeichnet, »weil die Kinder der kleinen Gemeinschaft allesamt mit mir gingen, um wilde Früchte für meine Weiterfahrt zu sammeln«,[37] Quitten, Pfirsiche und Feigen.

Doch einmal wieder unter Segel, »Tag für Tag mit frischem Wind«, dauerte es zweiundsiebzig Tage, bis Slocum erneut Land unter den Füßen spürte. Er hielt weiter nördlich bis auf zwölf Grad südlich des Äquators und segelte dann Woche für Woche mit dem Passat auf diesem Breitengrad entlang. In dieser Zeit steuerte die *Spray* sich selbst, während ihr Kapitän las und sich von der Tortur um Kap Horn und der Magellanstraße erholte.

> Meine Zeit war all die Tage ausgefüllt – nicht damit, dass ich am Steuerrad stand; denn ich glaube, das kann kein Mensch, sein Fahrzeug, ob stehend, ob sitzend, um die Welt steuern. Ich tat Besseres, ich saß und las meine Bücher, flickte meine Kleidung, kochte meine Mahlzeiten und aß sie in aller Ruhe. Ich hatte bereits herausgefunden, dass es nicht gut war, immer allein zu sein, ich hatte deshalb mit dem, was um mich herum war, Kameradschaft geschlossen, zuweilen war es das All, zuweilen mein eigenes, unbedeutendes Ich. Aber meine Bücher waren stets meine Freunde, wenn alles andere versagte.[38]

Die *Spray* brauchte für die fünftausend Meilen von Juan Fernández bis zu den Marquesas dreiundvierzig Tage – Fatu Hiva, die bergige Insel und Vorbild für Melvilles *Typee*, war genau da, wo sie hatte sein sollen. Man möchte meinen, dass Slocum sich gerade von diesem romantischen, üppigen und mit Wasser und Früchten reich gesegneten Eiland angezogen gefühlt hätte, aber irgendetwas drängte ihn, weiterzufahren, vielleicht der Vorwärtsdrang an sich. Vielleicht wurde er auf diesem Teil der Reise zu jenem Bewohner der Meere, der sich nur noch auf See zu Hause fühlte, wie er in *Erdumseglung ganz allein* schreibt: »Das Wissen um die Gesetze, die die Winde beherrschen, und das Gefühl, dass man sie kennt, ist eine große Beruhigung auf der Fahrt um die Welt. Andernfalls muss man vor dem Erscheinen jeder Wolke zittern.«[39]

Als er bei klarem Wetter Fatu Hiva hoch aufragen sah, nur fünf Meilen von der Position entfernt, die er angepeilt hatte, da genoss er den Augenblick und platzte stolz heraus: »Das war wundervoll … das war erstaunlich. Alle Navigationskundigen müssen ja zugeben, dass die Kursberechnung von einem Tag zum anderen bei jedem Schiff um mehr als fünf Meilen vom richtigen Ergebnis abweichen kann. Das Gleiche gilt für die Mondberechnungen, wo selbst in diesem Punkt erfahrene Seeleute von vornherein einen Irrtum von acht Meilen berücksichtigen.«[40]

In welchem Kontext diese Leistung zu sehen ist, beschreibt Rod Scher in *Annotated Sailing Alone Around the World* (2009):

> Slocums Fähigkeiten als Navigator grenzen an Magie. Wenn er nur einige Grad nach Süden abgewichen wäre, hätte er die Marquesas um Hunderte von Meilen verpasst und wäre mit etwas Glück vielleicht in Französisch-Polynesien gelandet. Bei einer ebensolchen Abweichung nach Norden hätte er *überhaupt nichts* vorgefunden und weitere dreitausend Meilen bis zu den Marshall-Inseln fahren müssen.

Und tatsächlich sind die frühen europäischen Entdecker erst einmal an den Marquesas und Fatu Hiva vorbeigefahren, was schon erstaunlich ist bei einem Gipfel, der über schwarzen, vulkanischen Riffen und üppigen grünen Berghängen fast tausendzweihundert Meter hoch aufragt. In der Eingangspassage seines (autobiografischen) Romans *Typee* beschreibt Melville alle Gründe, warum es einen Matrosen, der lange auf See gewesen ist, fast magisch an Land zieht:

> Sechs Monate auf See! Ja, werter Leser, so wahr ich noch lebe, sechs Monate kein Land in Sicht; unter der brennenden Sonne des Äquators auf der Jagd nach dem Pottwal, von der langen

> Dünung des Pazifiks hin und her geworfen – oben der Himmel, drum herum das Meer und sonst nichts! Unser frischer Proviant war schon vor Wochen ausgegangen. Keine einzige Süßkartoffel übrig; keine einzige … Oh! Der erquickende Anblick eines grünen Grashalms – nur einmal an einer Handvoll lehmiger Erde schnuppern! Gibt es hier überhaupt nichts Frisches mehr? Nichts Grünes in Sichtweite?

Was uns auf die Frage nach der Ernährung Slocums während der langen Strecken zwischen den Häfen bringt, die er jetzt zu bewältigen hatte. Fliegende Fische als Hauptnahrungsmittel flogen ihm dort, wo es sie gab, von selbst auf den Tisch, außerdem führte er größere Mengen Kartoffeln und gesalzenen Kabeljaus mit. Zwieback war ein großer Freund der Matrosen, besonders als Krümel oder zum Stippen. Mehl gab es im Überfluss, ebenso Krapfen aus dem Talg, den er in der Magellanstraße geborgen hatte. Kaffee oder Tee mit Zucker hielten ihn des Nachts warm und wach. Clifton Johnson interviewte Slocum 1902 für die Oktoberausgabe der Zeitschrift *Outing* und benutzte Teile des Interviews für einen Folgeartikel in *Good Housekeeping* (Februar 1903) über die Ernährung des Kapitäns und seine Kochtechnik an Bord der *Spray*. In beiden Fällen, schrieb er, »habe ich seine Äußerungen praktisch wortwörtlich wiedergegeben«.

Slocum betonte, dass er immer genug zu essen hatte – eine recht saloppe Behauptung, wenn man bedenkt, dass Seereisen von mehr als sechzig Tagen Dauer häufig Skorbut nach sich ziehen. (Sir Francis Chichester berichtet von Fällen, bei denen die Symptome – Depressionen, lockere Zähne, Furunkel – nach nur zwölf Tagen allein auf See einsetzten; die Einnahme von Vitamin C und D machte frisches Obst und Gemüse offenbar nicht überflüssig. Von Slocum und keiner seiner Mannschaften ist bekannt, dass sie auf einer ihrer Reisen unter dieser weitverbreiteten Krankheit litten.)

Slocum hatte eine Vorliebe für Mangos, klagte aber, sie seien so saftig, dass er nach dem Essen ein Bad nehmen müsse.

Einen Großteil seiner Vorräte führte er in Konservendosen mit sich, die er selbst und von Hand zulötete. Er verwendete viel Curry, weil er in Südostasien den Geschmack und die Eigenschaft der Gewürzmischung als Konservierungsmittel schätzen gelernt hatte. Im Ochotskischen Meer war er zu einem Experten in der Herstellung von gesalzenem Kabeljau geworden, nicht »diese kleinen mageren, ausgebleichten, geschmacklosen Tomcods … sondern echte Kerle. Dick wie ein Brett und breit wie eine lederne Schuhsohle.« Kartoffeln backte er mit Schale. Und wie alle Yankees an allen Küsten war er besonders stolz auf seine Eintöpfe. Slocum machte sich nicht die Mühe, Fisch zu fangen – er ließ ihn sich vom Meer servieren: »Häufig stand ich am Morgen auf und fand auf dem Vorschiff Fliegende Fische, direkt neben der Bratpfanne.« (Man beachte das nonchalante »stand ich am Morgen auf«: Er stand auf, weil er geschlafen und die *Spray* sich so lange selbst Gesellschaft geleistet hatte. Ein Dampfer und ein Segelboot auf Kollisionskurs haben, so wird gesagt, vom Zeitpunkt der ersten Sichtung höchstens zwanzig Minuten Zeit, um einem Zusammenstoß aus dem Weg zu gehen. Slocum sah Tausende von Meilen lang kein einziges anderes Schiff auf dem Ozean. Und von einem Fall abgesehen – ein »erschrecktes Prusten« und eine Dusche von der Fluke eines Buckelwals, »der nachts durch den Ozean pflügte, während ich unten war« –, vertraute Slocum zu Recht ganz darauf, dass die Wale ihn sahen und ihm aus dem Weg gingen und dass dieser Weg frei von Riffen war. (Klingt ganz einfach, oder?)

Am Mittag des 16. Juli 1896 warf Slocum im Hafen von Apia auf Samoa Anker; er hatte die längste Passage seiner Reise ohne Landberührung hinter sich gebracht. Aber anstatt sofort an Land zu gehen, spannte er ein Sonnensegel über dem Cockpit der *Spray* auf und blieb sitzen, lauschte den Stimmen, die vom Strand zu ihm heraufdrangen – zum größten Teil von singenden Frauen. Wenn man Slocum wirklich verstehen will, dann hier und jetzt: So erleichtert und stolz und hungrig nach Gesellschaft er auch sein mochte, er stürzte nicht sofort los, sondern legte seiner Genugtuung über das Erreichte Zügel an – ein wahrhaft heroischer und auch heilsamer Akt der Selbstdisziplin.

Auf Samoa blieb Slocum länger als einen Monat und befreundete sich dort mit Fanny Stevenson. Einen Tag nachdem die *Spray* vor Anker gegangen war, kam sie mit einigen Abgesandten des amerikanischen Botschafters an Bord, der ihm zu Ehren ein paar Festlichkeiten organisiert hatte. Von hier an wurde der Weltumsegler gefeiert, wohin er auch kam – Stammeshäuptlinge, Forschungsreisende, Auslandsgesandte, alle waren zu Recht beeindruckt vom Ehrgeiz und von der Leistung des Kapitäns und machten ihm den Hof. Slocum war für diese Art von Komplimenten durchaus empfänglich, und trotz seiner Abneigung gegen Selbstbeweihräucherung brachte er in *Erdumseglung ganz allein* die Namen und Lebensgeschichten so unterschiedlicher Berühmtheiten wie »Oom Paul« (Onkel Paul) Krüger, Präsident von Transvaal, und Robert Louis Stevenson unter, dessen Grab auf Samoa er zusammen mit Fanny besuchte. Stevenson war hier im Alter von vierundvierzig Jahren gestorben, und die Inschrift auf seinem Grabstein bewegt Slocum zutiefst: »Heim kommt der Seemann, heim vom Meer / und der Jäger heim von der Jagd.«

Fanny war Amerikanerin und wusste, dass Stevenson vor allen anderen Autoren und Abenteurern für Slocum der Größte war. Sie lud ihn in Stevensons Villa ein, Vailima, wo er an Stevensons Schreibtisch Briefe schreiben durfte. Dann drängte sie ihrem Gast ein paar Segelhandbücher für das Mittelmeer auf, die sie »Kapitän Slocum« widmete. Sie versicherte ihm, ihr Mann »würde sich freuen, dass sie in die Hände eines Seemanns jenes Schlags kommen, den er vor allen anderen schätzte«.[41] Slocum wiederum schrieb über Fanny, dass sie »zusammen mit ihrem Gatten in jeder Art von gebrechlichen Fahrzeugen die Inseln der Südsee besucht (hatte)«.[42] Und er wird wohl zwangsläufig dabei an seine Virginia gedacht haben.

Nachdem er den Rest seiner Talgvorräte an einen deutschen Händler verkauft hatte, der Kerzen und Seife daraus machen wollte, lichtete Slocum am 20. August den Anker und verließ Samoa. Er schlug einen Kurs ein, der ihn nördlich an den Fidschi-Inseln vorbeiführte. Nach zweiundvierzig stürmischen Tagen schlüpfte er in Newcastle, Neusüdwales, unter, und zehn Tage später kam er im Hafen von Sydney an. Von Boston aus gesehen hatte er jetzt Halbzeit. Schon in Newcastle konnte er sich der Besucher auf der *Spray* kaum erwehren, und die australischen Zeitungen, die sein Kommen ankündigten, überschlugen sich mit Lobeshymnen. Im *Sydney Morning Herald* schrieb ein Autor, der mit »The Pilot« zeichnete, dass unter allen Entdeckern, die neue Grenzen suchten –

> Kapitän Slocum am ehesten zur speziellen Kategorie extremer Eigenbrötler gehören müsste … (Doch stattdessen) wird er vom britischen Geschwader gefeiert und überall als würdiger Abkömmling einer illustren Dynastie von Beherrschern der Meere bejubelt. Und so wahrscheinlich bis ans Ende aller Tage. Auch der höchstentwickelte Intellekt ist wohl nicht in der Lage, die Lust zu mindern, die wir alle natürlicherweise empfinden, angesichts zupackenden Handelns – angesichts würdiger Taten, die würdig zu Ende geführt werden.

Nun ja, es zeugt nicht gerade von großer Intelligenz, vorhersagen zu wollen, was »wir alle« fühlen oder empfinden – in Sydney wurde Slocum jedenfalls nicht von einem begeisterten Empfangskomitee begrüßt, sondern von einem Polizeiboot, das –

… mich aufforderte, zu ankern. Sie durchsuchten ein altes Notizbuch von mir, das ihre ganze Aufmerksamkeit zu erregen schien, nach irgendwelchen Daten. Nichts entgeht der Wachsamkeit der Polizei von Neusüdwales; sie ist auf der ganzen Welt berühmt. Verschmitzt fragten sie, ob ich ihnen nicht gewisse wertvolle Angaben machen wolle; sie seien die Ersten, die mich träfen. Jemand sagte, sie kämen, um mich zu verhaften … na, lassen wir es dabei bewenden.[43]

Es ist wohl weder für den flüchtigen noch den gewissenhaften Leser von *Erdumseglung ganz allein* ersichtlich, dass Slocum hier auf die Fortsetzung seiner Fehde mit niemand anderem als Henry A. Slater anspielt, dem Erzfeind aus dem Horrorszenario auf der *Northern Light*. Der Leser reibt sich die Augen: »Na, lassen wir es dabei bewenden.«

Slocums Probleme mit Slater setzten sich in Sydney auf dem gleichen Niveau fort, wie sie in New York geendet hatten – als Farce. Der Verlauf dieses nicht enden wollenden Kleinkriegs – wenn auch nicht die Wahrheit dahinter – ist mit all seinen Klagen und Gegenklagen durch Zeitungsberichte in der *National Library of Australia* umfassend dokumentiert.

Nachdem Slater seine Klage in New York zurückgezogen hatte, war er nach Sydney übergesiedelt, wo der Exsträfling – kein Manko in einer Gesellschaft, die von Exsträflingen gegründet worden war – Polizist wurde. Slater war tief empört, wie die Australier Slocum bei seiner Ankunft in Newcastle feierten, und begann, eine lautstarke Kampagne gegen die Reputation seines früheren Kapitäns vom Zaun zu brechen, die ihren Höhepunkt in jenem vor Verleumdungen strotzenden Artikel fand, der am Morgen vor Slocums Ankunft in Sydney im *Sydney Daily Telegraph* zu lesen war.[44] Ein besonders provokativer Satz zog Slocums Aufmerksamkeit auf sich: »Ich bitte die Öffentlichkeit damit zu warten, einen

Gott aus ihm zu machen, bis ich ihm Auge in Auge gegenüberstehe. Ich sage das nicht, um Aufmerksamkeit zu erregen, oder auch nur Sympathie, sondern einfach um meinen Mitbürgern zu zeigen, mit wem sie es bei Kapitän Joshua Slocum zu tun bekommen.«

Als wir das letzte Mal von Slater hörten, verklagte er gerade den Rechtsverdreher, der ihn dazu angestiftet hatte, falsche Aussagen zu machen; zwölf Jahre waren vergangen, seitdem er vor einem New Yorker Friedensrichter (und dem Herausgeber der *Nautical Gazette*) unter Eid ebenjene Vorwürfe widerrufen hatte, die er jetzt erneut hervorzerrte. Entweder hatte mit den Jahren sein Gedächtnis schwer gelitten, oder er war einfach nur fuchsteufelswild, dass sich sein Geständnis nicht besser bezahlt gemacht hatte. Aber Slocum schlug schnell zurück – von Slaters Verleumdungen »angewidert«, wie er schrieb – und gewährte (tatsächlich!) Presse und Polizei in Sydney unbeschränkten Einblick in das »alte Notizbuch«. Darüber hinaus brachte er seinen Ankläger vor ein Gericht der Hafenpolizei Sydneys und beschuldigte ihn, mit Gewaltanwendung gedroht zu haben. Dazu zitierte er aus einer der jüngsten Tiraden Slaters: »Gott steh diesem Kapitän Slocum bei, wenn ich ihn treffe. Ich kann dann für nichts mehr garantieren. Ihr macht einen Engel aus diesem Mann, aber wenn ich ihn in die Finger kriege, dann werde ich ihn zum Engel machen.« Einer von Slocums Zeugen war sein Schwager George Washington Walker, der während der Hochzeitsreise mit Virginia zum Cook Inlet gesegelt war. Außerdem bezeugte ein Kriminalbeamter, dass Slater zu einer Menschenmenge vor dem Hauptpostamt gesagt hatte: »Kapitän Slocum ist ein Feigling. Er wagt es nicht, mir Auge in Auge gegenüberzutreten. Aber ich werde ihn dazu zwingen.«

Über den Fall Slater gegen Slocum berichtete am 12. Oktober 1896 der *Sydney Morning Herald.* Slater fragte Slocum umstandslos: »Haben Sie Angst vor mir?« Slocum antwortete: »Nun ja, Sie sind ein äußerst reizbarer Mensch, und nach dem, was Sie von sich gegeben haben, könnten Sie mich durchaus verletzen. In gewissem Sinne habe ich tatsächlich Angst vor Ihnen.« Slater sagte zu seinem Peiniger: »Zumindest in moralischer Hinsicht sollten Sie Angst vor mir haben.« Er bekam vom Gericht die Auflage, sich von Slocum fernzuhalten, und musste eine Bürgschaft von achtzig Pfund hinterlegen.

Wie immer, wenn Auseinandersetzungen von der Presse hochgekocht werden, hatten beide Seiten ihre Anhänger. Allerdings war es Slocum, der sich von einer überwältigenden Mehrheit bestätigt sah. Während der verbleibenden Monate in Australien und Tasmanien gewann er neue Freunde und Gönner, und sein Ruhm nahm stetig zu.

Der Titel von Herman Melvilles Gedicht »The Maldive Shark« (»Der maledivische Hai«) ist in seiner Lakonie einfach perfekt; es verweist auf sehr irdische Zustände, selbst wenn es das Böse unter die Wasseroberfläche verbannt. In sechzehn Zeilen beschreibt es diesen erbarmungslosen Räuber – »ein Phlegmatiker«, »seniler Lahmarsch und dumpf bleicher Räuber von schrecklichem Fleisch« – aus der Perspektive der »wendigen kleinen Pilotfische«, die ihn aufmerksam begleiten. Sie schwimmen unauffällig neben seinem »Sägeblatt-Maul«, dem tödlichen Schlund. Es gibt vielleicht keinen Autor von Weltrang, der es besser verstanden hätte, einem Tier menschliche Charakterzüge zu verleihen, aber Melville verwechselt dabei niemals natürliche Grausamkeit und menschliche Niedertracht.

Slocum nahm die Grausamkeit des Meeres womöglich noch weniger persönlich als Melville; umso mehr wundert es, wie sehr diese Bestie für ihn Sinnbild von Stärke und bildmächtigem Übel war. Kurz nachdem er der sturm- und windgepeitschten Magellanstraße entkommen war, tötete er einen Hai und grübelte anschließend in einer pazifistischen Anwandlung über das Warum:

> Am 10. Tag von Kap Pillar kam ein Hai herangeschwommen, der erste seiner Art auf diesem Teil der Reise. Es bekam ihm schlecht. Ich harpunierte ihn … Ich hatte bisher noch keine Lust gehabt, irgendeinem Geschöpf den Garaus zu machen, aber als Mister Hai in Sicht kam, ging meine Tierliebe zum Teufel. In der Magellanstraße hatte ich wahrhaftig manche Ente schwimmen lassen, die einen guten Braten abgegeben hätte, weil ich in der großen Verlassenheit kein Lebewesen töten mochte.[45]

Immer wieder schwammen in der Nähe von Korallenriffen hungrige Haie um die *Spray* herum (sind sie nicht dazu *geschaffen*, stets hungrig zu sein?). »Ich knallte genauso gern auf die Biester wie andere auf Tiger. Haie sind ja die Tiger des Meeres. Kein Gedanke ist einem Seemann wohl schrecklicher als der an einen Kampf mit einem hungrigen Hai.«[46] In keiner von Slocums Schriften findet sich ein Hinweis darauf, dass er in den Grausamkeiten der Natur eine Absicht sah, weder in ungünstigen Winden noch Monsterwellen, Stürmen, Flauten, Strudeln, Vulkanen, Erdbeben oder Seuchen.

Kurz vor Weihnachten 1896 war er in Melbourne und bereitete sich auf die Überfahrt nach Tasmanien vor. Dabei eröffnete sich ihm die Möglichkeit, seinen Abscheu mit unternehmerischer Lust zu verbinden, denn er ärgerte sich über die seiner Meinung nach völlig überzogenen Liegegebühren im Hafen. Er war verwöhnt, da er für Schlepperdienste oder das Andocken nie hatte zahlen müssen (von Lebensmitteln und anderen Geschenken gar nicht zu reden), und so kehrte er den Spieß jetzt um und knöpfte den neugierigen Einwohnern Melbournes Sixpence Eintrittsgeld ab, wenn sie sich auf der *Spray* umsehen wollten. Als dann –

> dieses Geschäft flau wurde, fing ich einen Hai, für dessen Besichtigung ich ebenfalls einen Sixpence forderte. Der Hai war fast 3 ¾ Meter lang; er trug eine Brut von sechsundzwanzig Jungen

> im Leib, von denen keins kleiner war als sechzig Zentimeter. Ein Schnitt mit dem Messer ließ sie in ein Kanu gleiten, das voller Wasser war. Da ich dies fortwährend erneuern ließ, blieben sie einen ganzen Tag lang am Leben. Keine Stunde nachdem ich das garstige Biest zur Strecke gebracht hatte, war es an Deck öffentlich ausgestellt, und ich hatte bereits mehr eingenommen, als das Tonnengeld ausgemacht hatte.[47]

Und da er schon mal so schön dabei war, heuerte er gleich einen fantasiebegabten Iren an, einen in allen Hafenkneipen bekannten Geschichtenerzähler, der mit allen möglichen Schauermärchen über Haie und ihre Grausamkeit ein großes Spektakel aufzog, während sich Slocum – ein echter Arbeitgeber – am Strand mit den angenehmen Dingen des Lebens befasste.

Die Wintermonate 1897 verbrachte Slocum in Tasmanien, fast zwei Jahre und fünfundzwanzigtausend Meilen von zu Hause, was immer er mit diesem Begriff noch verbinden mochte. Es wird ihm sicher der Gedanke gekommen sein, sich womöglich hier in südlichen Gewässern niederzulassen. Die Begeisterung, mit der er in den Häfen empfangen wurde, schien immer noch zuzunehmen, und in Hobart und andernorts hielt er vor zahlendem Publikum Vorträge zu Bildern aus der Laterna magica. In Hobart hinterließ ein anonymer Bewunderer eine Fünfpfundnote an Bord der *Spray* – was in heutiger Währung gut zweihundert Euro entsprechen würde; Slocum beschloss sogleich, diese Spende bei Gelegenheit an jemanden weiterzugeben, der das Geld nötiger brauchte als er. Die Gelegenheit ließ auch nicht lange auf sich warten: In Cooktown, Queensland, spendete er den Schein einer lokalen Wohltätigkeitseinrichtung, die sich um jene Einheimischen von Neuguinea kümmerte, die während des australischen Goldrauschs als billige Arbeitskräfte hierher verschleppt worden waren.[48]

Nach Cooktown hatte Slocum eine weitere Änderung der Reiseroute verschlagen. Ursprünglich wollte er südwestlich um Australiens Kap Leeuwin herumsegeln, aber Packeis, das aus der Antarktis herüberdriftete, hatte diesen Plan zunichtegemacht. Stattdessen segelte er jetzt gen Norden entlang der Ostküste Australiens in der Lagune des spektakulären, tausendzweihundert Meilen langen Great-Barrier-Riffs, das die felsige Küste Queenslands vom Korallenmeer trennt. Und so wie er vorher Magellans Spuren gefolgt war, so bewegte er sich jetzt in Gewässern, die 1770 Kapitän James Cook mit der *Endeavour* befahren hatte.

Am 20. Mai 1897 rundete die *Spray* Great Sandy Point und lief wieder vor einem stetigen Passat, dieses Mal durch die trügerischen Riffe des Great Barrier und gegen den Rat der einheimischen Seeleute. Für Slocum war es weniger anstrengend, die Nacht über wach zu bleiben, als immer wieder den Anker auszubringen und einzuholen. In der zweiten Hälfte von *Erdumseglung ganz allein* erwähnte er mehrfach, wie sehr er noch immer die Strapazen der Fahrt durch die Magellanstraße in den Knochen spürte. Nachdem er, ohne Schaden zu nehmen, nördlich von Cooktown über ein Riff geschrammt war (er hatte den Leuchtturm, der davor warnte, sogar in Sichtweite), traf er am 20. Juni auf Thursday Island vor der nördlichsten Spitze von Queensland ein, zwei Tage vor dem sechzigjährigen Thronjubiläum von Queen Victoria. Als einziger Amerikaner auf der winzigen Insel wurde er von den britischen Beamten fürstlich bewirtet, während ein paar Hundert Aborigines vom Festland in voller Kriegermontur zusammen mit ihren Familien eine traditionelle Tanzzeremonie aufführten. »Denn wenn schon auf Thursday Island gefeiert wird, dann auch gleich ordentlich.«[49] Die Aborigines tanzten mit ihren Waffen, trugen Kriegsbemalung und schlugen die Trommeln mit Tierknochen. Auch der Kapitän war erpicht darauf, Flagge zu zeigen, und hatte die »edlen« Stars and Stripes so hoch wie möglich am Mast gesetzt.

Als Slocum am 24. Juni von Thursday Island aufbrach, konnte er sich nur zu gut daran erinnern, welche Schufterei die Passage durch den Indischen Ozean und um das Kap der Guten Hoffnung gewesen war. Er wollte auf jeden Fall vermeiden, es im Winter zu runden. Er zögerte seine Ankunft in Südafrika absichtlich hinaus, legte vor dem Passat aber trotzdem große Entfernungen zurück und peilte, südlich an Timor vorbei, die Cocos oder Keeling Islands an, mehr als dreitausend Meilen südwestlich von Java. Diese Inselchen sind nicht mehr als ein Karree von neun Quadratmeilen, deren Geschichte ebenso verworren ist wie ihre Namensgebung. Auf dem Weg dorthin segelte die *Spray* durch die Arafurasee –

> wo sie tagelang in milchweißem, grünem und rotem Wasser segelte. Ich hatte Glück, dass ich diese See beim letzten Viertel des Mondes befuhr; dadurch erlebte ich in den dunklen Nächten das Glimmleuchten im hellsten Glanz. Wo die See von der Slup gefurcht wurde, schien sie ganz aus Feuer zu sein, bei dessen Licht ich die kleinsten Dinge an Deck erkennen konnte; ihr Kiel war ein einziger Feuerstreif.[50]

Nachdem er dreiundzwanzig Tage mit einem »grundsoliden« Westkurs auf zehn Grad fünfundzwanzig Minuten südlicher Breite gesegelt war, sein Fortkommen mit dem Daumen und Positionsbestimmungen nach Turbulenzen in den oberen Luftschichten vorgenommen hatte, entschied er am 17. Juli, dass seine »Berechnungen« ihn nicht getrogen hatten.

> Ich kletterte auf den Mast und sah schon aus halber Höhe Kokosnusspalmen aus dem Wasser voraus aufragen. Ich hatte den Anblick erwartet, und doch durchzuckte es mich nun wie ein elektrischer Schlag. Ich rutschte den Mast hinunter; ich zitterte vor Erregung. Unfähig, mich zu beherrschen, setzte ich mich auf das

> Deck und ließ meinen Tränen freien Lauf. Den Landratten im Lehnstuhl eines Wohnzimmers mag das schwächlich erscheinen, aber ich erzähle die Geschichte einer Weltumseglung ganz allein.[51]

Slocum blieb länger als einen Monat auf den Kokosinseln. Er bewunderte die Künste der Einheimischen als Bootsbauer und amüsierte sich über die Geschichte der Inseln, die 1609 von William Keeling, einem Kapitän der East India Company, entdeckt und benannt worden waren. 1825 erkundete ein schottischer Handelsschiffer namens John Clunies-Ross die Insel und brachte gleich seine Frau und Schwiegermutter mit, um sich in diesem Paradies niederzulassen. Aber Eden war schon gefallen. Alexander Hare war reich, doch seine Vorstellungen von Sitte und Moral waren diskutabel; er hatte sich hier in einer Villa mit einem Harem von vierzig malaiischen Frauen breitgemacht. Als Clunies-Ross samt Familie und in Begleitung von acht schottischen Matrosen auftauchte, stieß er zu seiner Bestürzung auf Hare; daraufhin befahl er seinen Matrosen, Hare und dessen Frauen durch das Watt auf die nächste Sandbank zu jagen. Aber lassen wir Slocum erzählen:

> Von jetzt an hatte es Hare schwer. Er und Ross standen sich nicht gut als Nachbarn. Die Inseln waren zu klein und zu nah beieinander für so außerordentlich verschiedene Charaktere. Hare schwamm im Geld, er hätte sehr gut in London leben können. Aber er war Gouverneur einer wilden Kolonie in Borneo gewesen und konnte sich mit dem zahmen Leben einer prosaischen Zivilisation nicht mehr abfinden. So klammerte er sich an das kleine Atoll mit seinen vierzig Frauen, wo er sich nach und nach vor Ross und seiner gewalttätigen Besatzung zurückzog. Zuletzt verblieb ihm und seinem Harem nur noch die kleine Insel, die bis zum heutigen Tag als Prison Island bekannt ist, wo er seine Weiber, wie Blaubart in seinem Schloss, einsperrte. Der Kanal zwischen

den Inseln war schmal, das Wasser war nicht tief, und die acht schottischen Matrosen trugen hohe Stiefel.[52]

Am 22. August segelte Slocum weiter gen West und erreichte am 8. September Rodrigues Island, wo er von den Einheimischen für den Antichrist gehalten wurde. Die frommen Leute hatten die Predigt des Missionars ein wenig missverstanden. Eine Frau verkroch sich während der Woche seines Besuchs in ihrer Hütte und war auch vom britischen Gouverneur der Inseln nicht zu bewegen, wieder herauszukommen. Die Diener der Krone hatten sämtliche Segnungen der Zivilisation auf dieses rückständige und abergläubische Eiland gebracht und es (so Slocums treffende Formulierung) »in ein Land der Servietten und geschliffenen Kristallgläser« verwandelt.

Von Rodrigues nach Mauritius brauchte die *Spray* drei Tage und ging dort am 19. September vor Anker. Es war Hochsaison, und Slocum beschloss, hier zu warten, bis die Stürme um das Kap der Guten Hoffnung abgeflaut waren. Ein weiteres Mal war es sein Status als Prominenter – vielleicht mit einer Prise Charme gewürzt –, der ihm eine gründliche Gratisüberholung seines Schiffs bescherte. Kein Wunder, dass er sich diese Insel herauspickte, von der schon Mark Twain (und das nur ein klein wenig ironisch) in seinem Buch *Dem Äquator nach* geschrieben hatte: »Hier kriegt man den Eindruck, dass zuerst Mauritius entstand und *anschließend* das Himmelreich, das übrigens nur eine Nachbildung von Mauritius ist.« Slocum lebte in den Tag hinein, genoss die Strände und amüsierte sich mit den Kindern; einmal nahm er sogar sieben Mädchen und ihre Anstandsdame auf einen nächtlichen Törn mit.[53] Etwa um diese Zeit erschien in der *New York Times* – die fälschlicherweise Yokohama für Slocums Zielhafen hielt – eine Meldung, der zufolge Slocum »seine Pläne zur Weltumseglung aufgegeben habe«.

(Außerdem war in der Zeitung zu lesen, er sei »vor der japanischen Küste von Piraten angegriffen worden, hätte aber fliehen können«. Wer so etwas wohl verbreitete?) Er war zwar immer noch elftausend Meilen von zu Hause entfernt, aber da die Leser mit ihm bis hierher gesegelt sind, ist ihnen auch klar, dass die weitere Reise für einen Seemann wie Slocum bloß noch eine Vergnügungsfahrt sein konnte.

Dem frei erfundenen Bericht der *New York Times* war am 24. August eine Meldung der *New Bedford Evening Times* vorausgegangen, die ihrem Artikel folgende Schlagzeile verpasst hatte: »MÖGLICHERWEISE VERSCHOLLEN. *Familie von Josiah (sic) Slocum lässt alle Hoffnung fahren … glaubt, dass er in einem schweren Sturm gesunken ist.*« Das Blatt ließ wissen, Slocum »hatte vorgehabt, den Globus in einer Muschelschale zu umrunden«, und verkündete dann, dass »Kapitän Slocum den Daheimgebliebenen kontinuierlich über den Fortgang der Reise berichtet hatte, aber als sie erst Wochen und dann Monate nichts mehr von ihm hörten, wuchs die Furcht, dass er vielleicht nicht mehr am Leben sei«. Dieser Artikel machte Walter Teller zu Recht neugierig, und er befragte die noch lebenden Slocum-Kinder, ob sie oder Hettie tatsächlich Briefe von ihrem Vater bekommen hätten, während er unterwegs war. Falls Hettie jemals Briefe bekam, so hat sie diese vermutlich verbrannt. Victor zitiert in seiner Biografie weder aus Briefen, noch erwähnt er sie. Jessie konnte sich nicht erinnern. Und Garfield schrieb an Teller, dass er niemals einen Brief von seinem Vater erhalten habe.

Wenn dies den Tatsachen entspricht, so sind sie erschütternd. Ob Slocums Schweigen nun Absicht war oder bloße Nachlässigkeit, es ist in jedem Fall ein ungeheuerlicher Vorgang, besonders im Licht seiner üppigen Korrespondenz mit Joseph Gilder, jenem Kritiker, der *The Voyage of the »Liberdade«* so gelobt hatte. Ihm schrieb Slocum, vier Tage bevor die Zeitung in New Bedford meldete, er sei möglicherweise auf See verschollen, einen langen Brief von der »*Spray*, die an einer Palme auf Keeling-Cocos vertäut liegt«.

Immerhin hatte die *Evening Times* gemeldet, dass die »Muschelschale« den »Globus« umrunden wollte. Dass die Erde eine Kugel und keine Scheibe sei, war in seinem nächsten Zielhafen, Port Durban in Südafrika, allerdings Gegenstand hitziger Diskussionen. Nach einer dreiwöchigen Fahrt, während der schwere Stürme und Gewitter zwischen Madagaskar und der afrikanischen Küste die *Spray* so schlimm beutelten wie seit Kap Horn nicht mehr, lief Slocum am 17. November 1897 in den Hafen von Durban ein. Dort blieb er vier Wochen, bis am Kap der Guten Hoffnung der Sommer angebrochen war. Mit einem Freifahrtpass für die örtlichen Eisenbahnen reiste er nach Transvaal, um dort Präsident Johannes Paulus Krüger zu treffen, der unverbesserlich und kampfeslustig darauf bestand, die Erde sei eine Scheibe. Nachdem Slocum ihm versichert hatte, er sei »um die« und nicht »in der« Welt gesegelt, würdigte ihn der finster blickende Bure keines Blickes mehr. (Die Briten verspotteten diese Auseinandersetzung voller verständlicher Schadenfreude mit einer Karikatur in der Kapstädter Zeitschrift *Owl*.)

In Durban traf Slocum auch Henry Morton Stanley, den Journalisten und Forschungsreisenden, der den lange verschollenen David Livingstone ausfindig gemacht hatte. Slocum ließ sich auf einen Wortwechsel mit dem großen Mann ein:

> Ich holte meine Schoten dicht, um langsam zu schippern, denn Mr Stanley war selbst einmal Blauwassermann gewesen – auf dem Nyanza[54], meine ich. Es war natürlich mein Wunsch, vor einem Mann mit seiner Erfahrung im besten Lichte zu erscheinen. Er sah mich durchdringend an und sagte: »Welches Beispiel der Geduld.« »Geduld ist allerdings fast alles, was man braucht«, wagte ich zu

> antworten. Er fragte mich dann, ob mein Fahrzeug wasserdichte Räume hätte. Ich erklärte, dass es ganz wasserdicht und ganz Raum sei. »Was nun, wenn Ihr Schiff auf ein Riff aufläuft?«, fragte er. »Wasserdichte Räume würden es nicht retten können, wenn es auf Felsen aufläuft, die auf seinem Kurse liegen.« Ich fügte noch hinzu: »Man muss es eben von den Felsen fernhalten.«[55]

Slocum hielt die *Spray* von allem fern und kam im Januar in Kapstadt an, nachdem sich das Schiff durch allerlei schwere Seen geackert hatte: »Sie tauchte mich als Weihnachtsgeschenk drei Mal unter Wasser. Ich wurde nass, was mir durchaus gegen den Strich ging.«[56] Nachdem er, um seine Speisekammer aufzufüllen, einige Vorträge[57] gehalten hatte, wurde er am 26. März aus dem Hafen gezogen und setzte Segel Kurs Nordnordwest, Richtung Heimat, und ging auf das letzte lange Teilstück seiner Reise. Mit einem stetigen Südwest im Rücken legte er in elf Tagen zweitausend Meilen zurück und war am 11. April, nach einer außerordentlichen Fahrt, vor St. Helena – diesem von Napoleon so wenig geliebten »Fleck in der See«. Wie üblich wurde Slocum auch hier gefeiert und für seinen Vortrag gut bezahlt. Und um dem hohen Grad der Wertschätzung Ausdruck zu verleihen, führte ein amerikanischer Freund des britischen Gouverneurs einen Ziegenbock mit auf die *Spray*. Es ist nicht bekannt, warum ein so gestrenger Kapitän wie Slocum, der der Versuchung, mit Haustieren zu reisen, immer widerstanden hatte, ausgerechnet diesen Passagier duldete, aber hier ist sein Bericht:

> (Der Spender des Ziegenbocks) meinte, das Tier sei nicht nur nützlich, sondern auch gesellig wie ein Hund. Ich stellte bald fest, dass mein Segelkamerad, dieser Hund mit Hörnern, gut und sicher angebunden werden musste. Ich beging nun den Fehler, dass ich ihn nicht am Mast mit einer Kette festlegte, sondern ihn nur mit pflanzlichem Tauwerk anband. Dafür musste ich schwer büßen.

> Außer am ersten Tag, als dem Biest noch keine Seebeine gewachsen waren, hatte ich keine friedliche Stunde mehr … Jedenfalls verschlang diese Verkörperung des Bösen alles und jegliches, angefangen vom Außenklüver bis zu den Davits am Achterschiff. Es war der schlimmste Seeräuber, dem ich auf der ganzen Fahrt begegnete. Der Bock begann sein Unwesen damit, dass er eines Tages meine Seekarte von den Westindischen Inseln in der Kajüte auffraß, während ich auf dem Vorschiff tätig war. Ich dachte, das Vieh sei sicher auf Deck bei der Pumpe festgebunden. Aber ach, es gab nicht eine Trosse auf der Slup, die den furchtbaren Zähnen des Ziegenbocks standhielt … Als Nächstes verschlang der Bock meinen Strohhut … Dieser letzte garstige Streich entschied sein Schicksal.

Wer wäre überrascht gewesen, wenn das Urteil gelautet hätte: Sofort nach St. Helena zurückschwimmen! Aber nein, am 27. April 1898 legte der zuweilen streitlustige Kapitän einen Zwischenstopp auf der Insel Ascension ein – Stützpunkt der britischen Marine auf halber Strecke zwischen Brasilien und Afrika –, um Post aus St. Helena zu überbringen und – um den abscheulichen Ziegenbock an Land zu befördern. Slocum musste sogar noch etwas drauflegen, damit einer der Bauern auf der Insel sich seiner annahm. Aber was auch immer sich auf der Insel ereignete: entweder vergaßen die Einwohner, ihm davon zu erzählen, oder sie wussten tatsächlich nicht, dass zwei Tage zuvor die Vereinigten Staaten von Amerika Spanien den Krieg erklärt hatten.

Am 8. Mai kreuzte die *Spray* ihren eigenen Kurs und befand sich damit am gleichen Fleck im Ozean wie am 2. Oktober 1895. Slocum vermerkte das Ereignis: »Mich erfüllte stolze Zufriedenheit darüber, dass die *Spray* die Erde umsegelt hatte. Ich war auch überzeugt, dass mein Abenteuer seinen Wert hatte, und sagte zu mir selbst: ›Mag jetzt noch geschehen, was da will, die Einhandfahrt um die Welt ist nun Ereignis.‹ Ein Abschnitt war abgeschlossen.«[58]

»Abschnitt«, welch wunderbares Wort. Ein bewegendes Basta!, ein epischer, epochaler Meilenstein, das Ende von etwas, das sich gleichermaßen auf einer Landkarte wie in einem Satz niederschlägt. Indem er den Kreis an seinem Ziel schloss, war Slocum zwar wieder am gleichen Ort, aber er war ein anderer Mensch. Nichts gleicht einer Weltumseglung, und vielleicht ist das der Grund, warum Oom Paul so leidenschaftlich bestritt, dass es so etwas überhaupt geben konnte. Aber nur einer konnte dabei der Erste sein. Einen Berg zu besteigen – den höchsten Berg – heißt, den Gipfel zu erreichen, aber es ist ein lineares Hin und Zurück; die Rückkehr ist, bei aller Härte, eine Antiklimax. Alles schon gesehen …

Sechs Tage später fing die *Spray* die USS *Oregon* ab, die »achtern plötzlich aus der See auftauchte … Das Schiff sah aus wie eine Festung.« Es war vor siebenundsechzig Tagen in San Francisco in See gestochen und hatte zwölftausend Meilen zurückgelegt, um in die Auseinandersetzung mit Spanien eingreifen zu können, die der Explosion auf der *Maine* folgte. (Diese lange Fahrtzeit führte schließlich zum Bau des Panamakanals.) Das Schlachtschiff signalisierte: »Sind Kriegsschiffe in der Nähe?«, und hisste die spanische Flagge, um zu zeigen, wer damit gemeint war. So erfuhr Slocum, dass er sich in umkämpften Gewässern befand. Er signalisierte dem Kriegsschiff, das ungefähr tausend Mal größer war als die *Spray*, zurück: »Lassen Sie uns zu gegenseitigem Schutz zusammenbleiben«, ein an den Kapitän der *Oregon*, Kapitän Charles E. Clark, verschwendeter Scherz.

Wenig später kreuzte Slocum durch die Karibik. Jeder, der dort im Mai oder Juni mit einem Segelboot unterwegs gewesen ist, wird den Kapitän um diesen Teil der Reise beneiden – aber nur, bis man sich den ungehörigen Ziegenbock in Erinnerung ruft und begreift, dass Slocum in dieser riffreichen Gegend ohne Karten unterwegs war. Auch in Grenada und Antigua bekam er keinen entsprechenden Ersatz, aber hielt dort Vorträge und besorgte sich beim amerikanischen Konsulat die notwendigen Unterlagen, um sein Heimatland wieder betreten zu dürfen. Am 5. Juni war er unterwegs Richtung Cape Hatteras, aber in den Rossbreiten war es so windstill, dass er in seinem Cockpit saß und bei Kerzenschein Robert Louis Stevenson las. Am 23. Juni segelte er vor Long Island in »hin und her springende Seen und scheußliche Kabbelseen« hinein:

> Noch so spät im Juni prasselte hier im Golfstrom Hagel auf die *Spray* herab, und die Blitze zuckten aus den Wolken, nicht nur einzeln, sondern in fast ununterbrochenen Strömen. Kurz anhaltende günstige Brisen nutzend, steuerte ich indes die Slup Tag und Nacht der Küste zu. Am 25. Juni wurde sie in der Nähe der Feuerinsel von jenem Tornado überfallen, der eine Stunde vorher über New York dahingerast war, wo er Gebäude zerstörte und Bäume zersplitterte und in die Luft riss. Sogar Schiffe in den Docks waren losgerissen und auf andere Schiffe gedrückt worden, wo sie großen Schaden anrichteten. Das war der schlimmste Sturm auf der Fahrt … Ich hatte an der Küste von Madagaskar ein schweres Gewitter erlebt, aber es war mit diesem nicht zu vergleichen. Hier waren die Blitze gewaltiger und der Donner rollte ununterbrochen rings über die See. Ich hatte bis jetzt Kurs auf New York gehalten; aber als alles vorüber war, stand ich auf, setzte Segel und legte die Slup auf den anderen Bug, um einen ruhigen Hafen zu erreichen und über alles Mögliche nachzudenken …[59]

Wie alle Stürme ging auch dieser vorüber, aber er hatte das Stag, an dem die Fock gesetzt wurde, aus dem Masttopp gerissen. Die *Spray* lahmte Richtung Point Judith am Ufer von Rhode Island, rundete Beavertail und kroch in den verminten Hafen von Newport. Am 27. Juni, eine Stunde nach Mitternacht, nach sechsundvierzigtausend Meilen, drei Jahren, zwei Monaten und zwei Tagen wurde die *Spray* zu Hause willkommen geheißen durch einen Anruf vom Wachtschiff *Dexter.* »›Dort ist ein Fahrzeug!‹, rief der wachsame Marinesoldat. Ich zeigte sofort ein Licht und hörte den Ruf ›*Spray* ahoi!‹. Es war die Stimme eines Freundes, und ich wusste, dass ein Freund nicht auf die *Spray* schießen würde.«[60]

Man wünschte, dass es so gewesen wäre, aber das traf leider nicht zu.

JOSHUA SLOCUM verlässt Fag End und HETTIE.

## Kapitel 12

# Danach

> Matrosen oder Landratten, für jeden gibt es eine Art Kap Horn. Jungs! Hütet euch davor; macht euch rechtzeitig darauf gefasst, Graubärte! Und dankt Gott, wenn es vorüber ist.
>
> HERMAN MELVILLE, *White-Jacket*

Als die Bewohner von Newport am Morgen des 28. Juni 1898 erwachten und die Neuigkeiten des Tages hörten, da war von Joshua Slocum durchaus nicht die Rede. Die Tagesgespräche wurden noch immer von den Ereignissen rund um die Explosion der *Maine* bestimmt. Erst allmählich verbreitet sich die Kunde in und um den Hafen, dass da ein alter Mann von vierundfünfzig Jahren behauptete, er hätte allein in einer klapprigen Badewanne die Welt umsegelt. Sehr glaubwürdig klang das nicht. Auf der dritten Seite meldete der *Newport Herald*, dass am vorherigen Morgen ein »seetüchtig wirkendes kleines Fahrzeug träge in den Hafen eingeschwenkt« sei. Es wurde registriert, dass die *Spray* »fremd in diesen Gewässern sei« und »dies die Aufmerksamkeit der Frühaufsteher« erregt habe, deren Neugier vom »kauzigen Besitzer des Schiffs« aber völlig ignoriert wurde. Slocum war daran gewöhnt, in den Häfen von Montevideo bis Melbourne und von Cocos bis Kapstadt von einem ganzen Konzert von Dampfschiffpfeifen und dem »Hurra« jubelnder Schaulustiger am Kai begrüßt zu werden; jetzt musste er unter Vorlage der Visa in seiner Schiffslizenz die Zweifler davon überzeugen, dass alle Angaben zu seiner Reise richtig waren. Als man ihm schließlich zu glauben begann, ging das Gerücht um, er sei ein Diamantenschmuggler.

Kein Wunder, dass er mit seiner *Spray* nichts wie wegwollte aus Newport. »So tanzte sie am 3. Juli mit einem freundlichen Wind die Küste entlang und den Acushnet hinaus nach Fairhaven, wo ich sie an dem gleichen Zedernpflock am Ufer festmachte, an dem ich sie belegt hatte, nachdem sie vom Stapel gelaufen war. Noch weiter konnte ich sie nicht heimbringen.«[1]

Ein paar Tage später hieß ihn der *Fairhaven Star* unter der Überschrift willkommen: »EIN UNERSCHROCKENER SEEMANN: Nach einer Reise um die Welt landet Kapitän Slocum in Fairhaven«.

Der Kapitän kam nach Fairhaven, um sich kurz auszuruhen, die *Spray* zu überholen und seine vielen Freunde in Fairhaven wiederzusehen. Der Laderaum der *Spray* quillt über von allerlei Merkwürdigkeiten aus allen Winkeln der Welt. Den vielen Zeitungsausschnitten zufolge, die der Kapitän in einem Buch gesammelt hat, gilt er als hervorragender Vortragskünstler und wurde überall in den angesehensten Häusern willkommen geheißen. Er hat ein Stereoptikon und dreihundert hervorragende Lichtbilder, mit denen er seine Vorträge illustriert.

Kapitän Slocum sagte, er wolle ein paar Tage in der Gegend bleiben und dann mit seiner Frau und seinem Sohn wieder Segel setzen. Über kurz oder lang will er nach London gehen.

Unter den Erinnerungsstücken, die Kapitän Slocum mit nach Hause gebracht hat, ist auch ein großer Bambusstock, den die Witwe von Robert Louis Stevenson ihm geschenkt hat. Der Autor selbst hat den Bambus angepflanzt.[2]

Er wusste, was er geleistet hatte:

Seinen Weg zu Ländern zu finden, die schon entdeckt sind, ist auch ganz schön. Jedenfalls stellte die *Spray* fest, dass selbst die

> schlimmste See für ein gut gebautes Schiff nicht gar so schrecklich ist. Kein König, kein Land, kein Schatz wurde für die Fahrt der *Spray* geschröpft, dennoch erreichte sie alles, was sie sich vorgenommen hatte.[3]

Er war stolz, dass die *Spray* immer noch dicht war und nicht leckte, und von Anfang an bestand er allen Skeptikern zum Trotz darauf, dass er sie selbst über die riesigen Entfernungen auf den Ozeanen gesteuert hatte. Fragen nach seiner Gesundheit und seinem Geisteszustand beantwortete er offen und mit Stolz: »War die Besatzung gesund? War ich es vielleicht nicht? … Was das Altern anbetraf, so war die Uhr meines Lebens rückwärtsgelaufen, denn alle meine Freunde sagten: ›Slocum ist wieder jung geworden.‹«[4]

Aber wer waren diese Freunde, und wo waren sie? Trotz seiner galanten Äußerung, er würde mit Frau und Sohn in See stechen, war Hetties Empfang alles andere als herzlich gewesen. Mabel Wagnalls, die 1895 kurz vor seinem Aufbruch die Bücherkiste an Bord gebracht hatte, reiste von New York nach Newport, um ihn zu begrüßen. Kurz darauf besuchten auch Victor (26) und Garfield (15) ihren Vater in Fairhaven. Aber kaum war der ein paar Tage zu Hause, da wurde er schon wieder unruhig und rastlos. Der Krieg mit Spanien hatte ihm nicht nur die Schlagzeilen gestohlen, sondern auch seine Gefühle in Wallung gebracht. William Randolph Hearst wäre stolz auf ihn gewesen. Der Kapitän brannte derart vor Patriotismus und auf einen Kampf, dass er am Tag vor dem 4. Juli, dem amerikanischen Unabhängigkeitstag, einen Brief an den *New Bedford Evening Standard* raushaute, in dem er, aufgekratzt wie ein rauflustiges Kind, allerlei Antworten gibt auf Fragen, die ihm nie gestellt wurden:

> Ich will, dass ihr alle Ohrenschmerzen bekommt … Ich brenne darauf, mich genau jetzt nützlich zu machen. Ich habe meine besten

> Jahre auf den Philippinen, in China und Japan verbracht, aber in dem alten Mann ist immer noch Leben … Ich lechze nicht unbedingt nach einem Kampf, aber ich sehne mich danach, gebraucht zu werden. Braucht Mr McKinley Lotsen für die Philippinen und Guam? Falls weitere Kämpfer gebraucht werden, wäre ich nicht abgeneigt … Aber mein Herz ist zu voll, um zu schreiben. Ich beklecks e nur Papier. Amerika ist es wert, dafür zu kämpfen! Aber wir wollen Frieden, keinen Krieg. Und wir werden Frieden bekommen, und wenn wir es dafür mit der ganzen Schöpfung aufnehmen müssten!

Bei aller Nachsicht mit Slocums Kriegsfieber ist dieser Brief doch ein eher peinliches Beispiel für Slocums angeborene Schwächen: seine Impulsivität, sein aggressiver Jähzorn, besonders bei emotionaler Übererregtheit. Er war nicht mehr allein auf seinem Schiff, wo es auf Genauigkeit und Disziplin und unerschütterliche Konzentration ankam, und die daraus resultierenden Konsequenzen müssen seine Freunde, die Familie und vor allem ihn selbst ziemlich verwirrt haben. Er konnte gar nicht anders, als schockiert zu sein von der großen Gleichgültigkeit, die seiner Heldentat entgegenschlug. Es war das *Ende* seines Vorhabens, das ihn ohne Karte und Kompass hilflos auf den Wellen treibend zurückließ. Von hier aus konnte er buchstäblich nirgendwo mehr hin. Das Kreuzen der eigenen Route in der Nähe des Äquators war ein unwiderruflicher Abschluss gewesen, und mit dem Heimbringen der *Spray* an den Ort ihres Stapellaufs erfüllte er nur eine ihm auferlegte Sorgfaltspflicht. Jetzt war er wieder ein ausgelaugter Mann, der in der drückenden Enge eines kleinen Boots lebte, das an einem Pflock nahe Poverty Point vertäut lag.

Ein paar kleinkarierte Kritiker – die sich allerdings lautstark bemerkbar machten – spöttelten, dass sein Prominentenbonus schon aufgebraucht war, bevor er sich ihn überhaupt verdient hatte. Aber kamen dieser Skeptizismus und die Anfeindungen wirklich so unerwartet? Die ewigen Nörgler hielten ihm vor, ein Aufschneider oder misanthropischer Einsiedler oder gar beides zu sein. Er war ein lausiger Familienvater. Die *Spray* war nicht mehr als eine schwimmende Badewanne und selbstverständlich nicht dazu geeignet, sich selbst zu steuern; die Fanatiker unter den Zweiflern meinten sogar, sie sei gar nicht schwimmfähig und könne selbst im Hafen vor Fairhaven jederzeit umschlagen. (Einzelheiten zu diesen Anfeindungen sogleich.)

Aber wie hätte er mit einem solchen Empfang rechnen können? Der Krieg war ein Trumpf, der nicht zu stechen war, also was hätte er anders machen sollen? Drei Jahre voller Strapazen und eiserner Konzentration aufs Überleben hatten Slocum emotional und physisch erschöpft. Selbst Profisportler brechen nach dem Ende eines Wettkampfs manchmal in Tränen aus. Hätte er sich dagegen schützen können, indem er seinen Ehrgeiz der Vernunft unterordnete?

Slocum war beim Steuern eines Bootes, bei Koppelnavigation, Mondtabellen und dem Überleben von Stürmen ein Genie; an Land war er häufig einfach verloren. Unter Deck der *Spray* war er ausgesprochen schlampig, und das ganze Schiff – voller Kuriositäten aus aller Welt, zum Beispiel Korallen und riesige Tridacna-Muschelschalen von den Cocos Islands – verströmte den modrigen Geruch, der einem bei Ebbe in die Nase steigt. Seine Hände und Finger waren von Arthritis gezeichnet und seine Haut von Leberflecken übersät, denen die Sonne über vierzig Jahre lang zugesetzt hatte. Außerdem waren ihm ein paar Zähne abhandengekommen. Sein Erscheinungsbild schien ihn nach den Jahren allein auf See nicht mehr allzu sehr zu kümmern; und vielleicht waren ihm gewisse menschliche Bedürfnisse näher als viktorianische Benimmregeln, denn seine Hose war nicht immer zugeknöpft.[5]

Gleichzeitig darf man nicht vergessen, mit wem er gerade im

letzten Jahr seiner Reise Umgang gepflegt und wie erfolgreich er sich zum Vortragskünstler gemausert hatte. Und weil seine finanzielle Lage nicht die beste war, versuchte er gleich, an seine Erfolge unterwegs anzuknüpfen. Er war erst ein paar Tage in Fairhaven, da trat er schon im Rathaus von New Bedford auf. Garfield bediente die Laterna magica, während Victor die Kasse übernahm, »mit befriedigendem Resultat«, wie Slocum bemerkt. Der Saal war »zum Brechen voll; die alten Salzbuckel … hatten die ersten Reihen schon lange vor Beginn der Veranstaltung besetzt«. Aus dem Kapitän war im Laufe der Zeit ein mitreißender Redner geworden. Er war ein wunderbarer Geschichtenerzähler, und sogar Schwarz-Weiß-Fotos, die das intensive Blau seiner Augen nicht erahnen lassen, vermitteln einen Eindruck von Fabulierlust und Redegewandtheit. Es wäre faszinierend, ihn sprechen zu hören, wie er seine Reden spickte mit Redewendungen und Idiomen aus allen Häfen dieser Welt. Außerdem war das Podium ein guter Platz, um mit seiner Bescheidenheit zu punkten. Er machte gern einen Spaß über seine Glatze und erzählte, die Winde in der Magellanstraße seien stark genug, um einem Hund die Haare aus dem Fell zu rupfen, und – dabei rieb er sich den Schädel – so sei ihm das wohl auch ergangen. Es war kein Wunder, dass seine Zuhörer ihren Spaß hatten.

Leider kam er ein paar Jahre zu spät, um sich am vormals florierenden Vortragsgeschäft noch eine saftige Scheibe abschneiden zu können; Mark Twain, Buffalo Bill, Oscar Wilde und Charles Dickens hatten in den Glanzzeiten dieser Kunstform mit ihren Vorträgen ein Vermögen verdient.[6] Eine Einladung nach London, mit der er gerechnet hatte, realisierte sich nicht, aber im späten Sommer 1898 mieteten er und Hettie ein Zimmer in New York, und Ende Oktober hielt er vor großem Publikum eine Rede in der Carnegie Hall, über die sogar der *Daily Globe* im weit entfernten Atchinson in Kansas berichtete. Es ging dabei um die Finanzierung seines ehrgeizigen Vorhabens, ein großes »College-Schiff« für nicht weniger als dreihundert Studenten auszurüsten und auf eine zwei Jahre lange Reise um die Welt zu schicken: »Diese Zeit soll mit permanenter, praktischer Arbeit und der wünschenswerten Erholung verbracht werden, die ein Besuch in Ozeanien und Asien mit sich bringt.« Slocums Versuch, eine sinnvolle Verwendung für Segelschiffe und die paar übrig gebliebenen Matrosen zu finden, um »junge Menschen in nautischer Astronomie« und Biologie zu unterrichten, war durchaus vorausschauend. Darüber hinaus betonte er in der Carnegie Hall immer wieder, dass auch Studentinnen an Bord sein müssten, ja dass »er mit dem ganzen Projekt nichts zu tun haben möchte ... wenn nicht auch Frauen davon profitieren können«.

Obwohl die Erzählungen seiner Abenteuer mit der *Liberdade* und der *Destroyer* keine kommerziellen Erfolge waren, hatte Slocum immer gehofft, dass ein Bericht über seinen Husarenstreich mit der *Spray* auch finanziell einträglich sein könnte. Als ein Reporter ihn in Boston fragte, warum er so ein Unternehmen wagen würde, antwortete er wie aus der Pistole geschossen: »Um Geld zu verdienen.« Aber das – bei allem Respekt vor Samuel Johnsons Diktum »Kein Mensch außer einem Deppen hat jemals geschrieben, es sei denn für Geld« – war nicht der einzige Grund, warum Slocum sich ins Exil der *Spray*-Kajüte zurückzog, um *Erdumseglung ganz allein* zu schreiben. Er hatte bereits in Boston damit angefangen, wo er mal wieder dank der Großzügigkeit von Hetties Schwester untergekommen war, und arbeitete kontinuierlich an seinem Buch. Dabei konnte er auf die Logbücher zurückgreifen, die er auf all seinen Reisen führte, und es dauerte nicht lange, bis der Sog der Erzählung ihn mit sich riss: Er wusste, dass er hier eine großartige Geschichte hatte, und er empfand es als seine Pflicht, sie zu erzählen.

Schon während der Weltumseglung hatte er mit Richard Watson Gilder, einem Redakteur des *Century Illustrated Magazine*, korrespondiert, der Slocum per Telegramm um einen Artikel gebeten hatte. »Ich habe ziemlich entschiedene literarische Vorstellungen«, schrieb Slocum zurück, »und könnte mich einer solchen Sache, wie sonst auch, mit großer Energie widmen.«

Slocum war immer zurückhaltend mit den ersten Fassungen seiner Texte, denn er wusste um seine Unsicherheiten in Sachen Orthografie und Syntax und war sich darüber klar – wie jeder halbwegs vernünftige Autor –, wie schwer es war, eine übersichtliche Struktur zu entwickeln. Er wusste, dass er einen guten Lektor brauchte. Und er bekam, was er brauchte, und war dankbar dafür. Jeder, der die ausführlich dokumentierten Arbeitsschritte[7] durchgesehen hat, weiß, dass der veröffentlichte Text mit Slocums Stimme spricht. Das Hin und Her zwischen Autor und Lektor (hier besonders Clarence Clough Buel vom *Century Magazine*) dokumentiert sehr schön den Arbeitsprozess, gekennzeichnet von heftigen Stimmungsschwankungen seitens des Autors zwischen Verzagtheit und großem Selbstvertrauen und den taktierenden Nachfragen seitens des Lektors, der Fakten prüfen und Ungereimtheiten beseitigen, ja ganz allgemein den Autor aus der Reserve locken will, ohne ihn und den Verleger zu verärgern. Nachdem die letzten Änderungen unter Dach und Fach waren, schrieb Slocum an Buel: »Ich würde mich nie als Schriftsteller bezeichnen, aber ich möchte doch nicht, dass ein amerikanischer Kapitän dem Spott ausgesetzt wird.« Um gleich darauf die Gefahren des Schreibens in denkbar gedrängter Form zusammenzufassen: »Während ich die Geschichte aufgeschrieben habe, war ich völlig von ihr gefangen genommen und habe die riesigen Felsriffe knapp unter der Wasseroberfläche überhaupt nicht bemerkt; jetzt sehe ich sie.«

Die erste Folge von *Erdumseglung ganz allein* erschien 1899 in der Septemberausgabe von *Century Illustrated Magazine* und dann in Fortsetzungen bis zum März des folgenden Jahres. Das Buch erschien im April 1900 bei Century Company, wunderschön illustriert von George Varian und Thomas Fogerty – Zeichnungen, die noch heute in vielen Ausgaben der Werke Slocums verwendet werden.[8]

Im Frühsommer 1899 arbeitete Slocum hier und dort an der Küste Neuenglands am Typoskript und an den Korrekturfahnen seines Buches, aber ab Anfang Juli gab er als Absenderanschrift Cottage City in Oak Bluffs auf Martha's Vineyard an. Schon in den Jahren zuvor hatten andere Mitglieder des Slocum-Clans aus Massachusetts angefangen, bescheidene Häuser auf Martha's Vineyard zu mieten. Hettie fühlte sich dort sehr wohl – wie auch anders? –, und von ihrem Mann berichtete eine Verwandte, dass er besonders vom Friedhof des Ortes beeindruckt war: Auf den Grabsteinen fand er die Namen vieler Kapitäne, die sehr alt geworden waren. Schon vor Jahren hatte er in *The Voyage of the »Destroyer«* – vielleicht mit einer Mischung aus Pflichtgefühl und Wehmut – geschrieben, dass er womöglich wieder zu seinen Anfängen als Farmer zurückkehren werde. »Ich dachte wieder an jene kleine Farm, die ich mir vor so vielen Jahren selbst versprochen hatte. Ich hörte gewissermaßen schon die Kartoffeln wachsen.«

Jetzt, wo sein Buch auf dem Markt war, schien es gar nicht so unmöglich zu sein, ein Stück Land zu beackern. Noch bevor er eine erste Abschlagszahlung erhielt, dankte er C.C. Buel in einem Brief für dessen Hilfe beim Lektorieren: »Aber das Beste ist, dass ich jetzt mein Schiff unter vollen Segeln in den Hafen einlaufen sehe, voll bis zur Ladelinie.« (Zu seinem Wortschatz gehörten weder damals noch später Begriffe wie »Pflug«, »Silo« oder »Scheffel«.)[9] Nachdem er im November 1899 die dritte Rate seines Honorarvorschusses erhalten hatte, schrieb er an Buel: »Century war mir wohlgesinnt … Niemand weiß, wie viel ich bekommen habe. Wenn ich gefragt werde, sage ich: ›Verdoppel den vereinbarten Betrag‹ – was der Wahrheit entspricht. Auf die Frage ›Wie viel ist das?‹ sage ich: ›Genug, um mir ein Haus zu kaufen‹ … Wenn sie von meinem erstaunlichen Erfolg hören … werden sämtliche alten Damen Seefahrergeschichten einschicken und sich nach schönen Häusern umsehen.« Und tatsächlich kaufte Slocum eine Farm in der Nähe von West Tisbury auf Martha's Vineyard, die er »Fag End« nannte.

Noch bevor das Buch herauskam, fing ein namentlich nicht genannter Autor in der *New York Times* an, sich auf Slocum einzuschießen: Dabei hatten es ihm besonders die langen Passagen auf dem Pazifik angetan, während deren sich das Boot angeblich selbst steuerte. Der Kolumnist beklagte sich, »es (stelle) für alle, die über seemännisches Wissen verfügen oder dieses vorgeben, ein rechtes Ärgernis dar«, dass Slocum niemals bewiesen habe, dass »sein Boot die ganze Nacht über den Kurs halten könne«, während er unter Deck las, kochte oder schlief. »Diese Geschichte ist nur sehr schwer zu glauben«, schrieb er am 7. November 1899. »Wobei wir nicht sagen wollen, dass der Kapitän den Respekt vor der Wahrheit vermissen lässt.« Mit anderen Worten: Der Kolumnist wusste, dass dies nicht stimmen konnte, also stimmte es auch nicht.

Wütend schrieb Slocum aus dem United States Hotel in New York an Buel: »Diesen Witzbold stopf ich jederzeit in die Westentasche.« Seine Antwort wurde am 11. November in der *New York Times* veröffentlicht:

> Ich fühle mich von der Kritik eines alten Salzbuckels geehrt … Es ist durchaus möglich, dass sich während der Reise der *Spray* Dinge ereignet haben, die dem einen oder anderen, sogar erfahrenen Seefahrer, unerklärlich erscheinen mögen, und ich kann nur bedauern, dass ich Sie nicht getroffen habe, bevor dieser Artikel geschrieben wurde, denn sonst hätte ich Sie auf einen Törn mitgenommen und Ihnen die Fähigkeiten der *Spray* vorgeführt. Aber wie die Dinge liegen, steht es jetzt nicht mehr in meiner Macht, sie näher zu erläutern …

> Diese bescheidene Slup, erbaut von nicht mehr als einem Paar Hände, ist auch nach der Weltumseglung noch solide und komfortabel und dicht. Nicht ein Tropfen Wasser sickert durch. Manche mögen das als Märchen abtun, aber trotzdem ist es eine nackte Tatsache.
>
> Die Geschichte der Reise ist gleichermaßen seetüchtig; das heißt, sie ist ebenso wasserfest, wie ihr Steuermann noch erkennen wird, wenn er nur – wie ich hoffe – am Ende jene Geduld walten lassen wird, die man für eine Reise um die Welt nun mal braucht.

Der Redakteur zeigte sich unbeeindruckt und erwiderte, er sei »durchaus bereit, fast alles über ein Schiff oder Boot zu glauben, aber Glauben und die Bereitschaft zu glauben ist nun einmal nicht das Gleiche, und unglücklicherweise scheint Käpt'n Slocum nicht in der Stimmung zu sein, Beweise oder Erklärungen zu liefern«.

Aber wenn die *Spray* sich nicht selbst steuern konnte oder von ihrem Erbauer so getakelt worden wäre, dass sie bei gleichmäßigem Wind den Kurs hielt – wie hätte Slocum dann jemals die Ozeane überqueren können? Wenn man sich anschaut, wie viele Tage zwischen den datierten Visa-Stempeln aus weit voneinander entfernten Ländern liegen, dann *musste* die *Spray* einfach monatelang am Stück unterwegs gewesen sein. War der Steuermann der *Pinta* ein blinder Passagier? Hatte der Ziegenbock sein Wesen am Steuerruder getrieben und hinterher die Karten aufgefressen? Nein, wäre die Slup nicht so getakelt gewesen, dass sie von selbst ihrem Kurs folgen konnte, wäre Slocum nicht allein um die Welt gesegelt.

Um auch den Skeptikern Gerechtigkeit widerfahren zu lassen, muss man sagen, dass die Frage der Seetüchtigkeit der *Spray* nie endgültig beantwortet wurde. Die Aussage von Robert Perry, sie hätte eine »bizarre« Form besessen, haben wir ja schon vernommen, und obwohl viele Schiffsbauer und erfahrene Seeleute ihr Lob gesungen haben, gibt es andere, die diese als gefährlich, ja geradezu tödlich einschätzen. Der australische Chemiker Kenneth E. Slack hat Jahre damit verbracht, die Diskussionen um die Form und Tauglichkeit der *Spray* als Hochseeschiff zu analysieren.[10] Auch er kommt zu keinem eindeutigen Schluss, was Slocums handwerkliches Geschick betrifft, macht aber darauf aufmerksam, dass es im Laufe der Jahre fast eintausend Nachbauten der *Spray* gegeben hat, aus der Hand von Fachleuten und Amateuren, aus Holz, Stahl, Aluminium, Fiberglas und Eisenbeton. Einige waren genaue Reproduktionen, anderen wichen in vielen Details vom Urmodell ab, waren mehr im Geiste ihres Schöpfers gebaut oder versuchten, ihre Linien exakt zu kopieren. (Dass man sich nie über die exakten Linien zu einigen vermochte, heizte die Debatte nur noch mehr an.) Einige dieser Nachbauten überquerten Ozeane, andere sanken oder kenterten.

Das Erstaunlichste an all den Auseinandersetzungen, die schon kurz nach der Publikation von *Erdumseglung ganz allein* begannen, war die Vehemenz, mit der sie geführt wurden. Anführer der Slocum-Bewunderer war Cipriano Andrade, ein Schiffsbauer, der im Juni 1909 in der Zeitschrift *Rudder* eine Untersuchung über die Linien der *Spray* veröffentlichte, ihre Abmessungen, den Segelplan, Verdrängung und ihr wahrscheinliches Verhalten in den verschiedensten Extremsituationen, die Slocum während seiner Reise zu bestehen hatte. Das Zahlenmaterial, mit dem er rechnete, hatte er von einem halb so großen Modell des Schiffs, was die größten Skeptiker dazu brachte, seine Berechnungen als von wenig praktischem Wert abzutun. Andrade folgerte, dass »der Stabilitätskurve nach die *Spray* theoretisch unkenterbar war« und ihre theoretische Rumpfgeschwindigkeit bei eindrucksvollen acht Knoten lag. (Man weiß, dass die *Spray* während vierundzwanzig Stunden auch eine höhere Durchschnittsgeschwindigkeit als acht Knoten erreichte, aber da bekam sie, wie im Golfstrom, den ein oder anderen

Schubs von der Strömung.) Und was die Selbststeuerung betrifft, kam Andrade – »nach einer sorgfältigen Analyse ihrer Linien« – zu dem Schluss, dass sie »eine theoretisch perfekte Balance hatte. Ihre Balance ist fabelhaft – beinahe unheimlich.«[11] Er schloss seine Analyse »mit einem Gefühl tiefer Bewunderung und großem Respekt. Sie ist nicht nur ein vortreffliches Boot, sondern auch ein schönes Boot. Ich gebrauche den Begriff ›schön‹ im Sinne von Charles Elliot Norton, der als ›schön‹ jene Form beschrieb, ›die auf bestmögliche Weise einer gewünschten Funktion dient‹.«

Der unnachgiebigste Gegner der *Spray* und auch Slocums war Howard I. Chapelle, Kurator für Geschichte der Seefahrt am Smithsonian Institute. In einem Brief an Donald Holm für dessen Buch über berühmte Einhandweltumsegler teilte er an Schiff und Eigner aus:

> Slocums Briefe sind wie die eines Viertklässlers, oder noch schlimmer. Er war zu sechzig Prozent ein ausgezeichneter Seemann, zu zehn Prozent Lügner und dreißig Prozent Schauspieler. Würde ich sagen. Er hatte ziemlich viel Schneid. Er hatte es nicht eilig, irgendwohin zu kommen, und ich nehme an, er segelte so, wie sein Boot wollte … Der arme Andrade wurde von einem Schwindler hereingelegt (einem gewissen Charles Mower, der Andrade ungefähre Maße für die Linien geliefert hatte) … Jetzt haben wir keine verlässlichen Angaben mehr, die wir analysieren könnten. Aber die ganze Geschichte von den wunderbaren Eigenschaften der *Spray* ist höchst fragwürdig.

An dieser Stelle sei auf den Anhang zu *Erdumseglung ganz allein* verwiesen, »Linien und Segelplan der *Spray*«.[12] Der am meisten debattierte Aspekt betraf die Frage, wie steif Slocums Schiff segelte, also wie stark es bei Kursen hoch am Wind krängte. Einigkeit herrscht darüber, dass die breite Bauweise eine grundsätzliche

Stabilität mit sich brachte. Die Frage war, ob die *Spray* zusätzlich genügend Ballast besaß. Würde sie in einer schweren Bö krängen oder kentern?[13] Aber das ist nur eine akademische Frage – denn Slocum kehrte trotz widrigen Wetters unversehrt zurück. Und was 1908 geschah, wissen wir einfach nicht.

Doch die *New York Times* hatte immer noch nicht genug Spott über Slocums Behauptungen in seiner Fortsetzungsgeschichte ausgegossen. Dort hatte er seinen ersten Zwischenstopp im Pazifik auf Juan Fernández und den Besuch der »Robinson Crusoe«-Höhle erwähnt. In einem Brief an den Herausgeber der *Times* vom 18. November 1899 wurde gefragt, wie »es möglich sei, dass weder der gebildete Redakteur noch der weitgereiste Autor, Kapitän Slocum, ganz offensichtlich Crusoe gelesen haben, der immer wieder darauf hinweist, dass seine Geschichte auf der Insel Tobago spielt, dreißig Meilen westlich von Trinidad, also bei den Westindischen Inseln, wo die dortigen Eingeborenen ebenso eine Höhle von Herrn Robinson ausweisen«. Armer Slocum! Juan Fernández rühmte sich (zu Recht), der Ort von Alexander Selkirks Höhle zu sein; und dieser leibhaftige Alexander Selkirk inspirierte Defoe zu seiner Geschichte. Wie viele andere Romanciers wollte auch Defoe sich nicht vorwerfen lassen, einfach eine Zeitungsmeldung umgeschrieben zu haben. Deshalb bestand er darauf, dass *seine* Geschichte eines Schiffbrüchigen in einem völlig anderen Ozean spielte. Slocum schoss zurück; sein Brief wurde am 28. November veröffentlicht:

> Mein geschätzter Kritiker in Ihrer *Saturday Review* hat eindeutig missverstanden, warum ich die Ereignisse meiner Reise um die Welt noch einmal ausbreite. In der heutigen Zeit muss einfach vieles unerwähnt bleiben. Es stimmt, dass ich in meiner schlichten Erzählung jenes Loch im Boden auf der Insel Tobago nicht

erwähnt habe. Ich habe es als junger Bursche besucht, während meiner ersten Reise zu den Westindies. Es war ziemlich enttäuschend. Dagegen war die Höhle, von der ich in meinem Buch spreche, gemütlich und komfortabel.

Niemand muss darüber belehrt werden, dass Defoes *Robinson Crusoe* auf dem selbst verschuldeten Exil des Alexander Selkirk auf der Insel Juan Fernández basiert. Nichts ist natürlicher, als dem Aussichtspunkt, der Bucht und der Höhle den Namen des Helden zu geben, den sie hervorgebracht haben. Indem ich von Crusoes Höhle sprach, habe ich nichts anderes getan, als den gängigen Fachbegriff dafür zu verwenden, und mich nicht genötigt gefühlt, für oder gegen seine literarische Richtigkeit zu argumentieren.

Wenn Ihre verschiedenen Redakteure und Briefpartner mit mir fertig sind, Sir, dann wird für alle offensichtlich sein, dass ich ein Segelkapitän bin, der nichts von Navigation versteht, und ein Reisender, der nichts von der Welt weiß.

Thomas Fleming Day, einer von Slocums Bewunderern in dessen späten Jahren, vermerkte, dass Joshua den allgegenwärtigen Spott deutlich spürte und häufig darüber sprach. Natürlich tat er das. Astronauten können vielleicht darüber lachen, dass nach wie vor Leute behaupten, die Mondlandung hätte in Wahrheit in einem Studio von CBS stattgefunden, inszeniert von Walter Cronkite. Aber es bleibt immer ein bitterer Nachgeschmack an diesen Zweifeln von Leuten, die eine Leistung nicht anzuerkennen bereit sind, zu der sie selber nicht im Mindesten fähig sind, vielleicht weil sie dazu nicht fähig sind. Ein Großteil der Kritik an Slocums Wagnissen und Erfolgen trieft von Ressentiment, und wenn er selbst das nicht persönlich nahm, dann auf jeden Fall seine Freunde.

Und neue Freunde und Bewunderer gab es zuhauf. Die meisten Rezensenten von *Erdumseglung ganz allein* waren begeistert. In England verkündete der gefeierte Kinderbuchautor Arthur Ransome, dass »Jungen, die dieses Buch nicht mögen, sofort ertränkt gehören«, und auch Sir Edwin Arnold, ein Journalist und Dichter, lehnte sich recht weit aus dem Fenster: »Ich zögere nicht, es das außergewöhnlichste Buch zu nennen, das jemals verlegt wurde.« Slocum war durchaus nicht uninteressiert an der Reaktion der Kritiker und klebte die Zeitungsausschnitte ordentlich in ein Sammelalbum. Er war auch klug genug zu verstehen, dass ein allzu bewunderndes Vorwort aus der Feder von Mabel Wagnalls ihm mehr schaden als Gutes tun würde; er kam mit Century überein, es nicht ins Buch aufzunehmen.

Eine Zeit lang konnte er sich vor Einladungen zu Vorträgen gar nicht retten. Gegen Ende des Jahres 1900 war Slocum einer von acht Rednern im New Yorker Aldine Club, wo ein bemerkenswert exklusives Dinner zu Ehren von Mark Twain alias Samuel Langhorne Clemens stattfand, zu dem sich alles, was Rang und Namen hatte, einfand – darunter die Verleger Doubleday, Putnam und Scribner. Am 15. Dezember berichtete die *New York Times,* dass Mr Clemens –

> von einem Steuerhaus eingerahmt wurde, von dessen Ecken bunte Lichter herabhingen und dessen Sims der Name »Alonzo Child« schmückte, ebenjenes Dampfschiffs, das Mr Clemens auf dem Mississippi gesteuert hatte. Die Wände waren mit Louisianamoos verziert, und hier und da hingen Orangen, Kürbisse und andere Früchte der Südstaaten herab, während in Aquarien Welse ihre Kreise zogen.

Diese Form von Opulenz kennzeichnete auch die Pan-Amerikanische Ausstellung, die von Mai bis November 1901 stattfand. Slocum reiste mit Hettie und Garfield den Hudson River hinauf, wobei die *Spray* von einem kleinen, motorisierten Rettungsboot gezogen wurde, das Garfield steuerte. In Troy legten sie den Mast und folgten dem Erie Canal bis zum dreihundertfünfzig Morgen großen Ausstellungsgelände in Buffalo, wo sie in einem kleinen See namens Gala Water vor Anker gingen. Slocum hatte im Vorjahr vergeblich darauf gehofft, zur Weltausstellung nach Paris eingeladen zu werden. Dort war mit allem erdenklichen Pomp das neue Jahrhundert gefeiert worden – hier in Buffalo verherrlichte man amerikanischen Erfindergeist und Unternehmertum und protzte mit imperialem Gehabe. Weltausstellungen haben durchaus einen Ruf zu verteidigen, wenn es darum geht, den Besuchern das Geld aus der Tasche zu ziehen, aber Buffalo setzte auch dabei neue Maßstäbe. Die Fahrten mit der Straßenbahn zum Ausstellungsgelände kosteten ein kleines Vermögen, genauso wie die Erlaubnisscheine zum Fotografieren und der Eintritt zum Messegelände und zu den Sonderausstellungen. Dort war auch die *Spray* zu besichtigen, zusammen mit getürkten Stierkämpfen im mexikanischen Pavillon, »Chiquita the Doll Lady« und einer ebenso prophetischen wie komisch fantasievollen »Reise zum Mond«. Indianerstämme gellten, Buffalo Bill stolzierte einher, John Philip Sousa mit seiner hundertköpfigen Kapelle spielte, wilde Tiere blieben friedlich und Eskimos saßen in echten Pelzen vor ihren künstlichen Iglus.

Der Touristenführer ermunterte die Besucher, an Bord der *Spray* zu klettern und »dem furchtlosen Kapitän die Hand zu schütteln, ein beherzter und nervenstarker Mann, ein Veteran und Salzbuckel, ein Mann von großer Seele und starkem Charakter«. Slocum beantwortete Fragen – hoffen wir mal, dass es dabei nicht um Robinsons Höhle ging oder wie er es geschafft hatte, sechsundvierzigtausend Meilen ohne Pause am Steuer zu stehen –, verkaufte seine Bücher, Restexemplare von *The Voyage of the »Liberdade«* für einen Dollar (nach heutiger Währung etwa zwanzig Dollar) und *Erdumseglung ganz allein* für das Doppelte. Für einen Vierteldollar verkaufte er ein Souvenirheftchen, eine Sammlung von Zeitungsausschnitten, in denen er und seine Reise gefeiert wurden, und dazu gab es ein kleines quadratisches Stück Tuch von jenem Segel, das ihn in jener Nacht durch die Gischt des »Milky Way« zurück in die Magellanstraße getragen hatte. Er war ein Höker, und er wusste es. Als er, lange nachdem Hettie und Garfield mit dem Zug nach Hause gefahren waren, seine Zelte in der Sonderausstellung abbrach, ließ er einen Reporter wissen: »Ich habe zwei Drittel des Geldes bekommen, das die Ausstellungsgesellschaft mir schuldete. Ich habe großartige Menschen getroffen, wurde gut behandelt und bin alles in allem zufrieden.«[14]

Und dann kaufte er Fag End (im Spaß nannte er die Farm manchmal »Rudder Ranch«) und verkündete, er würde mit Hettie dort einziehen und Landwirtschaft betreiben. Aber Garfield wusste es besser. Er schrieb, dass sein Vater – der »mir ein Rätsel war und es bis zum letzten Tag bleiben wird« – und Hettie »nicht am gleichen Strang zogen. Hettie wirkte recht unterkühlt. Und mein Vater verhielt sich so, als wolle er lieber allein sein.« Für die Zeitschrift *Outing* (Oktober 1902) schrieb Clifton Johnson ein ausführliches Porträt über Slocum, das auch Fotos des Kapitäns in seinem Garten brachte, auf denen er einen eher unzufriedenen Eindruck macht. Er beschloss, Hopfen anzubauen, der aber nicht gedeihen wollte. Er zerstritt sich mit seinem Bruder Ornan, der einen Schuhladen auf der Insel führte. In seinen persönlichen Notizen[15] vermerkte Johnson, dass Slocum »aufbrausend ist und wenn er angegriffen wird, wie eine Rakete hochgeht«. Aber er nahm auch seinen Charme wahr, sein Interesse an allen Zeiterscheinungen, sein »wissendes« Blinzeln und Kopfschütteln und die »scharfen« Augen, seine »geschmeidige« Kraft.

Grace Murray Brown besuchte Slocum zu dieser Zeit häufig und schrieb an Teller, dass der Kapitän zu Hettie immer »freundlich und höflich« war. Im Juli 1952 interviewte Walter Teller Henrietta, die nach Slocums Tod wieder geheiratet hatte, einen angesehenen Kaufmann der Insel, den 1939 ebenfalls verstorbenen Ulysses E. Mayhew. In seinen Aufzeichnungen beschreibt Teller ihre »feinen Gesichtszüge, die etwas Aristokratisches hatten«. Es war kein Geheimnis, dass sie viele Briefe und Unterlagen »in den Ofen« geworfen hatte, und ihre Erinnerung war löchrig – sie starb später im Jahr, mit neunzig –, aber sie bekannte, dass sie ihren ersten Ehemann »›Josh‹ nannte, oder ›Kapitän‹, wenn ich glaubte, dass er ein bisschen Aufmunterung brauchte«. Außerdem »sagte er offen seine Meinung; er machte aus seinem Herzen wahrlich keine Mördergrube«.

Unter den anderen Bewohnern von Martha's Vineyard war er natürlich umstritten. Mit der besonderen Sensibilität einer Heranwachsenden bemerkte Grace Murray Brown, »wie einige ihn freundlich fanden, andere ihn aber als Exzentriker betrachteten … Das ist der kleine Mann, der sich immer eng an der Küste hält und selbst dem Allmächtigen nicht huldigen würde, wenn er nicht von der Insel käme.« Doch es war Slocum, der mit der Insel fremdelte; er war so oft mit der *Spray* unterwegs und nicht zu Hause, dass die *Vineyard Gazette* seine Ankünfte in der Rubrik »Schiffsmeldungen« unter »Besucher« führte. Garfield schrieb später: »Ich spürte, wie ein Gewitter zwischen beiden aufzog«, und dass seine Schwester Jessie »Andeutungen« machte, dass Vater und Stiefmutter »sich getrennt hätten«.

Aber was bedarf es da zaghafter »Andeutungen«? Slocum war einfach rastlos. Er hatte an die Century Company geschrieben, dass er mit der *Spray* auf Erkundungsfahrt nach Island gehen wolle oder sie vielleicht zu verkaufen beabsichtige, um mit dem Erlös ein U-Boot zu erwerben. Im Februar 1901 schrieb er an das Smithsonian Institute und ersuchte darum, auf einem »Flugboot«, wenn denn ein solches vom Stapel laufen sollte, »den Posten des Zweiten Offiziers zu bekommen, für den Anfang«. Er hatte, wie Baudelaire es in seinem Prosagedicht »Die Menge« nannte, »den Abscheu vor der Sesshaftigkeit«. Als in Neuengland Schnee fiel, bezeichnete er die *Spray* als seinen »Wintermantel«. Und da er nicht über das Meer fliegen oder unter Wasser fahren konnte und das Klima in Island ihm vielleicht zu unwirtlich war, setzte er Segel in Richtung Karibik.

Von 1903 bis 1908 lebte Slocum größtenteils an Bord der *Spray* und segelte im Winter in den Süden. Im Sommer kreuzte er vor der Küste Neuenglands bis hinauf nach Maine, blieb aber meistens in der Umgebung von Martha's Vineyard. Gastfreundlich war er besonders zu den jungen Leuten, die sich für Segelboote interessierten. Charlotte Richmond schrieb an Teller, dass sie als Jugendliche von Marion in Massachusetts aus auf Wunsch ihrer Mutter häufig zum Ankerplatz der *Spray* hinausgerudert war, um Slocum mit Lebensmitteln zu versorgen. »Mit der Zeit wurde er für mich zu einem guten Onkel, der wunderbare Geschichten erzählen konnte« und außerdem großzügig Geschenke verteilte.

Ein junger Segler aus besseren Kreisen, H. S. Smith, der später seine Erinnerungen an Slocum zu Papier brachte, teilte Walter Teller seine Eindrücke von einem Besuch mit, den er der *Spray* mit ein paar Freunden in New Bedford abstattete:

> Wir waren alle überrascht, dass Kapitän Slocum wie ein heruntergekommener Strandläufer aussah. Er trug einen ramponierten alten Filzhut – der wohl einmal schwarz gewesen, jetzt aber von zu viel Sonne und Regen ungleichmäßig ausgebleicht war –, ein offen stehendes kragenloses Hemd, eine Weste und eine nicht zugeknöpfte Hose, die sogar einen Muschelsammler beschämt hätte … Er schien bester Stimmung zu sein, und wenn er redete, war seine Sprache die eines kultivierten Gentleman …
>
> Die *Spray* war schmutzig. Nicht nur ein bisschen schmutzig, sondern richtig verdreckt. Noch einmal, das spricht nicht gegen sie. Alle Schiffe, die am Kai liegen, werden schmutzig. Aber meine Kameraden sagten: »Auf dieser alten Kloschüssel würde ich wirk-

> lich nicht bei einer steifen Brise durch den Long Island Sound segeln wollen.« Als wir Slocum damals trafen, war er körperlich ziemlich am Ende, und vielleicht auch geistig. Er war überaus faul und interessierte sich kein bisschen für seine Umgebung.

Nachdem Slocum den Winter in der Karibik verbracht hatte, segelte er Anfang April von Grand Cayman nach Key West und dann weiter nach Beaufort, North Carolina. Am 23. Mai machte er die *Spray* am Kai des Riverton Yacht Club in New Jersey fest, direkt vis-à-vis Philadelphia am Delaware River. Der Club hatte ihn eingeladen, am Abend des folgenden Tages einen Vortrag zu halten. Am Freitag hieß er die Interessierten an Bord willkommen. Unter den vielen Besuchern war auch die zwölfjährige Elsie Wright, die nach der Schule mit einem jungen Freund auf einen Sprung vorbeischaute. Nachdem er alle Besucher verabschiedet hatte, fuhr Slocum über den Fluss nach Philadelphia, wo er im Haus von Leslie W. Miller, einem Freund von Martha's Vineyard und Direktor der School of Industrial Art, zum Dinner eingeladen war. Nach dem Dinner bat Slocum den jungen Percy Chase Miller, Klavier zu spielen, was dieser auch tat. Um neun Uhr am Abend kehrte er nach Riverton zurück und wurde beim Verlassen der Straßenbahn unter dem Vorwurf festgenommen, Elsie Wright vergewaltigt zu haben. Nach der Befragung durch einen Strafrichter am nächsten Vormittag wurde er, ohne die Möglichkeit, Kaution zu stellen, ins Bezirksgefängnis eingewiesen.

Die Geschichte von seiner Festnahme machte sofort die Runde in den Bostoner und New Yorker Zeitungen, und das Wochenblatt *Riverton New Era* titelte am 26. Mai: »Kpt. Slocum in der Klemme: *Anklage wegen Misshandlung eines Mädchens auf seiner berühmten Yacht* Spray«. Dann folgte eine traurige Geschichte, aber zunächst einmal wurde daran erinnert, dass Slocum, »einstmals Klipper-Kapitän … schon mehrfach wegen vorgeblicher

Misshandlung seiner Mannschaften in Schwierigkeiten war« und »seit Jahren … vom Glanz und von der Geschichte seiner Weltumseglung gezehrt hat«. Dann kam der Reporter zur Sache:

> Als Elsie (Freitagnachmittag) nach Hause kam, berichtete sie ihren Eltern (Mr und Mrs Wright) und diese riefen Dr. C. S. Mills, der sagte, sie sei nicht verletzt, stehe aber unter Schock. Kpt. Slocum … wurde gestern Abend bei seiner Rückkehr (aus Philadelphia) festgenommen, als er die Straßenbahn verließ. Kapitän Slocum bat darum, nicht weiter über seine Festnahme zu berichten. Heute Abend brachte er zu seiner Verteidigung vor, dass er an geistiger Verwirrung leide.

Andere Zeitungen spotteten über Slocums dürftige Erklärung für das, was er da auch immer angestellt haben mochte. Gerichtsbeamte zitierten seinen Hinweis auf einen »mentalen Aussetzer«, der möglicherweise auf eine lang zurückliegende Gehirnerschütterung zurückzuführen sei, die er in Australien durch eine beschwerte Wurfleine erlitten hatte, die vom Kai aus auf seinem Kopf gelandet war. Lokalzeitungen berichteten, er sei »empört über seine Festnahme«, hätte »über die Anklage nur gelacht und, als er zum Gefängnis gebracht wurde, gesagt, er werde sich verteidigen«. In der folgenden Woche meinte die *Riverton New Era* beobachtet zu haben, dass Slocum »ein gutes Händchen für ordentliches Seemannsgarn hätte«.

Sechs Tage nach der Verhaftung wurde eine Kaution von tausend Dollar festgesetzt, die Slocum nicht bezahlen konnte, und somit verbrachte er zweiundvierzig Tage im Mount-Hill-Gefängnis. Walter Teller, der diesen Vorfall sehr sorgfältig recherchiert hat, kommt zu der wohl zutreffenden Annahme, dass »der alternde Reisende sich bei seinem Versuch, sämtliche Rechtsmittel geltend zu machen, in einer ungünstigen Lage befunden hat«. Doch was immer während des kurzen Besuches von Elsie Wright auf der *Spray* geschah, es war sicherlich keine Vergewaltigung; dieser Meinung waren auch Elsies Eltern und ihr Arzt. Charles Wright schrieb sogar einen Brief an die *Riverton New Era* und bat den Herausgeber ausdrücklich um Veröffentlichung. Er schrieb, dass die Zeitung in dem vorangegangenen Artikel den Sachverhalt übertrieben dargestellt habe und er und seine Frau –

> sehr erleichtert waren, durch Befragung des Kindes und außerdem die Untersuchung von Dr. C.S. Mills zu erfahren, dass es keinen Vergewaltigungsversuch gegeben hat, denn das Kind ist unverletzt, allerdings äußerst aufgewühlt durch die ungehörige Tat und persönliche Belastung durch diese Kreatur, die jetzt das Rampenlicht ihrer traurigen Berühmtheit genießt. Wir bedauern es außerordentlich, zum Wohle des Kindes an die Öffentlichkeit gehen zu müssen, sind aber sicher, dass die Bloßstellung eines solchen Unholds als Dienst an der Öffentlichkeit angesehen werden wird.

Ein sonderbarer Brief – mit seinem bezeichnenden Bedürfnis nach »Bloßstellung«; ganz abgesehen von der Frage, was »Rampenlicht« in einer Gefängniszelle bedeuten mag. Offensichtlich hat aber niemand danach gefragt, was denn nun eigentlich passiert ist. Offensichtlich *etwas,* das Elsie Wright zutiefst verstört hat. Wir werden nie erfahren, ob Slocum es absichtlich getan oder gar nicht mitbekommen hat, dass es passierte. Sollte er sich jemals Rechenschaft darüber abgelegt haben, was während seiner Begegnung mit Elsie geschah, dann wissen wir davon nichts. Doch abgesehen von allen Anstandsregeln, die Zeitungen und Gerichte vertraten, wäre es gut gewesen zu wissen, was seine Ankläger *glaubten,* dass passiert sei. Entblößte er sich, oder bekam Elsie auf andere Weise seinen Penis zu Gesicht? Stand sein Hosenschlitz offen, aus Fahrlässigkeit oder absichtlich? Sagte er irgendetwas Obszönes zu ihr? Gab er etwas Harmloses von sich, das sie als obszön oder böswillig missverstand? Fasste er ihre Hand, ihr Knie, ungehörig oder nur beiläufig, an? Ein jeder hat wohl Kindheitserinnerungen daran, dass die körperliche Nähe zu alten Menschen recht merkwürdige Empfindungen wecken kann. Kinder fühlen sich häufig von der allzu überschwänglichen Liebe ihrer Großeltern abgestoßen, gar nicht zu reden von Fremden. Ich kann mir gut vorstellen, wie ein junges Mädchen vor einem bärtigen, struppigen, fast kahlen alten Mann mit Krähenfüßen, Leberflecken, arthritischen Klauen, Mundgeruch und ein paar Zahnlücken zurückschreckt. Ein unerbetener Kuss auf die Wange kann starke Wirkung bei einem Kind zeigen, das vielleicht nur auf der *Spray* ist, weil seine Eltern es zu einem Besuch gedrängt haben. Aber was auch immer passiert ist – es geschah bei Tageslicht, an Bord oder in der Kajüte eines engen kleinen Bootes, auf dem alle Besucher willkommen waren. Wir wissen nicht, wo Elsies Begleiter während der Begebenheit war oder was er gesehen hatte oder glaubte, gesehen zu haben, ob er eine Aussage gemacht oder überhaupt darum gebeten worden war.

Slocum entschloss sich, seinen Fall von einem Richter und ohne Jury verhandeln zu lassen; außerdem plädierte er auf »nolo contendere«.[16] Der Vertreter der Familie Wright bat Richter Joseph H. Gaskill um Milde und war der Meinung, dass Slocum »sich nicht an die Untat erinnerte« – die jetzt auch nur noch als »große Taktlosigkeit« bezeichnet wurde. Der Richter erklärte, es würde ihm »sehr leidtun, einem Mann Ihres Alters und Ihrer Erfahrung einen Tadel aussprechen zu müssen«, und dass es »keinen Versuch gegeben hat, das Mädchen zu verletzen«. Er sprach Slocum frei, untersagte ihm aber auf Lebenszeit jeden weiteren Besuch von Riverton, »mit der Eisenbahn oder zu Wasser«.

Im Nachhinein versicherte Grace Murray Brown gegenüber Walter Teller, dass »wir alle, die den Kapitän kannten, wussten, dass er einen herzlichen Umgang mit jungen Mädchen pflegte, so wie ich es auch von meinem Vater kannte. Wir haben nie von irgendwelchen Tändeleien mit dem schönen Geschlecht gehört.« Gleichzeitig erinnerte sie sich aber an das Getuschel über ihren Cousin seitens der Familienmitglieder in Boston und an jene »Revolverblatt-Geschichte«, das, was angeblich »mit den Roosevelt-Jungs an Bord der *Spray* passiert ist«.

Doch Grace hatte da zwei Ereignisse in einen Topf geworfen. Nach seiner Vertreibung aus Riverton segelte Joshua Slocum die *Spray* nach Long Island zur Oyster Bay, genauer gesagt nach Sagamore Hill, der Sommerresidenz des Präsidenten der Vereinigten Staaten, Theodore Roosevelt, und seiner Familie. Mal ehrlich, wer kann sich so etwas schon erlauben? Bei seiner Ankunft in Riverton hatte Slocum seltene Orchideen von den Westindischen Inseln an Bord. Nur eine Pflanze hatte die Wochen, die er dort im Gefängnis verbringen musste, überlebt, und die wollte er Präsident Roosevelt überreichen. Als er in Oyster Bay ankam, hatte er lediglich vor, die Orchidee mit einem Begleitbrief von einem Boten überbringen zu lassen. Aber wie es so geht, am Kai wartete Archibald Roosevelt auf die *Spray*. Der fünfte Sohn des Präsidenten war ein begeisterter Segler und hatte Slocums Slup sofort erkannt, als sie in den Hafen eingelaufen war. Archie begrüßte Slocum mit Handschlag und lud ihn nach Sagamore Hill ein, um seinem Vater einen Besuch abzustatten und der Familie beim Dinner Gesellschaft zu leisten (ich nehme an, dass der Zwölfjährige eine solche Einladung aussprechen durfte). Es muss ein erfreuliches Zusammentreffen gewesen sein, denn einen Monat später schrieb Roosevelt an Henry Cabot Lodge, dass »Archie auf einem einwöchigen Törn mit Kapitän Joshua Slocum ist – jenem Mann, der in seinem kleinen Boot, ganz ohne Mannschaft, allein die Welt umsegelt hat«.

Im Zeitalter der amtlich registrierten Sexualstraftäter erscheint so etwas völlig unglaublich. Selbst wenn Roosevelt zum fraglichen Zeitpunkt nicht mitbekommen hatte, dass Slocum wegen Vergewaltigung angeklagt war, so musste er es doch gewusst haben, als er seinen Sohn mit dem Kapitän losziehen ließ. (Die Geschichte hatte in vielen Zeitungen gestanden, auch in New York, Philadelphia und Henry Cabot Lodges Heimatstadt Boston.) Für einen Präsidenten, der diesen Posten der Ermordung seines Vorgängers, William McKinley, verdankte, dürfen Sicherheitsfragen wohl nicht ganz unwichtig gewesen sein. Was also motivierte ihn, seinen Sohn Joshua Slocum anzuvertrauen? Aus irgendeinem Grund war er wohl der Überzeugung, Slocum habe das ihm zur Last gelegte Vergehen nicht begangen.

Der Törn nach Newport war jedenfalls ein Erfolg, und während der fünf Tage und Nächte auf See wurden die beiden Freunde. Slocum brachte Archie das Navigieren bei und ließ eine New Bedforder Zeitung wissen, dass »Archie einer der schlausten Jungen ist, die ich je getroffen habe … Ich mag ihn, denn er macht immer das, was er tun soll … Er weiß, wie man die Segel in der richtigen Balance hält und das Steuerruder lascht, sodass die Slup wie von selbst dahingleitet. Dieser Trick ist überall bewundert worden, wo ich auch war, und nur wenige Seefahrer verstehen ihn. Archie hat den Trick gelernt.«

Archie studierte – »womit ich nie gerechnet hätte«, wie er Teller schrieb – Slocums »Berechnungstabellen für die Mondnavigation, für die er selbst nur eine Hand frei hatte«, ein Kraftakt, »den zu bewältigen eigentlich drei Leute nötig wären«. Er lernte, in den kleinen Häfen auf Long Island, wo sie unterwegs anlegten, Kuriositäten zu verhökern. Als das Abenteuer überstanden war, schrieb Präsident Roosevelt einen liebenswürdigen Dankesbrief an Slocum, und dieser beschloss, dass Archie die *Liberdade* haben solle, wo immer sie sich gerade befinden mochte. Später im Jahr besuchte er Archie in dessen Internat, Groton, und traf dort auch den als

Starrkopf bekannten Direktor Endicott Peabody. Der Präsidentensohn erinnerte sich auch daran, dass Peabody – kein Anhänger der Analogie vom großen Uhrmacher – sofort in die Luft ging, als Slocum auf die Frage nach seinem Glauben wie aus der Pistole geschossen antwortete. Aber wie dem auch sei, Anfang 1907 wurde Slocum im Weißen Haus empfangen.

Trotzdem waren Slocum und die *Spray* auf dem absteigenden Ast. Archie erinnerte sich, dass die Slup »das unfassbar dreckigste Fahrzeug war, das ich je gesehen habe«. In der Zeitschrift *Rudder* erinnerte sich W.H. Smith 1968 daran, dass »Kapitän Slocum der vielleicht schlechteste Hausmann eines Schiffs war, den ich jemals getroffen habe, und ich war kein bisschen überrascht, als die *Spray* etwa vier Jahre später spurlos verschwand. Ihre Beplankung war in einem dürftigen Zustand. Keine zwei Planken schienen die gleiche Form, Größe oder Stärke zu haben oder aus dem gleichen Holz zu sein … Sie war in einem Zustand, der für jeden, der zur See fuhr, der reinste Horror war.«

Nichtsdestoweniger segelte Slocum im Winter 1907 mit der *Spray* für einen Vortrag nach Miami, wo ihn ein Zuhörer als einen »sehr fähigen Mann« bezeichnete, aber auch als »einsam und unglücklich«. Anschließend kreuzte Slocum zu den Bahamas, wo er einen professionellen Yachtkapitän von Martha's Vineyard besuchte und im Colonial Hotel in Nassau einen Vortrag hielt – eine Anzug-und-Schlips-Veranstaltung, die ihm 460 Dollar einbrachte. Anschließend wechselten Slocum und ein paar seiner Zuhörer zum Grill über, wo Slocum – so Ernest Dean, der Yachtkapitän – ins Geschichtenerzählen geriet und sehr »ausgelassen und ungezwungen« war.

Im Hafen von Nassau kam es zur, soweit wir wissen, letzten handgreiflichen Auseinandersetzung in Slocums Leben, und wieder waren die Umstände rätselhaft und mit Gewalttätigkeiten verbunden. Dean fand den Kapitän am Kai inmitten von »vier oder fünf einheimischen Schwammtauchern«, und einer von ihnen hielt sich einen Lappen vor den blutenden Mund. Slocum war aufgeregt und wütend und erklärte, er habe an Deck der *Spray* Takelarbeiten erledigt, als die Männer – »schon nicht mehr ganz nüchtern« – anfingen, über die Slup herzuziehen, und einer von ihnen sagte, »laut genug, dass jeder es hören konnte: ›Jeder Kerl, der behauptet, mit diesem Ding um die Welt gesegelt zu sein, ist ein gottverdammter Lügner.‹ Ich blickte gerade noch rechtzeitig auf, um zu sehen, wer das gesagt hatte, machte einen Satz auf die Pier und verpasste ihm einen Haken.«

Es war Slocum nicht bestimmt, als Hafenratte zu enden. Er träumte davon, als Erster den Panamakanal zu durchfahren, aber dafür blieb er sieben Jahre zu früh auf See. Thomas Day Flemming war Herausgeber von *Rudder* und in jungen Jahren Freund von Slocum. Er schrieb später in einer Hommage auf den Kapitän:[17]

> Kapitän Slocum war, so könnte man sagen, ein ungewöhnlicher Mann. Er war äußerst intelligent, und seine Lust am Reisen und am Abenteuer erinnert mich an den gefeierten marokkanischen Reisenden Ibn Battuta, der die Welt von Kap Spartel bis zum Gelben Meer bereiste und mit Weißen, Schwarzen und Gelben Freundschaft schloss; wohin er auch kam, beobachtete er die Menschen und ihre Gebräuche und lebte von den Geschenken derer, deren Ohren er mit seinen Reise- und Abenteuergeschichten zum Glühen brachte. Auch Slocum war groß im Freundschaftenschließen, und wo er auch hinkam, hießen ihn die hellsten Köpfe des Landes willkommen, baten ihn an ihren Tisch und hörten aufmerksam zu, wie er in seiner unnachahmlichen Art von seinen Reisen erzählte ... Sogar der alte »Ohm Paul« Krüger bot ihm eine Tasse Kaffee an. In jedem Hafen wurde er willkommen geheißen und gastlich aufgenommen, und erst, als er in dieses Land kam,

wurde ihm der Willkomm verwehrt und seine Leistung schlechtgeredet und verlacht. Wenn die amerikanischen Zeitungen sich überhaupt dazu herabließen, von seiner Reise zu berichten, machten sie sich über sein Boot und ihn selbst lustig, und eine ganze Reihe deutete an, dass die Geschichte von seiner Einhandweltumseglung eine Lüge war.

Erst 1924, drei Jahre bevor Charles Lindbergh allein den Atlantik überflog, wurde Joshua Slocum offiziell für tot erklärt. Er wurde zum letzten Mal am 14. November 1908[18] lebend gesehen, als er in Martha's Vineyard Segel setzte, um in Venezuela den Orinoco und die Quellen des Amazonas zu erkunden. Die genauen Umstände seines Todes – Längen- und Breitengrad, Tag und Uhrzeit, Wetterbedingungen – sind nicht bekannt. Nur die Art seines Endes ist offenkundig: Er blieb auf See.

Es gibt viele verschiedene Möglichkeiten, auf See zu bleiben, erst recht für einen Vierundsechzigjährigen in einem kleinen Segelboot, und die Spekulationen darüber, was nach seinem Aufbruch in Vineyard Haven schiefging, haben kein Ende genommen. Herzinfarkt oder Schlaganfall oder eine der anderen natürlichen körperlichen Kalamitäten können nicht ausgeschlossen werden. Eine gebrochene Hüfte, ja sogar ein gebrochenes Bein kann das Ende eines Einhandseglers bedeuten. Und besonders verwundbar sind Seeleute, wenn sie von einem krängenden Heck aus ins Meer zu pinkeln versuchen, besonders nachts, wenn sie vielleicht nur halb wach sind.

Man braucht sich auch nur die Liste all jener Missgeschicke anzusehen, die ihm in einem halben Jahrhundert als Matrose und Kapitän widerfahren sind: Vielleicht war die *Spray* nach einem Sonnenschuss aus dem Ruder gelaufen und quergeschlagen, vielleicht ist Slocum in einer Monsterwelle durchgekentert oder einfach so von einem Brecher erfasst und über Bord gespült worden, jenseits von Cape Hatteras oder Cape Fear auf Grund gelaufen. Vielleicht hat ein Wintersturm die *Spray* entmastet. Die müden Planken der *Spray* könnten so nachgegeben haben, dass er das Leck nicht mehr stopfen konnte und versank. Kann auch sein, dass er auf einen unter Wasser treibenden Baumstamm aufgefahren ist oder ein Wal ihn versenkt hat. Am meisten Angst hatte er vor einem Blitzeinschlag oder dass ein Schwertfisch ihm ein Loch ins Boot stößt. Ausschließen können wir die Möglichkeit, dass Meuterer ihn umbrachten oder er das Opfer von Piraten wurde. Sehr beliebt ist die Theorie, dass er auf einer der viel befahrenen Schifffahrtsrouten – vielleicht im Nebel? – von einem anderen Schiff versenkt wurde, überfahren von einem jener Dampfer, die er so hasste und die ihm seine letzten Jahre als Handelsschiffer vergällt hatten.

Dass er von einem eisernen Schiffsrumpf zermalmt wurde, weil möglicherweise ein unzuverlässiger Ausguck eingenickt war, will sagen, von der Moderne dahingerafft, ist eine sehr verführerische Vorstellung, weil sie der Poesie Gerechtigkeit widerfahren lässt. Und damit ein Spiegelbild von Joshua Slocums poetischer Sensibilität ist, seiner Kunst und seiner großen schriftstellerischen Leistung.

Ich möchte Thomas Fleming Day, seinem Segelkameraden, die letzten Worte überlassen:

> Slocums Geschichte ist außergewöhnlich – aber ich meine nicht die Geschichte seiner Reise, sondern den Text an sich. Er ist bar jeglicher Effekthascherei und fließt von Seite zu Seite wie von günstigen Winden getragen. Er hat sich seinen Platz neben all den anderen Werken der Literatur in unserer Sprache verdient … Dieses Buch wird in die Geschichte eingehen, und eure Urgroßenkel werden Slocums Reisegeschichte als Musterbeispiel für eine makellose, klare Erzählung zu lesen bekommen … Friede sei mit

Kapitän Slocum, wo immer er schläft, denn er verdient zumindest ein kurzes, gemurmeltes Gebet des Dankes von allen Seeleuten dafür, dass er dem Meer seinen schlechten Ruf genommen hat. Und was ist für einen Mann, der jeden Winkel der guten alten blauen See geliebt hat, deren windgepeitschte Weite ihm jahrelang Heimat war, angemessener als ein Seemannsgrab?

# Nachweise und Anmerkungen

## Teil 1 *In die Welt segeln*

### Prolog Was hätte er nicht alles erzählen können

1 Joshua Slocum, *Sailing Alone Around the World,* 1899/1935. – *Erdumseglung ganz allein,* deutsch von Christian Sundsval, 1937/1958.

2 Bruce Catton, *Mariner's Quest, American Heritage,* April 1959.

### Kapitel 1 Keine Angst vor einer Mütze Wind

1 Joshua Slocum, *Erdumseglung ganz allein.*

2 David T. Hugo, *Nova Scotia to Martha's Vineyard: Notes on Captain Joshua Slocum,* The Dukes County Intelligencer, August 1969.

3 Victor Slocum, *Joshua Slocum. Sein Leben. Seine Reisen. Seine Abenteuer,* Bielefeld 1995, S. 22.

4 Victor Slocum, a. a. O., S. 22.

5 Neben Slocums eigenen Schriften und der Biografie seines Sohnes Victor ist es vor allem die Biografie *The Search for Captain Slocum* von Walter Teller, die uns einen detailreichen Einblick in Slocums Leben ermöglicht. Bei seinen Recherchen förderte er eine Unmenge Material zutage, das nach der Veröffentlichung des Buches, 1956, noch weiter anwuchs, sodass Teller es 1971 in einer erweiterten Fassung erneut herausbrachte.

### Kapitel 2 Durch die Ankerklüse an Bord

1 Am North Mountain erzählt man sich, dass Slocum sogar schon früher eine Reise über den Mühlteich unternahm, paddelnd, in einem Waschtrog.

2 Joshua Slocum, a. a. O., S. 56.

3 Von »to peg« = schuften. Ein »peggy« war jemand, der die niedrigen Routinearbeiten an Bord zu erledigen hatte. (A. d. Ü.)

4 Für eine genauere Beschreibung der Lebensumstände in den Küstenprovinzen zur Zeit von Slocums Jugend siehe auch: Joseph E. Garland, *Lone Voyager,* in dem der Autor von den bemerkenswerten Taten des Alleinseglers Howard Blackburn berichtet.

5 Herman Melville schrieb ein fünfzeiliges Gedicht als Warnung an all jene seebegeisterten Romantiker: »Old Counsel of the Young Master of a Wrecked California Clipper«:

*Alter Tipp des jungen Kapitäns eines gestrandeten Kalifornien-Klippers*

Heraus aus dem Golden Gate,

Um Kap Horn mit Wimpeln beflaggt,

Zieht Royals auf, bei Tag und Nacht;

Doch, Bruder, sei nicht zu früh erfreut –

*Alle Mann an Deck!* hat manchen Träumer geweckt.

6 Victor Slocum, a. a. O., S. 153.

7 Wie Spencer Appolonio, Herausgeber von *The Last of Cape Horners* (2000), bemerkt: »Der Befehl ›lee fore clew-garnet‹ sagt einem Landbewohner erst mal gar nichts, aber ein Matrose weiß genau, was er zu tun hat (und das auch noch so schnell wie möglich).« Man muss sich vorstellen, dass ein solcher Befehl häufig einem Nordostwind entgegengebrüllt wurde, der durch die Takelage heulte, die Segel knattern und Wellen über Bord schlagen ließ.

8 Etwa: »Auf dem Weg nach Osten die Koordinaten abhaken«. (A. d. Ü.)

9 Ein Anfänger der Mondmethode braucht bis zu vier Stunden für seine Berechnungen. Mit viel Erfahrung kann man es in dreißig Minuten schaffen, aber dazu braucht man einen qualitativ hochwertigen Sextanten (oder, bevor Sextanten allgemein in Gebrauch kamen, einen Oktanten, der aber eigentlich ein Quadrant war). John Robinson und George Francis Dow zitieren in ihrem Buch *Sailing Ships of New England* den Steuermann eines Vollschiffs, dem 1897 ein Quadrant unterkam, wie Slocum ihn zu just dieser Zeit benutzte: »Ich habe keine Ahnung, wie das Ding funktioniert, und kann mir nicht vorstellen, dass es hier in Boston dieser Tage noch einen Kapitän gibt, der das weiß.«

10 Es ist bezeichnend für Slocum, dass er Jahre später und nachdem er selbst als Kapitän wegen Grausamkeit verurteilt worden nach, die Grausamkeiten seines Vaters eher milde beurteilte und an den Lektor von *Erdumseglung ganz allein* schrieb: »Ich bin vielleicht etwas streng mit Kapitän Martin auf der alten *Tanjore* gewesen, aber ich habe einfach Rache dafür genommen, dass der Kapitän auf Jahre hinaus meine Gesundheit ruiniert hat.«

11 Eine Seemeile = 1,852 Kilometer.

12 Im Frühjahr 1849 tauchte auf dem Marktplatz von San Francisco ein zottelhaariger, aufgeregter Mann auf, der »Gold! Gold! Gold! Vom American River« brüllte und eine Meerrettichflasche schwenkte, die ein paar gelbe Klümpchen enthielt; Sam Brennan kam aus Saco, Maine, und war der Geschäftsführer von Captain John Sutters Laden bei Sacramento. Die Nachricht verbreitete sich schnell gen Osten, wurde nur zu gerne geglaubt, und von den Häfen der Ostküste aus brachen 1849 nicht weniger als 775 Schiffe auf, um über Kap Horn das »Golden Gate« zu erreichen. Die große Zahl der Gläubigen führte zwischen 1850 und 1856 zum Bau der Yankee-Klipper, eine gloriose Mischung aus Geschwindigkeit und Gier, in der sich bildhübsche Schiffe und abstoßendes Verhalten paarten.

13 Samuel Eliot Morison schreibt in seinem Essay *The Clipper Ships of Massachusetts:* »Wir kennen sie alle, die Geschichten von Yankee-Offizieren, die Männer für ein lächerlich kleines Vergehen totgeschlagen, und ebenso Geschichten von Kapitänen, die zum puren Vergnügen Matrosen vom Rahnock geschossen haben.«

14 Ein Vollschiff konnte auch Skysegel führen, »cloud-raker« (Wolken-Harke) genannt, oder noch höher am Mast sogar ein Mondsegel.

## Kapitel 3 Kapitän Slocum

1 Noch in seinem Buch *The Voyage of the »Liberdade«* (1890) hielt er »diese Monster« mit ihren »Reihen von schimmernden Zähnen« für die schrecklichste Gefahr der Meere. Und der Nichtschwimmer grübelte weiter: »Mir geht jedes Verständnis dafür ab, wie Matrosen im Angesicht einer solchen Gefahr im Meer baden können – was nicht selten vorkommt.«

2 Samuel Eliot Morison, *The Maritime History of Massachusetts, 1783–1860,* Northeastern University Press 1961.

3 Im Columbia River Maritime Museum in Astoria, dem früheren Standort der Konservenfabriken, kann man ein solches Stellnetz-Boot bewundern, eines von Tausenden der pazifischen Stellnetz-Flotte, dessen prototypisches Design das Museum Joshua Slocum zuschreibt.

4 Bunting hat eine unschätzbare Sammlung von Augenzeugenberichten und anderen Originaldokumenten vorgelegt; sie stammen aus dem Besitz der Familie Sewall, die die bekannteste Seefahrerfamilie in Bath, Maine, war, der *City of Ships*. Sie besaß einen Großteil der Schiffe, aus denen die amerikanische Handelsflotte im 19. Jahrhundert bestand, darunter die *Harvester, Thrasher* und *Reaper,* die zu den profitabelsten überhaupt gehörten.

5 Ann Spencer hat schlüssig dargelegt, in welcher Reihenfolge Slocum zu seinem zweiten und dritten Kommando gekommen ist. Ihr Bericht wertet Unterlagen der Walter Teller Collection im New Bedford Whaling Museum aus; dort finden sich die detaillierten Aufzeichnungen von Leon Fredrich, einem Schiffsforscher mit einem großen Faible für Daten, Gewichte und Ladungsverzeichnisse. Erst Fredrich belegte, dass Slocum die *Constitution* und danach die *Washington* befehligte. Beide gehörten Nicholas Bichard, der von Guernsey nach San Francisco ausgewandert war. Nach Victor Slocums manchmal unzuverlässiger Erinnerung und Walter Tellers gutgläubigen Schlussfolgerungen war es angeblich umgekehrt gewesen.

6 Victor Slocum, a. a. O., S. 47.

7 »Limey« war amerikanischer Slang für britische Matrosen, weil diese gesetzlich dazu verpflichtet waren, zur Skorbut-Prophylaxe Limettensaft zu trinken. (A. d. Ü.)

8 Slang für alle Australier und Neuseeländer.

9 In: Joan Druett, *Hen Frigates – Passion and Peril. Nineteenth-Century Women at Sea,* Touchstone 1999.

10 Victor Slocum, a. a. O., S. 48.

11 Victor Slocum, a. a. O., S. 51.

12 Victor Slocum, a. a. O., S. 48.

## Kapitel 4 Liebesgeschichten

1 In: Charles W. Domville-Fife, *Square-Rigger Days. Autobiographies on Sail*, 1938.

2 W. H. Bunting zitiert aus einem Brief von Kapitän Joe Sewall an Bord der *Edward Sewall*, in dem er von einem Wintersturm auf der Höhe von Cape Hatteras berichtet, dem eine ruhige Überfahrt von Hongkong vorausgegangen war: »Auf dem Höhepunkt des Schneesturms vom 9. Feb. kam Mrs S(ewall) nieder und gebar einen schönen großen wackeren Jungen. Alles ging gut, bis auf die bittere Kälte und dass das Schiff von den hohen Wellen hin und her geworfen wurde. Am 14. Feb. ging es dem Baby plötzlich schlecht und es erstickte innerhalb weniger Stunden durch Kehlkopfdiphtherie.«

3 So nannten die Walfänger jenen Husarenritt, der auf das erste Harpunieren des Wals folgte: Das verletzte und panische Tier setzte zur Flucht an und zog dabei das Walfängerboot hinter sich her, das mit bis zu fünfundzwanzig Stundenkilometern übers Wasser jagte. (A. d. Ü.)

4 Victor Slocum, a. a. O., S. 128.

5 Victor Slocum, a. a. O., S. 59.

6 Victor Slocum, a. a. O., S. 61.

7 Slocums letzte publizierte Arbeit, *Bully Hayes, the Last Buccaneer*, erschien im März 1906 in der Zeitschrift *Outing*. Slocum gibt darin recht ungefiltert, um nicht zu sagen unkritisch, das Seemannsgarn des Piraten wieder. Und Hayes verstand es, sich in Szene zu setzen: In Sydney hatte er sich einst ein Theaterstück angesehen, das seine »Heldentaten« zum Thema hatte, inklusive Plünderung und Vergewaltigung. Kurz bevor er sich der Verhaftung durch die Polizei entziehen konnte, gab er noch seiner großen Genugtuung über die Aufführung Ausdruck. Die Geschichte, die Victor in seiner Biografie wiedergibt, ist ungewollt eine fröhliche Demonstration von Erfindungsreichtum.

8 Victor Slocum, a. a. O., S. 63.

9 Victor Slocum, a. a. O., S. 68 f.

10 Die Abscheu und die Angst vor Haien waren unter Seeleuten weit verbreitet. In *Erdumseglung ganz allein* berichtet Slocum, dass er, wann immer er auf Haie, »diese Wölfe der Meere«, traf, die Fahrt unterbrach und »ihnen eine Kugel in den Kopf schoss«. Man glaubte, dass Haie

Vorboten des Todes seien und dass ein Hai im Kielwasser eines Schiffes bedeutete, jemand an Bord würde in Kürze sterben; und wenn man den Hai fing und an Bord hievte, dann würde man in seinem Magen die Überreste eines Matrosen finden. Das wird in aller Regel nicht der Fall gewesen sein, obwohl ein französischer Naturforscher des 16. Jahrhunderts versicherte, Haie würden besonders gern Weiße fressen, und am allerliebsten Engländer.

## Kapitel 5 Unternehmergeist

1 Victor Slocum, a. a. O., S. 76 f.

2 Victor Slocum, a. a. O., S. 106.

3 Victor Slocum, a. a. O., S. 74.

4 Victor Slocum, a. a. O., S. 74.

5 Victor Slocum, a. a. O., S. 83.

6 Victor Slocum, a. a. O., S. 85.

7 Victor Slocum, a. a. O., S. 89.

8 Ein eloquenter Bericht über den Kabeljaufang und andere maritime Gepflogenheiten zu Slocums Zeiten findet sich in *The Maritime History of Maine: Three Centuries of Shipbuilding and Seafaring* (1948) von William Hutchinson Rowe.

9 Victor Slocum, a. a. O., S. 90.

10 Gepökelter Kabeljau diente bei den weniger Betuchten häufig als »Ersatz-Truthahn« an Thanksgiving. (A. d. Ü.)

11 Victor Slocum, a. a. O., S. 94.

12 Victor Slocum, a. a. O., S. 98.

13 Victor Slocum, a. a. O., S. 99 f.

14 Um Slocum Gerechtigkeit widerfahren zu lassen, sei auf die Anthologie *Square-Rigger Days* (1938) von Charles W. Domville-Fife hingewiesen. William Deal beschreibt darin in seinem Beitrag »Der Nigger der *Chelmsford*« seine Reise von Sydney nach London im Jahr 1893. Domville-Fife nennt Deal einen »ausgezeichneten Matrosen alter Schule«, der aber das Wort »Nigger« im Titel mit der gleichen beiläufigen Unbefangenheit benutzt, wie er von seinen Schiffskameraden

als schafsköpfigen Schweden oder »Spaghettifressern« spricht. Gemessen daran sind Slocums Verunglimpfungen fast politisch korrekt zu nennen.

15 In *Alone at Sea* berichtet Ann Spencer, dass es auf europäischen und amerikanischen Schiffen durchaus üblich war, Familienmitglieder mit hochprozentigen Spirituosen einzubalsamieren. Die Ausnahme bildeten Schiffe, auf denen es keinen Alkohol gab; dort wurde »das Kind mit Teer überzogen«.

16 Eis war in der zweiten Hälfte des 19. Jahrhunderts eine sozusagen heiß begehrte Ware. Der Eistransport übers Meer wurde wohl zum ersten Mal auf dem Kennebec River, nördlich von Bath, Maine, praktiziert. Ganze Schiffsladungen von »Kennebec-Kristall« wurden bis nach Kalkutta geliefert, wobei nach einer halbjährigen Überfahrt nicht einmal die Hälfte des Eises geschmolzen war. Die Spekulationen an der New Yorker Börse auf Eis aus Maine führten im Verbund mit dem Parteifilz der Demokraten und den Versuchen, über Aufkäufe den Preis in die Höhe zu treiben, dazu, dass Theodore Roosevelt gegen diese Monopolbildung vorging und den in Bath gebürtigen Charles Morse ins Bundesgefängnis in Atlanta steckte.

17 Victor Slocum, a. a. O., S. 115.

18 Victor Slocum, a. a. O., S. 110.

19 Victor Slocum, a. a. O., S. 109.

20 Victor Slocum, a. a. O., S. 109.

21 Jessie Slocum Joyce erinnerte sich, dass die Geschwister sich Spitznamen nach ihrem jeweiligen Geburtsort gaben: Jessie war »die Filipina«, Ben »der Australier«, Victor »der Amerikaner« und Benjamin »unser chinesischer Bruder«; in: Beth Day, *Joshua Slocum, Sailor,* 1953.

### Kapitel 6 Die *Northern Light*

1 Joshua Slocum, a. a. O., S. 6.

2 Victor Slocum, a. a. O., S. 116 f.

3 Ein »krängendes« Schiff ist nicht im Gleichgewicht und hat unter vollen Segeln Schlagseite oder, noch schlimmer, droht über den

kritischen Punkt hinaus zu kippen. Das ist manchmal auf eine verrutschte Ladung, zuweilen aber auch – mit größeren Folgen – auf einen Konstruktionsfehler des Schiffes zurückzuführen.

4 Robert D. Foulke, *Life in the Dying World of Sail, 1870–1910, The Journal of British Studies* 3, No. 1, 1963.

5 Victor Slocum, a. a. O., S. 129. – Eine Schiffsbibliothek war durchaus keine Selbstverständlichkeit, auch nicht für einen Kapitän, der das Eigentumsrecht an seinem Schiff mit Investoren an Land teilte. W. H. Bunting berichtet von der Reaktion Arthur Sewalls auf eine Rechnung, die der Erbauer der *Indiana* für ein Bücherregal aus Walnussholz stellte; das Vollschiff, ein Kap-Horn-Umrunder, wurde gerade für den künftigen Kapitän John Delano ausgestattet: »Solchen Zierrat erlaube ich auf Sewall-Schiffen nicht. Unsere Kapitäne sollen auf See keine Romane lesen. Unsere Kapitäne sollen ihre Zeit an Deck verbringen und das Wetter lesen und versuchen, so schnell wie möglich ans Ziel zu kommen. Nehmt Euer Beil und macht Kleinholz aus dem Ding.«

6 Victor Slocum, a. a. O., S. 126 f.

7 In Indien geborener Jäger und Naturschützer irischer Abstammung. (A. d. Ü.)

8 Victor Slocum, a. a. O., S. 122.

9 Es ist ebenso wenig vorhersehbar, wie Rezensenten auf Bücher reagieren, wie ein Freund auf jemanden reagiert, den man ihm mit den Worten vorstellt: »Den wirst du toll finden.« Walter Teller wollte uns mit seiner Biografie *The Search for Captain Slocum* zu verstehen geben: »Den werdet ihr toll finden.« Was nicht verhinderte, dass Robert Payne in seiner Besprechung am 11. August 1956 in der *Sunday Review* über ebendiesen Mann schrieb, er würde eine gewisse »Verdrossenheit und Zorn« ausstrahlen, dass er »jähzornig« war, ein »barscher, knallharter und verschlossener alter Kauz«, unter dessen nach außen gezeigter »Gerissenheit immer etwas merkwürdig Niederträchtiges« zu erkennen war, »das vor sich hin gärte«.

10 Victor Slocum, a. a. O., S. 123.

## Kapitel 7 Meuterei

1 Victor Slocum, a. a. O., S. 126.

2 In seinem Buch *Maritime History of Maine* bemerkt William Hutchinson Rowe: »Durch die Schlepper landeten häufig merkwürdige Gestalten an Bord. Unter der Crew, die 1877 in San Francisco auf der *St. Stephen* anheuerte, befanden sich drei Cowboys, die erst eine Woche zuvor zum ersten Mal mit Salzwasser in Berührung gekommen waren.«

3 Victor Slocum, a. a. O., S. 134.

4 Victor Slocum, a. a. O., S. 135.

5 Messer mit stehender Klinge, in diesem Fall Takelmesser, waren die mit Abstand häufigste Waffe, wenn es auf Schiffen zu ernsten Gewalttaten kam, und zwar in einem solchen Ausmaß, dass – wie Bunting schreibt – 1868 solche Messer auf amerikanischen Schiffen verboten wurden. Die Kapitäne wurden aufgefordert, diese »Anordnung durchzusetzen oder für jede Zuwiderhandlung 50 Dollar Strafe zu zahlen. Doch obwohl das eine Menge Geld war, ist wohl keine andere Anordnung so schamlos ignoriert worden«, denn ein Takelmesser galt jedem Matrosen als unentbehrliches Werkzeug, und zwar nicht nur bei seiner Arbeit an Deck, sondern auch beim Essen. Nachdem Slocum die Crew in New London dazu überredet hatte, die Reise nach Yokohama fortzusetzen, sammelte er alle Messer ein, ließ die Spitze abschleifen und gab sie dem jeweiligen Besitzer zurück. Denn, so argumentierte Victor, »ein Takelmesser braucht nicht unbedingt eine Spitze. Die wohlgesinnten Matrosen sahen darin auch keine Ungerechtigkeit, sondern eine Vorsichtsmaßnahme, die alle Männer auf eine Stufe stellte.«

6 Victor Slocum, a. a. O., S. 136.

7 Victor Slocum, a. a. O., S. 145.

8 Victor Slocum, a. a. O., S. 145.

9 Die beiden letzten Ausbrüche des Krakatau am 26. und 27. August 1883 hatten eine Sprengkraft, die mindestens zweihundert Megatonnen TNT entsprach, etwa das 13 000-Fache der Hiroshima-Bombe und immer noch das Vierfache des größten gemessenen Atombombenversuchs. Die Explosion löste einen Tsunami aus, kostete mindestens 36 000 Menschen das Leben und führte zwei Jahre später dazu, dass

große Teile der Erde in einen Staubmantel gehüllt waren, der die unglaublichsten Sonnenuntergänge produzierte. In seinem Brief an Walter Teller schreibt Benjamin Slocum: »Wären wir nur drei Tage länger in dieser Gegend gewesen, wir wären am Rauch erstickt.«

10 Victor Slocum, a. a. O., S. 150.

11 So wird die Insel heute genannt. Als Parrot Island oder auch Isle of Pines war sie früher ein bekannter Piratenstützpunkt und soll Robert Louis Stevenson zu seiner *Schatzinsel* inspiriert haben.

12 Victor Slocum, a. a. O., S. 151.

13 Dimmock sagt aus: »Er machte allen möglichen Lärm und sang obszöne Lieder, die die Frau des Kapitäns nicht überhören konnte.«

14 *Sydney Daily Telegraph,* 9. Oktober 1896 (National Library of Australia).

15 Dimmock sagte dies einem Reporter des *New York Telegram,* dessen Artikel während des Verfahrens gegen Slocum erschien. Slocum hob den undatierten Zeitungsausschnitt auf und brachte ihn in einem kleinen Büchlein zum Abdruck, das er über zehn Jahre später zu seiner Verteidigung in Sydney zusammenstellte.

16 Alter amerikanischer Navy-Slang: Ein »sea lawyer« kennt sich gut mit allen Bestimmungen aus, weshalb er auch ständig versucht, sie in seinem Sinne auszulegen und zu unterlaufen. Außerdem ist er ein notorischer Nörgler und Besserwisser. (A. d. Ü.)

## Kapitel 8 Gestrandet

1 Victor Slocum, a. a. O., S. 156.

2 Victor Slocum, a. a. O., S. 154.

3 Victor Slocum, a. a. O., S. 156.

4 Was Slocum mit »durchgedreht« meinte – trotz der scheinbaren Offensichtlichkeit dieses seltenen Ausbruchs von Freimütigkeit –, bleibt unklar, reizt aber zum Widerspruch. Wollte er damit eingestehen, dass er die *Aquidneck* in einem wilden Selbstmordversuch auflaufen ließ? Oder meinte er einfach, dass ein Kapitän und Navigator, der so von seinem Kummer abgelenkt ist, sein Schiff nicht mehr sicher auf einem Fluss navigieren kann, der von Baumstümpfen, Untiefen und wandernden Sandbänken nur so wimmelte?

5 Deutsch von Ernst Wagner, Hamburg 2003, S. 46.

6 Indem Victor in diesem Augenblick die Berufung des Vaters zu der seinen machte, traf auch er eine grundsätzliche Entscheidung, »eine Entscheidung, die ich seitdem nie bereut habe, denn ich wollte nie etwas anderes als Seemann werden«. Vielleicht ist ihm der hochgestochene Ton dieser Bemerkung selbst aufgefallen; er beschließt den Absatz – ganz der Vater – mit einer trockenen Aussage, die ihn gleich wieder auf Normalnull bringt: »So kam ich also zur Seefahrt.«

7 Victor Slocum, a. a. O., S. 159.

8 In *The Search for Captain Slocum* schreibt Walter Teller, dass Slocum »in seiner Ausweglosigkeit sogar einen Spiritisten aufsuchte«. Immerhin ist er so gewissenhaft anzumerken, dass dies »in jener leichtgläubigen Zeit nichts Besonderes war«. Auf derselben Seite in seiner Biografie berichtet Teller auch von der »Analyse von Slocums Handschrift«, die er in der Hoffnung in Auftrag gegeben hatte, Aufschlüsse über gewisse psychische Eigenarten seines Protagonisten zu erhalten: etwa was seine »exzessive maskuline Widerstandshaltung« betraf, die »Frustration« und sein »Verlangen nach weiblicher Wärme«. Tellers Grafologin, Dr. Meta Steiner, ermittelte eine »starke Sinnlichkeit« und das »außergewöhnliche Verlangen, seine Männlichkeit zu beweisen«. Dies jedenfalls zeige eindeutig »der resolute Abwärtsstrich der Buchstaben« in jenem gequälten Brief Slocums an seine Schwiegermutter nach dem Tod Virginias.

9 Victor Slocum, a. a. O., S. 160.

10 Der so überaus diensteifrige Beamte war Admiral Custodio de Mello, der noch zu einem denkwürdigen Gegner Slocums werden sollte.

11 Eine Anspielung auf die Boston Tea Party, bei der fünfundvierzig Tonnen Tee im Hafenbecken entsorgt wurden.

12 Victor Slocum, a. a. O., S. 163.

13 Victor Slocum, a. a. O., S. 164.

14 Slocum beschrieb ihn später als »einen der kleinen Beamten, die zu Hause sicher besser aufgehoben wären; einer dieser Schlaumeier, zu klug für einen Cowboy, aber für einen Konsul reicht es nicht«.

15 Fairerweise muss man sagen, dass amerikanische Kapitäne, die in diesen Gewässern segelten, dafür bekannt waren, die Quarantäne-

beamten hintergehen zu wollen, indem sie den todbleichen Matrosen rosafarbenes Zahnpulver auf Lippen und Wangen tupften.

## Teil 2 Um die Welt segeln

### Kapitel 9 Rettung

1 In seinem ersten Buch, *Castaway Boats* (1938), führt Victor Slocum weiter aus, dass der Name ihres Schiffs das Wohlwollen aller »glühenden« Sklavereigegner entlang ihrer Reiseroute erregte. Ob dieser hilfreiche Nebeneffekt Absicht des gerissenen Kapitäns war, lässt sich nicht mehr ermitteln. (Nehmen wir mal an, dass die Befürworter der Sklaverei kein Portugiesisch verstanden oder nicht wussten, was auf dem Bootsheck stand, oder was auch immer.)

2 Victor berichtete in *Castaway Boats,* dass bei Cape Frio seiner jungen Stiefmutter angesichts der Sturmwolken über ihren Köpfen und der aufgewühlten See ringsum »äußerst mulmig wurde und sie plötzlich in hysterisches Schluchzen ausbrach«.

3 Victor Slocum, a. a. O., S. 186 f.

4 Drei dieser gesprächigen und offenherzigen Briefe hat Ann Spencer als Anhang ihrem Buch *Alone at Sea: The Adventures of Joshua Slocum* hinzugefügt.

5 Victor Slocum, a. a. O., S. 201.

6 Victor Slocum, a. a. O., S. 205.

7 Die ersten Nachrichten über das Bravourstück der *Liberdade* machten schnell die Runde, nachdem die *New York Times* am 3. November aus Charleston berichtet, dass die *Planter* Familie Slocum nach Georgetown geschleppt hatte. Der Kapitän der *Planter* berichtete von einem außerordentlich herzlichen Kontakt mit den Slocums, ja er hatte sogar ein Foto von der *Liberdade* mit dem Dank des Kapitäns bekommen, der noch hinzufügte, er »verspreche, rechtzeitig zu Hause zu sein (so Gott will), um den Mann zu wählen, den ich außerordentlich schätze und der auch, wie ich selbst feststellen konnte, im Ausland hoch geachtet ist. Ein Hurra für den Mann des Tages, die Hand eines sturm-

festen Seemanns, Grover Cleveland.« In diesen Wein des Enthusiasmus gehört wohl ein Tropfen Essig, denn es sollte nicht lange dauern, bis Slocum an die Tür staatlicher Stellen klopfte und um Protektion, zumindest aber Unterstützung seiner Klage gegen Brasilien bat.

8 Victor Slocum, a. a. O., S. 205.

9 Victor Slocum, a. a. O., S. 213.

## Kapitel 10 *Destroyer* und Poverty Point

1 Deutsch von Ernst Wagner, Hamburg 2003, S. 88.

2 Brady war in der zweiten Hälfte des 19. Jahrhunderts der gefragteste Prominentenfotograf in den USA und wurde für seine ungeschminkten Fotos aus dem Sezessionskrieg berühmt.

3 Gebäude, das Teil der zentralen Sammelstelle für Immigranten auf Ellis Island war.

4 Am 23. November 1889 berichtete *Harper's Weekly*, dass die *Liberdade* im Herbst dieses Jahres als ausgezeichnetes Beispiel amerikanischen Einfallsreichtums beim Schiffsbau einen besonderen Platz auf der Boston Maritime Exhibition eingenommen hatte. Doch trotz all ihrer Meriten war sie wenig mehr als ein schwimmendes Zweimannzelt. Slocum zeigte sie weiterhin in den Gewässern vor Neuengland herum und vermachte sie schließlich dem Smithsonian Institute, das sie ihm aber zurückgab. Daraufhin wurde sie zerlegt und in irgendeiner Scheune oder auf einer Weide verstaut, ihr Verbleib ist seit 1908 unbekannt. Auf Joshuas jungen Nachbarn auf Martha's Vineyard, Joseph Chase Allen, machte sie einen eher ärmlichen Eindruck. »Ihre vorherrschende Farbe war Braun, das Braun von Kautabak.« Außerdem bemerkte er: »Ihre Kajüte war eine Hütte, so wie man sie auf Bildern aus tropischen Ländern sieht«, mit einem primitiven Dach aus überlappenden Blättern.

5 In *Erdumseglung ganz allein* lässt Slocum seiner Empörung an einer Stelle freien Lauf: Während er glücklich über den Indischen Ozean schippert, trifft er auf einen Dampfer, der »sich auf seinem Weg durch die Nacht vorantastete und sie mit seinem hässlichen Rauch verstänkerte«. Mitten auf dem Atlantik wird er vom Dampfschiff *Olympia* überholt und merkt an, dass deren Kapitän eigentlich zu jung sei, um

es mit dem Meer aufzunehmen, und »um die *Olympia* spielten keine Tümmler herum! Die Tümmler ziehen immer Segelschiffe vor.« Der Kapitän hatte ihm zuvor freundlicherweise Länge und Zeit zugerufen.

6 Herman Melville, *Moby Dick; oder: Der Wal,* deutsch von Friedhelm Rathjen, Frankfurt 2004, S. 3.

7 Joshua Slocum, a. a. O., S. 7 f.

8 Dem neugierigen Leser sei die unterhaltsame Lektüre von H. W. Wilsons Studie *Ironclads in Action – A Sketch of Naval Warfare from 1855 to 1895* (1896) empfohlen. Das Buch gibt einen ungeschminkten Bericht von den Grenzen, ja der eigentlichen Nutzlosigkeit dieser närrischen Experimente der Flotte, die die Regierung den Ahnungslosen in Brasilien verkaufte.

9 »Im Vertrauen gesagt«, schreibt Slocum in *The Voyage of the »Destroyer«,* »brannte ich geradezu darauf, de Mello und seine *Aquideban* zur Rechenschaft zu ziehen. Er war es, der mich vor einigen Jahren unter dem feigen Vorwand, dass wir eine Seuche an Bord haben könnten, mit diesem Schiff von meiner Bark vertrieben hat … Ich brannte darauf, ihn wissen und spüren zu lassen, dass ich dieses Mal statt Heu Dynamit an Bord hatte. Es wäre vielleicht ein zu großartiger Spaß geworden.«

10 Victor Slocum, a. a. O., S. 231.

11 Joshua Slocum, *Voyage of the »Destroyer« from New York to Brazil,* Privatdruck, Boston 1894.

12 Joshua Slocum, *Destroyer* a. a. O.

13 Joshua Slocum, *Erdumseglung ganz allein,* S. 14.

14 Joshua Slocum, a. a. O., S. 16.

## Kapitel 11 Das große Abenteuer

1 Joshua Slocum, a. a. O., S. 18 f.

2 Walter Teller berichtet, dass Slocum von Südseeinsulanern gefragt wurde, ob dieses »Boston«, das er aufs Heck der *Spray* gepinselt hatte, in der Nähe von Fairhaven liegen würde.

3 Joshua Slocum, a. a. O., S. 24.

4 Joshua Slocum, a. a. O., S. 25.

5 Joshua Slocum, a. a. O., S. 24 f.

6 Joshua Slocum, a. a. O., S. 31.

7 Joshua Slocum, a. a. O., S. 33 f.

8 Joshua Slocum, a. a. O., S. 112.

9 Die Route, die Slocum schließlich wählte, ähnelte derjenigen von Ferdinand Magellan (1519–1521). Vielleicht war er aber auch nur nicht mit den möglichen anderen Gewässern vertraut (im Mittelmeer kannte er sich gar nicht aus). Er hatte auch kurz erwogen, vom Atlantik zum Pazifik über den Isthmus von Panama zu gelangen und die *Spray* auf die Bahn zu verladen. Dem standen aber die Kosten, die drückende Hitze, die Cholera sowie das dort weitverbreitete Gelbfieber im Wege. Wie W. H. Bunting schreibt: »Das ›Isthmus-Fieber‹ hat mehr Menschen das Leben gekostet als die Orkane um Kap Horn.« Slocum suchte seine Herausforderung mit Magellan in jener gefährlichen Meerenge, die nach jenem benannt ist.

10 Joshua Slocum, a. a. O., S. 47.

11 Joshua Slocum, a. a. O., S. 47.

12 Siehe: Atul Gawande, *Hellhole, The New Yorker,* 30. März 2009.

13 Joshua Slocum, a. a. O., S. 54.

14 Joshua Slocum, a. a. O., S. 55 f.

15 Dass Slocum – genau wie später Bernard Moitessier und noch später Sir Francis Chichester – nach der langen Zeit der Einsamkeit vor jeglichem Lärm zurückschreckte, zeigt seine Reaktion auf den Empfang der *Spray* in Montevideo, wo »sie von allen Dampfsirenen begrüßt (wurden), sodass ich ganz verlegen wurde und wünschte, ich wäre unbemerkt angekommen. Meine Fahrt so weit allein mag den Uruguayern als Kunststück erschienen sein, das einige Anerkennung wert war. Aber sie machten schließlich so viel Aufhebens davon, dass ich diese Ehrung zum jetzigen Zeitpunkt fast als verfrühtes Lob für meine Leistung empfand« (a. a. O., S. 61).

16 Joshua Slocum, a. a. O., S. 66.

17 Joshua Slocum, a. a. O., S. 67.

18 Joshua Slocum, a. a. O., S. 69 f.

19 Charles Darwin, *Reise eines Naturforschers um die Welt,* deutsch von

J. Victor Carus, Frankfurt 2009, S. 168. – In seinem Buch *In Patagonien* (1977), einer Mischung aus Fiktion und anthropologischem Sachbuch, Natur- und Politikgeschichte sowie allerlei Legenden, verbreitete sich Bruce Chatwin mit großer Verachtung vor allem gegen Darwin und warf ihm »das übliche Versagen der Naturforscher (vor): über die ausgeklügelte Vollkommenheit anderer Lebewesen zu staunen und vor dem Elend der Menschen die Augen zu verschließen«.

20 Einige Namen entlang des Wegs lassen keinen Zweifel an dem wenig einladenden Charakter der Orte: Famine Reach, Desolation Bay, Last Hope Inlet und – mein Favorit – Useless Bay.

21 Charles Darwin, *Reise eines Naturforschers um die Welt,* deutsch von J. Victor Carus, Frankfurt 2009, S. 154 f.

22 Pedro war Österreicher und ist nicht zu verwechseln mit »Black Pedro«, den die Leser schon bald kennenlernen werden.

23 Bei Rockwell Kent finden sich Aussagen der Feuerländer, deren Standpunkt natürlich ein völlig entgegengesetzter ist: Ausländische Eindringlinge waren in ihr Land eingefallen und hatten ihren Lebensraum okkupiert, Christen, »die ihre Mildtätigkeit skrupellos durchsetzten« (Victor Slocum, a. a. O., S. 271).

24 Chatwin berichtet von einem Missionar namens Thomas Bridges, der sich bis zu seinem Tod 1898 bei den Feuerländern aufhielt und ein Wörterbuch ihrer Sprache mit einem Vokabular von 32 000 Begriffen anlegte. Ob »Jammerschuner« *(»yammerschooner«)* dazugehörte oder nicht, sicher ist, dass die Menschen, denen Slocum sein »Nein!« entgegenschleuderte, für ihre Umwelt und »alles, was schwamm oder keimte, krauchte oder flog«, eine Bezeichnung hatten, »die nicht weniger komplex war als Linnés lateinische Nomenklatur«.

25 Joshua Slocum, a. a. O., S. 73 f.

26 Joshua Slocum, a. a. O., S. 77.

27 Joshua Slocum, a. a. O., S. 78.

28 Joshua Slocum, a. a. O., S. 78 f.

29 Joshua Slocum, a. a. O., S. 80 f. – Der Leser mag Slocum hier vielleicht vorwerfen, doch allzu verschwenderisch mit Superlativen umzugehen. Der Autor ist aber in der Wahl der Superlative durchaus penibel: Die »trostloseste all meiner Nächte auf See« (auf der pestverseuchten

*Aquidneck*) unterscheidet sich deutlich von der »aufregendsten Bootsfahrt meines Lebens« (an Bord der *Liberdade* und im Schlepptau der *Finance*), und auch »der härteste Törn meines Lebens, ohne jede Ausnahme«, ist etwas völlig anderes.

30 Joshua Slocum, a. a. O., S. 82.

31 Rockwell Kent, *Voyaging: Southward From the Strait of Magellan*, 1924.

32 Victor Slocum, a. a. O., S. 280.

33 Joshua Slocum, a. a. O., S. 87.

34 »Blast, Wind', und sprengt die Backen! Wütet, Blast! –« (*König Lear*, III, 2).

35 Joshua Slocum, a. a. O., S. 103 f.

36 In der Bücherkiste befanden sich unter anderem Gedichtbände von Burns und Tennyson, Darwins *Die Abstammung des Menschen*, Boswells *Life of Samuel Johnson*, Trevelyans *Life of Macaulay*, eine Shakespeare-Ausgabe und – vielleicht prophetisch – *Don Quixote*.

37 Joshua Slocum, a. a. O., S. 110.

38 Joshua Slocum, a. a. O., S. 111.

39 Diese fast lapidare Äußerung Slocums steht in erstaunlichem Gegensatz zu den Äußerungen von Conor O'Brien, einem anderen legendären Langstreckensegler, den Sir Francis Chichester in seinem Buch *Along the Clipper Way* zitiert. O'Brien hatte eine geradezu närrische Angst vor hohen Wellen und dem Wind. Am Anfang hatte er auf See »Angst vor jedem Windstoß … Ich nahm wirklich alles ungeheuer ernst. Und meine Reise in den südlichen Atlantik zwei Jahre später bestand, soweit ich mich erinnere, aus nichts anderem als dem ängstlichen Beobachten von Barometer und Thermometer und Grübeleien über Wind und Wetter.«

40 Joshua Slocum, a. a. O., S. 114.

41 Joshua Slocum, a. a. O., S. 119 f.

42 Joshua Slocum, a. a. O., S. 119.

43 Joshua Slocum, a. a. O., S. 130.

44 Ein längerer Auszug aus diesem Artikel findet sich auf Seite 153 ff.

45 Joshua Slocum, a. a. O., S. 104.

46 Joshua Slocum, a. a. O., S. 116.

47 Joshua Slocum, a. a. O., S. 134 f.

48 Slocum war immer äußerst pingelig mit der Rückzahlung von Schulden, wie gering sie auch sein mochten. Er zahlte nicht nur die in Gibraltar geborgten fünfzig Dollar zurück und jene aus Durban, Südafrika, sondern auch den Zwanzig-Dollar-Vorschuss der Gebrüder Roberts in Boston. Darüber hinaus legte er wie jeder gute Seemann kleine Vorratslager an abgelegenen Küstenflecken an, die von Schiffbrüchigen oder anderweitig in Not geratenen Matrosen genutzt werden konnten. Auf Booby Island an der Einfahrt zur Torres Strait klaubte er ein Dutzend und mehr Briefe von den Bäumen, die Walfänger und Robbenschläger dort angenagelt hatten, »mit der Bitte, das erste heimkehrende Schiff möchte sie mitnehmen und befördern. So hatte man es hier schon Jahre hindurch mit diesem seltsamen Postdienst gehalten. Einige Briefe gingen auch nach New Bedford, einige nach Fairhaven, Massachusetts.« Für Slocum, nun schon so lange allein unterwegs, war Anstand etwas Selbstverständliches, auch wenn es dafür keine Zeugen gab.

49 Joshua Slocum, a. a. O., S. 157.

50 Joshua Slocum, a. a. O., S. 159.

51 Joshua Slocum, a. a. O., S. 163.

52 Joshua Slocum, a. a. O., S. 165.

53 In der Zeitschrift *American Heritage* (April 1959) staunte Bruce Catton über die herzliche Aufnahme, die Slocum überall fand: »Er taucht aus dem Ozean auf und plötzlich kennt er alle und jeden und jeder freut sich, ihm behilflich sein zu können … Warum? Weil er einfach den Dreh raushatte, Leute seines Schlags zu treffen. Und darüber hinaus schien es, als würde seine ›Suche‹ bei allen etwas zum Klingen bringen, weil er nicht nur ein Kunststück vorführte, sondern etwas wiederzufinden versuchte, das die Welt verloren zu haben glaubte. Und weil er so tapfer und unprätentiös danach suchte, erfuhr die Welt, dass es immer noch da ist und er es zu fassen bekommen hatte.«

54 Gemeint ist hier wohl der »Victoria Nyanza«, also Viktoriasee. (A. d. Ü.)

55 Joshua Slocum, a. a. O., S. 183.

56 Joshua Slocum, a. a. O., S. 187.

57 Die *Kap Argus* berichtete: »An diesem Abend musste – eine Seltenheit in Kapstadt – das Schild ›ausverkauft‹ schon früh ausgehängt werden … Das Publikum bestand größtenteils aus Damen, die seine kraftvollen Schilderungen mit häufigem Beifall belohnten.«

58 Joshua Slocum, a. a. O., S. 203.

59 Joshua Slocum, a. a. O., S. 214.

60 Joshua Slocum, a. a. O., S. 215.

## Kapitel 12 Danach

1 Joshua Slocum, a. a. O., S. 216 f.

2 Joshua Slocum, a. a. O., S. 217.

3 Joshua Slocum, a. a. O., S. 217.

4 Joshua Slocum, a. a. O., S. 216.

5 Andererseits kommt in einem Brief aus dieser Zeit, den er an seinen Redakteur schickte, ein recht prüder Slocum zum Vorschein: Er spricht da von der »Schamlosigkeit« in den damals beliebten Dampfbädern in New York und fügt hinzu, dass »ich mich nie dazu entschließen konnte, mich den Blicken selbst meines eigenen Standes auszusetzen«.

6 Wieder einmal kam Slocum gewissermaßen zu spät. Major James Burton Pond, Autor von *Eccentricities of Genius: Memories of Famous Men and Women of the Platform and Stage* (1900), hörte Slocum bei mehreren Gelegenheiten sprechen und berichtete voller Begeisterung: »Kapitän Slocum kann die Ereignisse der ganzen Reise und seine Erlebnisse wie kaum ein anderer so bildhaft und unkompliziert beschreiben, dass er seine Zuhörer bezaubert und fasziniert … Es ist einfach großartig zu hören, wie er immer wieder um Haaresbreite entkommen konnte und welche Antworten er blitzschnell auf Fragen jeglicher Art parat hat, die ihm von den meererprobten Experten unter seinen Zuhörern gestellt werden. Ich habe stundenlang zugehört, wie in allen Fragen navigatorischen Geschicks die Klingen gekreuzt wurden, und der Kapitän hat nie auch nur eine Sekunde gezögert, eine Antwort zu geben, die direkt ins Schwarze traf. Wenn (seine Reise) vor zwanzig Jahren stattgefunden hätte, wären seine Vorträge eine große

Bereicherung für die ganze Branche gewesen und hätten aus ihm einen vermögenden Mann gemacht, was man sich heute kaum noch vorstellen kann. Warum das so ist?, fragen Sie.« Pond, der kurze Zeit Slocums Agent für Vortragsreisen war, beantwortete die selbst gestellte Frage damit, dass um 1900 herum der Markt für Vortragskünstler einfach übersättigt war.

7 In der New York Public Library's Century Collection oder der Walter Teller Collection in New Bedford.

8 Walter Teller berichtet, dass Century und seine Nachfolgefirmen das Buch bis 1948 lieferbar hielten und in siebzehn Auflagen 27 700 Exemplare verkauften. Seit 1954 erscheint es, wie auch andere Titel von und über Slocum, bei Sheridan House und wird dort liebevoll gepflegt. Bis heute wurden in verschiedenen Ausgaben über 50 000 weitere Exemplare verkauft, außerdem wurde *Erdumseglung ganz allein* in viele Sprachen übersetzt.

9 Als Slocum 1901 nach Buffalo, New York, zur Pan-Amerikanischen Ausstellung fuhr, interviewte ihn ein besserwisserischer Journalist auf dem Weg dorthin: »Steuermann der *Spray* lichtet Anker in Richtung auf den reißenden Erie-Kanal« lautet die Titelzeile seines Artikels. Nach dem Untertitel »Die Hand an der Pinne hält demnächst einen Pflug« ist zu lesen: »Die Pferdestärken, die die Slup durch den Erie-Kanal gezogen haben, werden demnächst einen Pflug auf Martha's Vineyard ziehen, wo der Kapitän eine Farm gekauft hat. Die Hand an der Pinne steuert demnächst einen Pflug. Die Stimme, die einer Frau nicht gestattet hat, gemeinsam über den Atlantik zu segeln, wird demnächst dem Pferd ein ›Hü-hott‹ zurufen, wenn es ans Pflügen geht.« Ach ja, die Freuden der Prominenz!

10 Kenneth E. Slack, *In the Wake of the »Spray«*, 1981.

11 An diesem Punkt ist er unbeirrt: »Ich bin ihr mit Proportionszirkel, Planimeter, Rotameter, der Simpsonregel, dem Froude-Koeffizienten, der Dixon-Kemps-Formel, mit Reihen, Kurven, Differenzialquotienten zu Leibe gerückt … Also für mich sind das Beweise genug.«

12 Dieses Kapitel war in den deutschen Taschenbuchausgaben nach 1945 nicht mehr enthalten, findet sich aber in der Erstausgabe von *Erdumseglung ganz allein*, 1937, und auch in Victor Slocums Biografie seines Vaters.

13 In der Zeitschrift *Rudder* vertrat viele Jahre nach Andrade ein anderer Schiffsbauer den gegenteiligen Standpunkt. Er stellte dabei vor allem die Ähnlichkeit der *Spray* mit Catboats (kleinen Segelbooten mit Mast am Bug) und Schuten in den Vordergrund, die natürlich für Binnengewässer gebaut wurden. Er machte aus seinem Entsetzen keinen Hehl: »Da die Selbstmörderbrigade schon seit Jahren immer wieder genaue Nachbildungen der *Spray* baut, und dies auch weiterhin tun wird, wenn man sie nicht zurückhält, kann ich vielleicht dem einen oder anderen das Leben retten, wenn ich, so einfach wie möglich, die Gründe erläutere, warum die *Spray* das am wenigsten geeignete Boot für alle und jeden ist, besonders für alle, die nicht über die Erfahrung und den Einfallsreichtum von Slocum verfügen, sich damit in tieferes Wasser zu begeben ... Jeder, der mal mit einem Catboat unterwegs war, weiß, dass dies grundsätzlich ein extrem stabiles Boot ist; aber wenn es sich über einen kritischen Punkt hinaus schräg legt, dann kippt es so unweigerlich wie ein Teller Suppe, dem es ja auch nicht so unähnlich ist ... Eine große Kreuzsee, die einem angemessen konstruierten Schiffsrumpf überhaupt nichts ausmacht – besonders, wenn sie, wie häufig geschieht, mit einer starken Böe zusammenkommt –, wirbelt einen Rumpf wie den der *Spray* so einfach durch die Luft wie einen bloßen Pokerchip.«

14 Einer der großartigen Menschen, die an Bord der *Spray* kamen, war Präsident William McKinley, der später auf dem Messegelände von einem Anarchisten erschossen wurde.

15 Zu finden im Walter-Teller-Archiv.

16 Aussage eines Angeklagten ohne ausdrückliches Eingeständnis einer Schuld (die zwar zu seiner Verurteilung führt, ihn aber berechtigt, in einem Parallelverfahren seine Schuld zu leugnen).

17 Thomas Day Flemming, »On Capt. Joshua Slocum«, in: *The Rudder Treasury. A Companion for Lovers of Small Boats,* edited by Tom Davin, Sheridan House 2003.

18 Walter Teller geht davon aus, dass Slocum im Jahr 1909 zum letzten Mal lebend gesehen wurde – vielleicht, weil das Bezirksgericht von Martha's Vineyard ihn 1909 für tot erklärte. Tatsächlich aber haben Recherchen von Ann Spencer überzeugend dargelegt, dass Slocum bei seiner Abreise von Martha's Vineyard im November 1908 zuletzt

lebend gesehen wurde. Teller war derart pingelig mit Daten, dass er irgendwann zum Sklaven seiner eigenen Überzeugungen geworden ist und in seinen Unterlagen und Akten, aber auch in seinem Buch, systematisch das Datum der letzten Sichtung von 1908 zu 1909 geändert hat; das gilt auch für die aufgezeichneten Erinnerungen der Zeitzeugen.

## Bildnachweise

Seite 2: New Bedford Whaling Museum

Seite 8 (oben): New Bedford Whaling Museum

Seite 8 (unten): Sheridan House

Seite 10: Adrian Studer

Seite 16: Sheridan House

Seite 26 (oben): Maine Maritime Museum

Seite 26 (unten): Maine Maritime Museum

Seite 52: New Bedford Whaling Museum

Seite 92 (oben): Sheridan House

Seite 92 (unten): Sheridan House

Seite 114: Library of Congress

Seite 128: New Bedford Whaling Museum

Seite 166: Sheridan House

Seite 187: New Bedford Whaling Museum

Seite 188 (oben): Sheridan House

Seite 188 (unten): New Bedford Whaling Museum

Seite 190 (oben): New Bedford Whaling Museum

Seite 190 (unten): New Bedford Whaling Museum

Seite 206 (oben): Sheridan House

Seite 206 (unten): New Bedford Whaling Museum

Seite 228: New Bedford Whaling Museum

Seite 280: New Bedford Whaling Museum

# Danksagung

Es war mir ein großes Vergnügen, Kapitän Slocums Abenteuer, Triumphe und Missgeschicke an Bord seiner Schiffe miterleben zu dürfen – und sei es auch nur aus der Ferne. Binky Urban und Sonny Mehta haben mich ermutigt, dieses Wagnis einzugehen. Gary Fisketjon hat alles in seiner Macht Stehende getan, um aus meinem Geschreibsel einen schlüssigen, ordentlichen und in sich logischen Text zu machen; er hat dabei so einige meiner verknoteten Webeleinen entwirrt, und dafür danke ich ihm sehr. Wie schon erwähnt, las mein Bruder Toby die Bücher von Joshua Slocum, während ich über ihn schrieb, und seine unbezähmbare Neugier spornte mich im Verbund mit einer dreisten Ungeduld zum richtigen Zeitpunkt an, zur Geschichte meines Buches zu finden. Meine Freunde Maile Meloy und Ian Maxtone-Graham nahmen eine erste Manuskriptfassung mit auf See, und es war sehr inspirierend, sie salzdurchtränkt und von der Sonne gebleicht sowie voller Fragen und Anregungen zurückzubekommen.

Heutzutage ist kaum noch vorstellbar, welch heroisches und erschöpfendes Unterfangen Walter Tellers Recherche für sein Buch *The Search for Joshua Slocum* gewesen sein muss – ohne Internet, Suchmaschinen, E-Mail und Online-Archive von Zeitungen. Man braucht sich nur vorzustellen, was es in den Fünfzigerjahren bedeutete, zuverlässige Unterlagen aus Hongkong, Manila, dem Ochotskischen Meer, Sydney, Kapstadt und Punta Arenas zu erhalten. Tellers umfangreiches Archiv, das Briefwechsel, Aufzeichnungen, Zeitungsausschnitte und Fotos enthält, befindet sich im New Bedford Whaling Museum, in dessen Schätzen ich unter der sachkundigen Anleitung von Laura Pereira freundlicherweise wühlen durfte.

Der australischen Nationalbibliothek in Sydney verdanke ich die Kenntnis jenes kleinen Privatdrucks, durch den Joshua Slocum seine Version der Meuterei auf der *Northern Light* kundtat. Außerdem danke ich Jennifer Pearce und Joel Slocum für ihre Unterstützung und Hilfe. Adrian Studer fotografierte das Wrack der *Ambassador* (ursprünglich ein Farbfoto), das noch heute an der Magellanstraße zu bewundern ist; es vermittelt einen lebendigen Eindruck von den furchterregenden Gewässern, durch die Slocums Reise führte.

Und wie immer hörte meine Frau Priscilla mir zu, und las und las, und hörte mir wieder zu.